EL LENGUAJE DEL AMOR

Gary Smalley y
Dr. John Trent

EL LENGUAJE DEL AMOR

*Cómo comunicar
nuestros sentimientos y
necesidades*

EDITORIAL

El lenguaje del amor

©2006 por Editorial Patmos
Miami, Florida, EE.UU.

Originalmente publicado en inglés con el título
The Language of Love, por Tyndale House Publishers, Wheaton, IL
© 1988, 1991 Gary Smalley y John Trent, Ph.D.

Las citas bíblicas utilizadas en este libro han sido tomadas en su mayoría de la versión
Reina Valera Revisada, 1960, de las Sociedades Bíblicas Unidas.
Las citas bíblicas marcadas con la sigla NVI han sido tomadas de la Nueva Versión
Internacional 1,999 de la Sociedad Bíblica Internacional.
Cuando se utiliza otra versión, se le identifica inmediatamente después del pasaje
citado.

Traducido al español por Silvia Cudich
Diagramación: Wagner de Almeida

ISBN: 1-58802-326-5

Categoría: Familia

Contenido

Agradecimientos

Deseamos expresar nuestro agradecimiento a las siguientes personas:

A Terry Brown, nuestro amigo fiel y socio en el ministerio, por poner el hombro a muchas horas extra de trabajo, mientras que nosotros estábamos escribiendo este libro.

A Steve Lyon, por sus hazañas heroicas de último momento; y a Penni Stewart, quien también ayudó a llevar muchas cargas adicionales que fueron parte de la creación de este libro.

A Lee y Susan Noble por proporcionar un hermoso chalet donde concretamos el bosquejo original de este libro.

A Doug Childress por su amistad fiel y sus sabias palabras de crítica y consejo.

A Steve y Barbara Ulhman por su cariño, ayuda y respaldo.

A Diana Trent, por su magnífico trabajo de investigación de citas y lectura de este manuscrito.

A S. Rickly Christian, Rolf Zettersten, Mark Maddox, Janet Kobobel, Nancy Wallace, Teresa Wilson, Irene Goslaw, Diane Passno y el resto del equipo de Enfoque a la Familia por su increíble estímulo y apoyo; especialmente, el Dr. James Dobson.

A Jim, Pam, Ryan y Heather McGuire por su amistad invalorable y por proveer una manzana de gran precio.

A Dorothy Shellenberger, Ann Kitchens, Tim Kimmel, Ken Gire, Tom Rietveld, Ted y Lynn Kitchens, Karen Cavan, Troy y Myra Hutchings y muchos otros amigos especiales que han leído fielmente las versiones tempranas de este manuscrito y que nos han dado su sabio asesoramiento, correcciones y consejos.

Y a Larry Weeden, nuestro altamente apreciado redactor, por su talentosa ayuda para componer la guía de estudio de esta nueva edición.

NOTA DE LOS AUTORES SOBRE LA
EDICIÓN REVISADA

Gracias por haber escogido *El lenguaje del amor*. Si ésta es la primera vez que leen el libro, están a punto de descubrir el concepto más poderoso que hayamos jamás visto para añadir vida, poder y profundidad a sus palabras. Si ustedes han leído la primera edición y están regresando a este libro para refrescarse la memoria o para compartir en un grupo, hallarán, en esta edición, algunos cambios importantes.

Primero, en un capítulo nuevo, descubrirán cuatro maneras en las que las imágenes verbales emotivas pueden profundizar y fortalecer su vida con Dios. Las imágenes verbales pueden ayudar a revivir su vida de oración, traer esperanzas y estímulo a un corazón herido, y proporcionar una herramienta poderosa para la evangelización.

Segundo, para aquellos que estén interesados en un estudio más profundo, aplicación personal o uso en grupos pequeños, hemos incluido una guía de estudio de doce sesiones. Creemos fervientemente que los cambios más poderosos y duraderos en la relaciones se llevan a cabo frecuentemente dentro del respaldo cariñoso de un grupo pequeño, y debido a la responsabilidad que sentimos ante él. Por esa razón, oramos que muchas de las personas que hayan leído la edición anterior de este libro utilicen la guía de estudios en sus grupos pequeños.

Por último, aquellos que hayan leído la primera edición, habrán de notar que hemos cambiado un poco el material de lo que ahora es el capítulo 4: «Cómo abrir la puerta de entrada a la intimidad». Cuando escribimos por primera vez este libro, deseábamos respaldar una observación que habíamos hecho al trabajar con miles de parejas y de personas solteras a lo largo de los años. Concretamente, existen importantes diferencias dadas por Dios en la manera en que los hombres y mujeres comunes y corrientes se comunican.

Los hombres tienden a compartir datos y a hablar en un «idioma puramente cerebral». Cuando el hombre promedio agota todos los datos que tenía para compartir, cesa de hablar. Sin embargo, la mayoría de las mujeres tienen una fuerte capacidad natural y deseo de compartir sus sentimientos, necesidades y penas: hablan en un «idioma del corazón», el cual anhelan hablar en sus hogares.

En la primera edición, hicimos alusión a investigaciones sobre los lados derecho e izquierdo del cerebro, ya que ellas parecían respaldar las diferencias naturales de comunicación. Sin embargo, ahora hemos quitado todas aquellas referencias. Desde que se publicó el libro, hemos hablado con varios amigos que han investigado detalladamente esta área, y ellos nos han ayudado a ver que la validez de tales investigaciones no está aún claramente definida. Además, tales investigaciones han estado vinculadas a suposiciones psicológicamente negativas que nosotros no hemos tenido, ni entonces ni ahora, la intención de respaldar.

Si al citar tales investigaciones, hemos ofendido a alguien, le pedimos sinceramente disculpas. Nuestra oración es que el mensaje importante de este libro sea juzgado por su respaldo bíblico, ya que fue el uso extenso de la Biblia de imágenes verbales el que nos permitió descubrir esta poderosa herramienta para comunicarnos. Hemos escrito este libro apoyándonos en la sólida base de las Escrituras y ahora les ofrecemos esta edición ampliada.

¿QUÉ ES UNA IMAGEN VERBAL?

CAPÍTULO UNO

Cuando las palabras de todos los días
no son suficientes

Julia estaba sentada en la mesa de la cocina, sintiéndose más sola y desalentada que nunca. Apenas unas horas antes se había tenido que enfrentar a lo que más temía. Ahora, por más que trataba, no podía dejar de pensar en cuanto hubiera deseado poder volver atrás y borrar lo ocurrido. Desplomada en una silla, luchaba por contener las lágrimas, mientras repasaba mentalmente la escena una y otra vez…

Era pasado el mediodía de un día fresco de otoño. Julia había pasado manejando por las hileras de casas bien cuidadas. Cada una era un monumento a alguien que había trepado por la escala del éxito.

Julia calzaba perfectamente en el vecindario de clase alta. Su pelo rubio y su tez clara eran un tributo a sus antepasados escandinavos. Y a los treinta y nueve años de edad, todavía era tan joven y delgada como muchas de sus amigas de veinte. Sus atractivos ojos azules brillaban con satisfacción al estacionar su automóvil en la entrada al garaje de su mansión victoriana de dos pisos. Las columnas de ladrillo rojo envueltas por la hiedra, junto con el jardín impecable, reflejaban una mezcla perfecta de formalidad y calidez. Sus dos niños estaban en la escuela, así que la casa estaba tranquila. Después de toda una mañana haciendo compras y mandados, ella aguardaba con gusto tomarse un momento para descansar.

Al entrar al garaje, Julia permaneció un instante en el automóvil. Cerrando sus ojos, dejó que los últimos compases de una canción de amor la transportaran a una playa iluminada por la luna. Por último, con un suspiro, apagó el estéreo, abrió la puerta del automóvil, y comenzó a descargar los trofeos de toda una mañana de conquistas. Cargando una bolsa de comestibles en una mano y las llaves en la otra, abrió la puerta de entrada al garaje.

Lo que Julia no sabía era que estaba abriendo la puerta al descubrimiento más doloroso de su vida.

Cruzando la cocina, depositó los comestibles en la mesa del centro de la misma. Cuando se dio vuelta, sus ojos se vieron atrapados por una hoja de papel pegada al refrigerador.

Ella reconoció inmediatamente la letra: era la de su esposo. En la parte exterior de la hoja doblada en dos, él había escrito: «Julia, no permitas que los niños lean esto».

¿No permitas que los niños lean esto?, pensó para sí. *Si ellos lo hubieran hallado antes que yo, ¡lo habrían leído en un segundo!*

Al desdoblar la hoja, ella trató de sobreponerse a la incómoda sensación que la asaltó de repente. Luchó para convencerse de que el mensaje tendría que ver con el negocio o las finanzas personales. *Ésa es la razón por la cual no quería que los niños vieran lo que estaba escrito aquí,* pensó. Pero, al comenzar a leer, le temblaban las manos:

Querida Julia:
Ambos sabemos que ya hace mucho tiempo que nos hemos comenzado a distanciar el uno del otro. Y, seamos francos, no me parece que tú, ni nada entre nosotros, habrá de cambiar siquiera un poco.

Deseo que sepas que estoy viendo a otra mujer. Sí, hemos estado involucrados, y pienso que realmente la amo. La razón por la que te digo todo esto es porque tarde o temprano alguien nos verá juntos, y deseaba decírtelo antes que te lo dijera otra persona.

Julia, tratemos de que todo esto sea lo más sencillo posible para los niños. A menos que tú lo desees, esto no tiene por qué ser un asunto grave frente a los niños.

No te amó más, y a veces me pregunto si alguna vez te habré amado. Ya le pedí a mi abogado que prepare los papeles porque deseo el divorcio: ahora mismo.

Tengo que irme de viaje de negocios. Estaré de regreso en dos semanas y pasaré por casa a buscar algunas de mis pertenencias y para saludar a los niños. Una cosa más. Me quedaré en un apartamento que he alquilado hasta que se termine todo.

Esteban

Julia mantuvo la nota firmemente agarrada en su mano, mientras que se le llenaban los ojos de lágrimas. Mentalmente recordó un momento de su niñez en el que un pedazo de papel similar a éste le había arrancado otra de las personas más importantes de su vida. Cuando el Ministerio de Guerra envió el indeseable telegrama: dos párrafos para decirles que lamentaban tener que informar a la familia que su papá había sido la última víctima de la Guerra en Corea, ella tenía apenas cinco años de edad.

Después de tantos años, unos pocos párrafos garabateados en una hoja de papel soltaron otra avalancha de dolor emocional. Una vez más, ella había perdido al hombre más importante de su vida, salvo que esta vez, la nota no expresaba congoja alguna. Los recuerdos y el dolor chocaron en la mente de Julia, haciendo trizas su mundo, que hasta entonces había sido tan tranquilo y feliz. Como respuesta a sus lágrimas y sollozos, su hermoso hogar no le ofrecía más que un silencio sepulcral.

Julia estaba devastada. Pero aún no había tocado fondo. Todavía faltaba lo peor.

De la oscuridad a la desesperación

Durante catorce días no escucharon nada de Esteban. Durante ese lapso de tiempo, Julia consiguió sobrevivir la fuerza devastadora de sus emociones. No menos de cien veces al día, las palabras escritas por Esteban golpeaban contra su mente. Cada recuerdo la obligaba a recoger nuevos fragmentos de su corazón destrozado.

He estado viendo a otra mujer… Sí, estamos involucrados… Deseo el divorcio… Me quedaré en mi apartamento hasta que todo esto termine…

Todos los días, esperar que Esteban llamara o pasara por la casa era como una montaña rusa emocional. Cada vez que subía por las escaleras, Julia veía las paredes cubiertas de retratos de familia donde todos sonreían. Y cada mirada que les dirigía le traía a la memoria sus diecinueve años de matrimonio y la crianza de sus dos hijos.

Cada cajón que abría, cada puerta de armario que quedaba entreabierta, cada rincón de la casa eran un recuerdo silencioso de su amor perdido. Casi la mitad de su vida la había pasado junto a un hombre a quien amaba; alguien que le había dicho que ya no le importaba su matrimonio, que, en realidad, *jamás* le había importado. Pero lo más doloroso de todo era mirar el rostro de sus hijos.

Noche tras noche, a pesar de su propio dolor interior, Julia tenía que ser la consoladora y consejera de su hijo y de su hija. Trataba por todos los medios de poner buena cara y explicarles lo que había sucedido. Pero, ¿cómo podía contestar las interminables preguntas de un niño de siete años, en especial, cuando no conocía las respuestas?

Mami, ¿por qué no viene Papi a casa? ¿Está enojado conmigo? Mami, ¿qué fue lo que hicimos?

¿Y cómo podía manejar los arrebatos de ira de su hija adolescente que brotaban cada vez que se mencionaba el nombre de su padre? En su nota, Esteban había escrito con brusquedad: «Esto no tiene por qué ser un asunto grave frente a los niños». Pero cada una de las lágrimas que Julia enjugaba del rostro de sus niños tiraba por tierra ese razonamiento.

Cada noche, después de ver que a pesar de la tristeza y confusión que sentían los niños, estos finalmente sucumbían al sueño, Julia se escapaba por fin a su propio dormitorio. Allí, con su mente colmada de pensamientos de soledad, lloraba hasta quedarse dormida en su cama de dos plazas, que de golpe le parecía diez veces más grande que antes.

Mientras culminaba un día más, ella se preguntó por milésima vez: *¿Tendremos posibilidades de volvernos a unir?* Apenas había terminado de deslizarse ese pensamiento por su mente, cuando sonó el teléfono. Era Esteban.

—Hola, Julia, —le dijo con un todo frío y sin emociones.

—Hola, cariño, —le respondió ella sin pensar, escapándose las palabras de su boca antes de que tuviera tiempo de pensar.

¿Cariño? ¿Por qué dijo eso? pensó enojada. Lo que deseaba era estar enojada con él. *Estaba* enojada con él. Pero, ahora que finalmente había llamado, el enojo con el que había estado luchando durante días parecía haberse evaporado, aunque tan sólo por un momento.

Cuando escuchó la voz de Esteban, sintió ansias de verlo otra vez. Moría porque él la abrazara… le dijera que aún la amaba… que todo había sido un terrible error.

Sin embargo, cuando Esteban comenzó a hablar, todas sus esperanzas se escurrieron de su corazón. Las palabras de él fueron rápidas y cortantes.

«Me alegro de que estés en casa, Julia», le dijo. «Estoy llamando de mi teléfono celular y estoy yendo para dejar unos papeles. No puedo detenerme ahora para hablar. Lo hemos intentado durante años, y nunca ayudó». Sus palabras tenían ese dejo helado del viento norte en la mitad del invierno. «En unos pocos minutos, estaré allí».

Antes de que Julia tuviera tiempo de responder, ya Esteban había cortado. Se levantó de un salto de la silla y corrió arriba a contarles a los niños que su papá estaba en camino. Cuando volvió a bajar las escaleras para esperarlo en la sala, los recuerdos de sus casi dos décadas de matrimonio pasaron como un torrente de agua por su mente.

Siempre habían luchado para comunicarse, incluso durante el noviazgo. A través de los años, las discusiones habían acompañado a demasiadas charlas.

Las riñas de la guerra fría de palabras había enfriado la relación y congelado una capa de inseguridad que calaba hondo en la vida de los niños.

De toda su vida de casada, sólo quedaba una constante: siempre había anhelado que Esteban comprendiera sus sentimientos, necesidades, miedos, objetivos y deseos. *Si tan sólo me comprendiera; si tan sólo nos relacionáramos de una manera digna; si tan sólo pudiéramos ir más allá de las discusiones y palabras hirientes y nos pudiéramos comunicar profundamente el uno con el otro; si tan sólo...*

De repente, los faros delanteros de un automóvil iluminaron la sala. Julia hizo una pausa; se miró en el espejo del pasillo y se alisó la falda. Luego abrió la puerta de entrada y salió al porche. Pero mientras miraba cómo Esteban se acercaba a ella, vio el automóvil. Las luces de los faros permanecían encendidas; el motor estaba todavía funcionando.

Sus ojos se abrieron, y se inclinó hacia delante, casi sin desearlo. *¡Ay no!*, gritó ahogadamente, parpadeando sin poder creer lo que veían sus ojos, *¡trajo la mujer con él!*

Las luces de la calle apartaban un poco la oscuridad y, a pesar de que Julia no podía ver claramente, *había* una mujer sentada en el asiento de adelante. Fuera quien fuera, no levantaba la mirada.

Esteban se acercó al porche. Lucía más atractivo que nunca, pero sus ojos no poseían ni una chispa de calidez.

—Traje unos papeles que deseo que leas, —dijo abruptamente, entregándolo un sobre de Manila—. Hay un documento legal que tienes que firmar y regresármelo lo antes posible.

—Esteban, —exclamó Julia, empujando el sobre sin querer tomarlo—, yo no puedo firmar ningún papel. Ni siquiera sé si *deseo* firmarlo. Tenemos que hablar primero con alguien. Acaso no podríamos ir a ver a un consejero, o a un pastor o...

—Escúchame, Julia, —dijo Esteban, cuya voz resonaba en el aire frío de la noche—. Yo no estoy sometiendo nada a votación. Hemos hablado durante años, y nada jamás cambió. Lo he pensado todo muy bien, y no estoy interesado en que me digas por milésima vez que «todo se va a arreglar». Quiero que me entiendas de una vez por todas: esto *no* va a funcionar. Este matrimonio se terminó. ¡Está acabado! ¡Deseo irme! Llegó el momento de vivir mi vida.

De repente, escucharon un ruido detrás de ellos en el umbral de la puerta.

—¿Y que será de nuestra vida, Papá?

Ni Esteban ni Julia habían escuchado a su hija adolescente bajar por las escaleras. Ella se puso al lado de su mamá.

—Papá, ¡no puedo creer que tú nos hagas esto! ¿Qué quieres probar? Te amamos tanto, y esto es tan vergonzoso.

—Kimberly, tú no entiendes, —comenzó a decir su padre, extendiendo los brazos en su dirección.

—¡No me toques! ¡No me vuelvas jamás a tocar! —sollozó Kimberly mientras que lo empujaba—. No puedo creer que nos estés haciendo esto a Mamá y a mí. ¿Y Brian? Tampoco te importa nada de él, ¿no es cierto?

Su cara cubierta por las lágrimas expresaba una mezcla de ira y de una tristeza increíble.

—Sí me importa. Pero no me voy a quedar aquí, discutiendo de esta manera. Cualquiera puede pasar manejando y vernos aquí. Tu madre y yo… bueno, ya no podemos hablar. *Nunca* hemos podido hablar. No lo puedo explicar, pero no sabemos cómo comunicarnos.

—Pero, Papá…

—¡Mira! —le dijo con una voz que sonaba como el disparo de un rifle—, no tengo interés de meterme en todo esto ahora. Me tengo que ir; el coche está andando. Esta semana intentaré volver o llamar por teléfono, o algo así.

Giró de manera abrupta y se alejó enojado del porche. Pero de repente, volvió y dijo: «Salúdalo a Brian de mi parte». Con esas últimas palabras, caminó hacia su automóvil, y se alejó para siempre de sus vidas.

Kimberly subió las escaleras llorando, rumbo a su habitación. Julia quedó allí, como congelada en la puerta, mirando como se alejaban su marido y la otra mujer. Cuando las luces rojas de atrás titilaron a través de sus lágrimas y desaparecieron en la oscuridad, ella aún se seguía preguntando: *¿Por qué tuvo que ocurrir esto? ¿Por qué? ¿Por qué? ¿Por qué?*

El lenguaje del amor: Yendo más allá de las palabras cotidianas

El matrimonio de Julia y Esteban sucumbió ante un problema demasiado común entre las parejas: la falta de comunicación significativa. No es que no hayan intentado hablar. A lo largo de los años habían intercambiado miles de palabras. Pero la falta de talento para comunicarse mantuvo al matrimonio en aguas poco profundas. Nunca pudieron alcanzar el profundo amor y compasión que tanto anhelaban. Como ocurre con muchas otras parejas, la relación no se extinguió por falta de palabras: el problema fue que las palabras diarias no fueron suficientes como para proporcionarles la comprensión y la intimidad que necesitaban.

Es posible que nuestra necesidad de comunicarnos con los demás no sea tan dramática como la de Julia aquella noche. Pero para nosotros, el talento de comunicarnos se relaciona directamente con el éxito que tendremos en nuestro matrimonio, familia, amistades y profesiones. Y si verdaderamente deseamos disfrutar de una relación significativa, satisfactoria y productiva, no podemos permitir que técnicas inadecuadas de comunicación rijan nuestras conversaciones. Tiene que haber una *mejor* manera de conectarse con los demás; una manera que nos pueda llevar de manera segura a las profundidades del amor.

Si verdaderamente deseamos disfrutar de una relación significativa, satisfactoria y productiva, no podemos permitir que técnicas inadecuadas de comunicación rijan nuestras conversaciones.

Quizás ustedes sean padres que no consigan comunicarse con su hijo o hija adolescente; o una persona casada que se encuentre en una relación creciente o en dificultades; o un amigo que luche por encontrar las palabras adecuadas para estimular a un vecino que está sufriendo emocionalmente; o un jefe que no consiga motivar o explicar un concepto importante a sus empleados; o un trabajador que esté tratando de expresar un punto importante a su supervisor; o un maestro que esté luchando por conseguir que la clase lo escuche y recuerde lo que les ha enseñado; o un consejero que intente penetrar tras las defensas de una pareja para aportar un cambio; o un ministro o conferencista que desee desafiar y motivar a la gente para que actúe; o un político que esté tratando de ejercer dominio sobre los pensamientos de un estado o nación; o incluso un escritor que esté tratando de capturar el corazón de los lectores.

Sean quienes sean o hagan lo que hagan, no pueden escapar la necesidad de comunicarse significativamente con los demás. Y, sin excepción alguna, todos encontramos las limitaciones de las expresiones diarias.

En un mundo inundado de palabras, ¿podemos acaso añadir una nueva dimensión a lo que decimos? ¿Puede encontrar una esposa algún método que le permita penetrar las defensas naturales de su marido para comunicarle sus ideas sin que él las olvide? ¿Puede acaso expresarse un hombre de manera más vívida o decir lo mismo de una manera nueva y diferente? ¿Pueden los hombres y mujeres decir más con menos palabras?

A todo lo anterior, la respuesta es un SÍ atronador. Existe una herramienta muy poco utilizada en matrimonios, hogares, amistades y negocios, la cual puede nutrir las comunicaciones y cambiarnos la vida. Este concepto es tan añejo como los reyes de la antigüedad y tan eterno que ha sido utilizado a través de todas las épocas en toda clase de sociedades. Es un poderoso método de comunicación que denominamos *imágenes verbales emotivas.*[1]

A diferencia de todo lo que hayamos visto jamás, este concepto puede captar la atención de las personas atrayendo tanto sus pensamientos como sus sentimientos. Junto con su capacidad para transportarnos a niveles más profundos de intimidad, tiene una firmeza que hace que todo lo que digamos o escribamos perdure. Con el uso de una menor cantidad de palabras, podemos aclarar e *intensificar* lo que deseemos comunicar. Además, nos permite abrir la puerta a aquellos cambios que sean necesarios para la relación.

Este método puede desafiar al adulto más intelectual del mundo. Al mismo tiempo, cualquier niño lo puede dominar. De hecho, nos sorprendió que Kimberly, la adolescente de nuestra primera historia, cuando tuvo que enfrentar la disolución del matrimonio de sus padres, pudiera aprender y aplicar de manera dramática una imagen verbal emotiva.

Acompáñenos durante los siguientes capítulos, mientras descubrimos el método principal que:

• Utilizaron los hombres de antaño para penetrar el corazón y la mente de hombres y mujeres;

• Utilizaron Abraham Lincoln y Winston Churchill para inspirar a sus países durante períodos de gran peligro;

• Utilizó Hitler para capturar y desviar el alma de toda una nación;

• Emplean los consejeros profesionales para acelerar el proceso de curación de las relaciones quebrantadas;

• Utilizan los profesores y entrenadores para inspirar y motivar a los atletas profesionales;

• Utilizan los más altos gerentes de venta para capacitar a empleados eficaces; y

• Dominan los dibujantes de historietas y tiras cómicas para hacernos reír mientras que nos desafían a pensar.

Y, más importante aún, las imágenes verbales emotivas *pueden enriquecer todas las conversaciones y relaciones.* O sea que ellas permiten que nuestras palabras penetren el corazón de nuestro oyente, al punto que éste podrá verdaderamente comprender e incluso *sentir* el impacto de lo que digamos.

CAPÍTULO DOS

Las palabras que penetran el corazón

Durante las tres semanas que siguieron a continuación de la escena lagrimosa en el porche de entrada, Esteban llamó algunas veces. Hasta vino dos veces a la casa: una vez para buscar su correo, la otra para juntar más ropa y artículos personales.

Cada vez que llamaba o pasaba por la casa, hablaba unos minutos con Julia o con los niños. Pero sus conversaciones eran muy superficiales. Después de esquivar todas las preguntas significativas, inventaba siempre una excusa para poner fin a la conversación, diciendo que tenía que irse para atender algún asunto «importante».

Al no estar en casa a la noche, Esteban nunca fue testigo del efecto de su partida. Nunca vio la confusión que poco a poco se convirtió en un dolor constante en Brian. Tampoco vio el impacto que tuvo su ausencia en las tareas escolares y la autoconfianza del niño. Esteban no advirtió la furia que sentía hacia él su hija, Kimberly, ni tampoco supo que esa ira se encendía cada vez que ella se encontraba con alguna persona en la que había confiado anteriormente.[2]

Tampoco vio cómo luchaba valientemente su esposa para controlar sus emociones delante de los niños. Sólo después, al retirarse a su dormitorio, explotaba con una mezcla de rabia y dolor. Después de quedarse dormida de tanto llorar, rodaba en la cama para acurrucarse junto a su marido. A la mañana siguiente se despertaba abrazada a la almohada.

Julia veía como sus hijos luchaban con su dolor. Al verlos sufrir, y no sabiendo qué hacer para ayudarlos, de repente se le cruzó por la mente una imagen de su niñez.

Era un día de verano y se había desatado una terrible tormenta. Se veía allí parada, junto a la ventana, mirando el jardín. El viento y la lluvia azotaban con furia los árboles. Después de la tormenta, se dirigió al patio y vio que el viento había tirado un nido con pichones al suelo. Lo que ella sintió por esas pequeñas criaturas que gritaban, aleteando en el lodo, tan desamparadas, asustadas y confundidas era lo mismo que sentía ahora cuando observaba a sus propios hijos.

En ese mismo instante, Julia decidió buscar la ayuda de un consejero. Esteban se había negado siempre a visitar el consultorio de un consejero. Sin embargo, Julia sintió que ella y los niños debían ir, aunque tan sólo fuera por el bien de ellos. Fue en una de esas sesiones que Kimberly conoció las imágenes verbales; y en su primer intento por crear una de ellas, logró abrirse camino y penetrar en el corazón de su padre.

Las palabras de una hija que consiguieron cambiar la vida de su padre

Dos meses después de que Esteban había tomado la decisión de dejar a la familia, su empecinado corazón encontró la horma de su zapato.

Después de un largo y ajetreado día de trabajo, Esteban subió los dos tramos de las escaleras que lo conducían a un apartamento vacío que, en su momento, le había parecido el símbolo de su libertad. Tiró a un lado el periódico del día anterior que cubría el asiento del sillón. Desplomándose en éste, trató de recuperar el aliento.

Tomó su portafolio y comenzó a revisar varios sobres. Por lo general, él solía leer sus cartas en la oficina. Sin embargo, como el día había sido muy exigente, ésta era la primera oportunidad que tenía para hojear la pila de cartas que clamaban su atención. Encontró la colección habitual de folletos y de cuentas a pagar, junto con algunas interesantes cartas de negocios que lucían orgullosamente el membrete con el logo de la empresa.

Pero, al mirar el montón que tenía delante de sus ojos, vio una carta personal: una carta cuya letra era parecida a la de su esposa. Al mirarla de cerca, vio que era de su hija.

A lo largo de los años, la relación de Esteban con su hija había sido más cercana que la relación con su esposa o con su hijo. Siempre había sentido mucha frustración frente a las expectativas «poco realistas» de su esposa de que pasara más tiempo en casa que en el trabajo. Y, aunque apenas tenía siete años, Brian se parecía demasiado a él. Mirarlo era como mirarse al espejo; y ese reflejo lo ponía incómodo. Pero con Kimberly era diferente. Cuando él hablaba con ella, no escuchaba el eco de su propia insatisfacción. La autoconfianza e independencia de ella eran rasgos que él podía respetar.

Así que abrió el sobre, esperando encontrar una carta o una nota. Pero lo que encontró fue algo muy diferente. En su interior estaba la imagen verbal emotiva que había escrito su hija; una historia que penetraría en su mente y su corazón, y que permanecería allí asida como las garras de una enorme águila:

Querido Papá:
Es tarde, y estoy sentada sobre mi cama escribiéndote. Estas últimas semanas, he deseado tantas veces hablar contigo. Pero, cuando estamos solos, nunca parece haber tiempo suficiente para hacerlo.
Papá, me doy cuenta de que estás saliendo con otra persona. Y sé que tú y Mamá no volverán a estar juntos jamás. Me cuesta muchísimo aceptarlo; sobre todo sabiendo que nunca regresarás a casa y que jamás volverás a ser un papá «cotidiano» para Brian y para mí. Pero al menos deseo que entiendas lo que nos está sucediendo.
No pienses que Mamá me pidió que te escribiera. No fue así. Ella no sabe que yo te estoy escribiendo, y tampoco lo sabe Brian. Sólo deseo compartir lo que he estado pensando.
Papá, siento como que nuestra familia ha estado dando un largo paseo en un bonito automóvil. Tú sabes, la clase de automóviles que te gustan a ti. Uno de aquellos que poseen todos los lujos por dentro y ni siquiera un solo rasguño por fuera.
Pero, a lo largo de los años, el automóvil ha tenido algunos problemas. Echa humo, las ruedas bailan y el tapizado está raído. Debido a que tiembla y chirría, no ha sido fácil manejarlo ni andarlo. Pero sigue siendo un gran coche; o, al menos, lo podría ser. Con un poquito de esfuerzo, podría andar por años.
Desde que lo tenemos, Brian y yo hemos estado siempre en el asiento de atrás, mientras que tú y Mamá están en el delantero. Nos sentimos muy seguros contigo al volante y Mamá a tu lado. Pero el mes pasado, Mamá ha tenido que comenzar a manejar.
Era de noche, y acabábamos de dar vuelta la esquina de casa. De repente, todos miramos y vimos otro coche. Estaba fuera de control y se dirigía hacia nosotros. Mamá trató de salirse del camino, pero el otro

automóvil nos chocó. El impacto nos sacó volando de la calle y nos estrelló contra un poste de alumbrado.

La cosa es, Papá, que justo antes de que nos chocaran, pudimos ver que tú estabas manejando el otro automóvil. Y vimos una cosa más: sentada junto a ti, estaba otra mujer.

Fue un accidente tan terrible que nos tuvieron que llevar a todos a la sala de emergencias del hospital. Cuando preguntamos dónde te encontrabas tú, nadie nos supo contestar. Todavía no estamos seguros de dónde te encuentras o si estás lastimado o si necesitas ayuda.

Mamá se lastimó mucho. Fue lanzada contra el volante y se rompió varias costillas. Una de ellas le atravesó el pulmón y casi le atraviesa el corazón.

Cuando se estrelló nuestro coche, la puerta de atrás lo aplastó a Brian. Sufrió cortaduras de los vidrios rotos y se le destrozó el brazo, que ahora tiene enyesado. Pero eso no es lo peor. Siente aún tanto dolor y estupor, que no desea hablar ni jugar con nadie.

En cuanto a mí, yo salí volando del coche. Estuve allí atrapada en el frío durante mucho tiempo, con una fractura en la pierna derecha. Mientras yacía allí, no me podía mover y tampoco sabía lo que les ocurría a Mamá y a Brian. Estaba tan dolorida que no los podía ayudar.

Desde esa noche, ha habido momentos en que me he preguntado si alguno de nosotros podrá sobrevivir. A pesar de que estamos mejorando, nos encontramos aún en el hospital. Los doctores dicen que necesito mucha terapia en la pierna. Sé que me pueden ayudar a mejorar. Pero cuánto desearía que fueras tú el que me está ayudando y no ellos.

El dolor es muy agudo, pero lo peor es que te extrañamos tanto. Cada día aguardamos para ver si vienes a visitarnos al hospital. Pero pasa el día y no lo haces. Sé que se ha terminado. Pero mi corazón explotaría de alegría si, de alguna manera, levantara los ojos y te viera entrar en mi habitación.

A la noche, cuando todo está en silencio, nos llevan a Brian y a mí a la habitación de Mamá y hablamos sobre ti. Conversamos y compartimos lo mucho que nos gustaba ir de paseo contigo y cuánto desearíamos que estuvieran con nosotros ahora.

¿Te encuentras bien? ¿Te has lastimado en el accidente? ¿Nos necesitas tanto como nosotros te necesitamos a ti? Si me necesitas, estoy aquí y te quiero.

Tu hija,
Kimberly

Una semana después de enviarle esa carta a su padre, Kimberly se quedó en casa con Brian y su mamá, en vez de ir a un partido nocturno de fútbol en su colegio secundario. En realidad, la elección fue sencilla. Al cuidado de su corazón roto, no tenía ganas de bromear y reírse con sus amigos. Durante horas estuvo sentada en su habitación mirando la televisión, tratando de compenetrarse en una vieja película. Por fin, cansada de esconderse de su soledad, fue abajo a buscar algo para comer. No tenía realmente hambre, pero pensó que un estómago lleno le ayudaría a llenar su corazón.

Poniendo la mano sobre la baranda, comenzó lentamente a descender. Pero en la mitad de las escaleras, algo le llamó la atención. Miró hacia arriba, y parado junto a la puerta estaba su padre. Ella no había escuchado el timbre y no tenía idea de cuánto tiempo había estado él allí.

Cuando sus miradas se encontraron, tendríamos que medir los latidos de su corazón en horas si los quisiéramos contar. Kimberly sintió que si desviaba por un segundo la mirada, él desaparecería.

—¿Papá? —finalmente dijo con voz temblorosa, saliéndole el corazón por la boca.

—Kimberly —le contestó su padre.

Luego, con emoción, le preguntó:

—¿Cómo está tu pierna, cariño?

—¿Mi pierna?

—Recibí tu carta.

—Ah… bueno, no ha estado muy bien.

—Siento mucho haberte lastimado tanto, Kimberly. No sabes lo arrepentido que estoy —le dijo, luchando para controlar su voz—. Recibí tu carta en un momento en el que no sabía si podría regresar jamás a ustedes. Sentía que había ido demasiado lejos como para regresar y volver a intentarlo una vez más. Pero tu relato me mostró cuánto dolor les había causado a todos ustedes. Y, para ser honesto, me obligó a encarar el hecho de que yo estaba bastante golpeado también.

La miró a Kimberly y, antes de continuar, tragó saliva.

—¿Está tu mamá arriba? No te prometo nada, pero pienso que necesitamos obtener ayuda de un consejero. Tenemos muchas cosas que resolver.

La nota con la letra de Esteban había lanzado a toda la familia a aguas peligrosas y profundas. Fue una segunda carta, comunicando una imagen verbal emotiva, la que ayudó a calmar las aguas y llevar de regreso la relación a tierra firme. Mientras que una imagen verbal no siempre acarrea un impacto tan dramático e inmediato, en este caso fue así. El resultado: Dos días después de que

Esteban regresó a su casa, entró a mi consultorio con su esposa para recibir consejería. Y al poco tiempo, regresó para siempre al hogar.

¿Qué fue lo que ocasionó un cambio tan abrupto en él? Con lágrimas, tanto su esposa como su hija le habían suplicado que regresara. Sin embargo, sus ruegos no lo habían conmovido. Fue una imagen verbal emotiva la que finalmente penetró en su corazón amurallado y abrió su vida a un cambio largamente deseado.

Mucho más que una simple historia

¿Cómo es posible que una simple historia haya traído tanto cambio a la vida de una persona? Kimberly no comprendía cómo o por qué una imagen verbal había funcionado con su padre; pero estaba agradecida de que así había sido. Como muy pronto descubrirán, cada vez que utilizamos esas imágenes verbales, cinco fuerzas muy poderosas comienzan a funcionar.

En las páginas siguientes, vamos a explorar cómo y por qué este lenguaje de amor es tan eficaz. Pero primero, definamos brevemente esta herramienta para la comunicación.

Una definición concisa diría lo siguiente: Una imagen verbal emotiva es una herramienta para la comunicación que utiliza un relato u objeto para activar las *emociones* y el *intelecto* de la persona a la misma vez. Al hacerlo, hace que la persona *experimente* nuestras palabras, y no se limite solamente a escucharlas.

Una imagen verbal emotiva es una herramienta para la comunicación que utiliza un relato u objeto para activar las emociones y el intelecto de la persona a la misma vez. Al hacerlo, hace que la persona experimente nuestras palabras, y no se limite tan sólo a escucharlas.

En pocas palabras, esta técnica de comunicación trae los pensamientos que deseamos expresar a la vida. Cuando miramos las páginas de la historia y las investigaciones actuales sobre la comunicación, encontramos que la evidencia es muy clara: Cada vez que necesitemos comunicar algo importante a los demás, las imágenes verbales pueden multiplicar el impacto de nuestro mensaje.[3]

Con esta definición en mente, pongamos las imágenes verbales bajo el microscopio y encendámoslo a todo poder. Al hacerlo, veremos cuántas parejas han logrado en una hora lo que no han logrado en meses de conversaciones diarias: pasar a un nivel más profundo de intimidad y comprensión.

¿CÓMO PUEDEN LAS IMÁGENES VERBALES ENRIQUECER MI COMUNICACIÓN?

CAPÍTULO TRES

Cómo encender el poder de las palabras

Ya hemos visto como una imagen verbal le cambió de manera dramática a un hombre el corazón. ¡Pero eso no es nada comparado con la experiencia de ver como ese mismo poder cambia los hombres de toda una nación!

Siempre ha sido difícil modificar las acciones y actitudes de un hombre. Muchas mujeres sienten que sus maridos llevan puesta una armadura que desvía todo lo que les dicen. Sin embargo, en 1942, Walt Disney demostró que el uso eficaz de una imagen verbal en forma de largometraje podía arremeter contra esas barreras. En su popular película *Bambi*, él pintó una imagen que fue directamente al corazón de miles de hombres. Prácticamente, de la noche a la mañana, les quitó el dedo del gatillo, mandando casi a la quiebra a toda la industria de caza de ciervos.

El año anterior al estreno de esta película de dibujos animados, la caza de ciervos en los Estados Unidos era un negocio de $9.5 millones de dólares. Pero cuando mostraron una escena particularmente conmovedora: la de un cervatillo que ve como un cazador le pega un tiro a su madre, la actitud de centenares de hombres cambió de manera radical. ¡La temporada siguiente, los cazadores de ciervos sólo invirtieron $4.1 millones en etiquetas, permisos y viajes para cazar![4]

A menudo escuchamos que una imagen equivale a mil palabras, y sin duda, *Bambi* comprobó que eso era cierto. ¿Pero qué le significa esto a un hombre o una mujer que tienen la profunda necesidad de expresar importantes sentimientos, inquietudes e información con los demás? Ha llegado por fin el momento de cambiar miles de palabras diarias por una imagen verbal eficaz.

Existen verdaderas razones por las cuales este método de comunicación tiene un impacto dramático en la gente. En este capítulo, vamos a explorar cinco de ellas, brindando así lo necesario para establecer un vínculo permanente con todos aquellos por los que sintamos afecto y cariño.

Cinco razones por las cuales las imágenes verbales funcionan de manera tan efectiva

1. LOS MEJORES COMUNICADORES DEL MUNDO HAN COMPROBADO, A TRAVÉS DEL TIEMPO, EL VALOR DE LAS IMÁGENES VERBALES.

Quizás nuestro destino no sea figurar en las noticias de la primera página del periódico. Pero si deseamos dejar una impresión duradera en nuestra propia página de la historia, haríamos bien en seguir los pasos de los mejores comunicadores del mundo.

Tomemos a Cicerón, el orador tan elocuente del Imperio Romano. Él creía que las imágenes verbales eran «luces» que iluminaban la verdad. Como les dijo a sus alumnos: «Cuanto más crucial el mensaje, tanto más brillantes tienen que ser las luces».[5]

De hecho, su acotación es que un hombre era sabio cuando podía ajustar sus pensamientos dentro del marco de una imagen verbal.[6]

Aristóteles, uno de los eruditos más respetados de la Grecia primitiva, poseía ese arte. Por ejemplo, esto es lo que dijo acerca de un héroe caído:

Entró al combate como el toro más fornido, con el espíritu de un león embravecido. Comprobó que el antiguo dicho era verdad: «Un soldado tiene que regresar de la batalla con su escudo… o sobre él».[7]

Siglos más tarde, Benjamín Franklin desafió el corazón de su joven nación elaborando sus pensamientos con esa misma técnica de comunicación. Sus discursos y escritos estaban repletos de imágenes verbales, pero quizás, el mejor ejemplo de su arte sea el epitafio que escribió para colocar sobre su propia lápida:

El cuerpo de Benjamín Franklin, Impresor (como las tapas de un viejo libro, su contenido rasgado y despojado de sus caracteres y su cubierta dorada), yace aquí, alimento para gusanos; pero su trabajo no se habrá de perder, porque (como así lo pensaba él) aparecerá una vez más en una edición nueva y más elegante, revisada y corregida por el Autor.[8]

Antes de la Guerra Civil, Harriet Beecher Stowe estaba enfurecida con el sistema de la esclavitud en el sur. ¿Pero quién la escucharía? Durante los prime-

ros años de la historia de los Estados Unidos, no existía ning
desde la cual pudieran hablar las mujeres. Sin embargo, toda una
conmovida cuando ella escribió un libro, que fue una imagen verba
pio a fin, llamado *La cabaña del Tío Tom*.

Cuando se publicó su libro, encendió de ira a los habitantes del no∠e. Su
viva descripción de los crueles propietarios de esclavos echó leña al fuego a la
amplia oposición. Su mensaje causó una furia tan candente que Abraham
Lincoln sintió que la Guerra Civil ya era imposible de evitar.[9]

Casi un siglo más tarde, mientras que ardía con furia una guerra mundial
en Europa, otro gran comunicador entró a la escena. Winston Churchill siempre tenía un aspecto de total desafío. Se percibía en el cigarro que sostenía en la
esquina de su boca y en el brillo de guerrero en sus ojos. Pero para una nación
sitiada, los discursos plenos de imágenes fueron lo que congregaron el espíritu
de lucha de sus abatidos compatriotas.

Poco tiempo después de la humillante retirada en Dunkerque, Gran Bretaña se
enfrentó a las desalentadoras noticias de que Italia se había unido a los nazis. Pero
en su estilo tan característico, Churchill habló por la radio con estas palabras:

> Mussolini es un chacal azotado, quien, para salvar su propio pellejo ha
> convertido a Italia en un estado vasallo del Imperio de Hitler. Hoy día,
> juguetea por los costados del tigre alemán con gruñidos no sólo de ham-
> bre, eso sería comprensible, sino aun de triunfo… No le servirá de nada.
> Los dictadores pueden ir y venir entre los tigres, pero que no se enga-
> ñen. Los tigres están comenzando a ponerse hambrientos también.[10]

Si Churchill dominaba el arte de la motivación de sus compatriotas, al
otro lado del Canal de la Mancha se encontraba su malvado rival, Adolf Hitler.
Como veremos en un capítulo posterior, éste mantuvo cautiva el alma de toda
una nación con sus apasionantes imágenes verbales.[11] Daremos también ejemplos de la manera trágica en la que algunas personas tergiversan el lenguaje del
amor y lo transforman en un lenguaje de odio. Al hacerlo, utilizan algo dedicado al bien para manipular, intimidar, controlar y destruir a los demás.

Las imágenes verbales no tienen que ser extensas para propinar un golpe
fuerte. Algunos de los mejores comunicadores de los últimos años han utilizado esta técnica para darle mayor sabor a un simple pensamiento en un discurso. En 1961, en su discurso inaugural, John F. Kennedy habló de la necesidad
de «permitir que todos los demás poderes sepan que este hemisferio tiene la
intención de permanecer siendo el amo de su propia casa».[12]

También, Martin Luther King, Jr. desafió a una sociedad segregada:

No busquemos satisfacer nuestra sed de libertad, bebiendo de la copa de la amargura y el odio.[13]

Y Ronald Reagan, llamado por muchos «El gran comunicador», sazonó sus conversaciones con una historia tras otra y analogías, tales como «¡Ganemos una para el *Gipper*!»[14]

Una mirada por las páginas de la historia confirma que las imágenes verbales han sacudido el mundo. Quizás no haya lugar donde más se evidencie que en las páginas de un libro atesorado.

Sin duda alguna, la Biblia es el escrito que mayor impacto ha tenido en la vida de las personas. Sigue siendo el libro más leído, traducido y de mayor circulación de la historia.[15] De todos los métodos de comunicación que podrían haber utilizado los escritores bíblicos, las imágenes verbales afloran en cada una de sus páginas.

Tengamos en cuenta, por ejemplo, uno de los pasajes más conocidos de la Biblia, el Salmo 23. Éste comienza diciendo: «El Señor es mi pastor…» Este salmo le ha dado esperanza a personas de todo el mundo que estuvieran atravesando su propio «valle de sombra de muerte» personal.

Se lo pronunció en el puente del Titanic, mientras que colocaban los botes salvavidas en el agua,[16] en el medio de las batallas sobre las playas de Okinawa y en las junglas de Vietnam,[17] en una cápsula espacial orbitando alrededor de la luna,[18] y todavía se lo enuncia en las salas de espera de los hospitales, donde se reúnen las familias a orar.

Lo que más nos sorprendió en nuestra investigación fue el hecho de que a lo largo de todas las Escrituras, el principal método utilizado por Jesús para enseñar, desafiar y motivar a los demás fueron las imágenes verbales. En sus conversaciones sobre el amor, él lanzó la imagen verbal del buen samaritano. Para animar a sus discípulos, Jesús les contó que en la casa de su padre había muchas viviendas preparadas para ellos. Al enseñar lecciones sobre la fe, él dijo que si tuvieran fe del tamaño de un grano de mostaza, podrían mover montañas. Y para describir el tierno corazón de un padre, compartió el relato del hijo pródigo.[19]

En el capítulo 15 daremos muchos más detalles, pero las imágenes verbales son también la manera bíblica más frecuente para describir a Jesús. Por ejemplo, se lo retrata como el Consejero admirable, Padre eterno, Príncipe de paz, el Verbo, la luz del mundo, la vid, el León de la tribu de Judá y la brillante estrella de la mañana.[20]

Hemos visto a hombres y mujeres que han transmitido sus mensajes más importantes con este lenguaje de amor. Al estar de pie a la sombra de estos gigantes, podemos adquirir su ventaja: el poder de cambiar y enriquecer vidas.

Sin embargo, ésta no es la única razón por la cual deberíamos utilizar imágenes

verbales. Existen cuatro razones más que pueden brindarnos u
para construir relaciones duraderas con los demás.

2. Las imágenes verbales captan y dirigen nuestra atención

Un marido o mujer que posean sabiduría pueden descubrir el secreto que
los anunciantes publicitarios han usado durante años para captar la atención
de la gente. Los anunciantes saben que ellos poseen apenas unos pocos segundos para convencer a la gente y vender su producto. Al rodear su eslogan em-
presarial con breves imágenes verbales, se aseguran de que su mensaje tenga
una vida más extensa que el anuncio publicitario en sí. Quién puede olvidarse
de un eslogan tal como: «Has recorrido un largo camino», o «El estampido que
arrolla la sed» y otros similares [**NOTA: versión libre para citar algunos anuncios en español**]. Nadie maneja tan sólo automóviles, sino que manejamos
Broncos, Hondas, Lexus y Mercedes.

Los estudios que se han realizado al respecto demuestran que cuando escuchamos una imagen verbal, nuestro cerebro funciona a mayor velocidad y gasta
mucha más energía que la utilizada para leer o escuchar palabras convenciona-
les.[21] Para darles un ejemplo, lean una página de su novela favorita o una porción similar de una enciclopedia. Verán que leen la novela muchísimo más
rápido, y con toda razón.

*Desde el momento en que comienzan a hablar,
los grandes comunicadores saben que las imágenes
verbales pueden darles una ventaja.*

Nuestra respuesta a la historia es como entrar manejando a un sector de
neblina junto a la costa de California. De inmediato prestamos atención y
tratamos de ver lo que está más adelante. Nos esforzamos por ver las líneas
divisorias y nos duelen los ojos de tanto buscar las luces traseras de los frenos de
los demás vehículos. Nuestra mente no nos permitirá descansar hasta tanto no
hayamos emergido del banco de neblina y podamos ver claramente otra vez.

De igual forma, una imagen verbal emotiva crea una neblina en la mente
de nuestro oyente. Los obliga a esforzarse mentalmente por ver lo que yace más
adelante. Y, cuando se levanta la neblina, la persona por fin tiene una comprensión más clara de lo que queríamos decir. Si desean ver un ejemplo semanal de esto, ¡observen las cabezas de los feligreses adormilados en sus asientos
cuando el pastor utiliza un ejemplo bien calculado en la mitad de su sermón'

Se ha dicho que los primeros treinta segundos de una conversación son cruciales.[22] Desde el momento en que comienzan a hablar, los grandes comunicadores saben que las imágenes verbales pueden darles una ventaja. Podemos utilizar esa ventaja de captar la atención de los demás en nuestras propias comunicaciones; incluso con aquellas personas que sean difíciles de alcanzar.

Eso mismo fue lo que descubrió Kimberly cuando le escribió a su papá, un hombre que odiaba las confrontaciones. Su imagen verbal captó rápidamente su atención, hasta que se levantó la neblina, y él comprendió lo que ella deseaba decirle.

3. LAS IMÁGENES VERBALES DAN VIDA A LA COMUNICACIÓN.

Otra de las razones principales para justificar el uso de imágenes verbales es que activan las emociones de las personas, lo cual puede conducir a un cambio positivo. Hasta el comienzo de la pubertad, los niños experimentan cambio principalmente a través de enseñanzas e instrucciones sencillas y directas.[23] Pero, una vez que entran a la pubertad, las palabras en sí no tienen ya el mismo impacto en los niños. Para los adolescentes y los adultos, los cambios en la vida ocurren casi siempre a través de importantes acontecimientos emotivos, tales como la muerte, el matrimonio, los nacimientos, la pérdida del padre o la madre, la ruptura de una relación, el ganar un premio (o el no ganarlo), o el asumir un compromiso religioso.[24]

Las imágenes verbales interceptan las emociones, el intelecto y la voluntad de una persona mediante la creación de un «escenario o trayecto mental». Como hemos leído antes, los cazadores que vieron la película de Disney obtuvieron más de lo que se imaginaban. Por primera vez, muchos de ellos experimentaron emocionalmente el lado oculto de su deporte. En vez de deleitarse en la euforia de la caza, sintieron las emociones de un pequeño que es testigo de la matanza de su madre.

Los estudios demuestran que las imágenes verbales no sólo activan nuestras emociones, sino que nos afectan *físicamente* también.[25] O sea que, cuando escuchamos el relato de un acontecimiento real o imaginario, ¡nuestros cinco sentidos se ven impulsados tal como si nosotros mismos estuviéramos experimentando ese evento![26]

Esto nos ayuda a explicar por qué nos sentimos tan extenuados después de leer un libro apasionante o por qué una película de suspenso nos deja agotados. En realidad, estamos cómodamente acurrucados en un sillón, muy alejados de esa enloquecida tribu de caníbales. Sin embargo, estamos experimentando fisiológicamente la misma dificultad para respirar y liberando las mismas sustancias químicas que se vierten en la corriente sanguínea del héroe de la película o de la novela.[27]

El miedo no es lo único que provoca esta reacción; también lo .
y las demás emociones positivas. Muchas mujeres se encuentran en n
que carecen de calidez emocional. ¿Dónde acuden para encontrar, m.
veces al año, el romance que tanto anhelan? A la imagen del amor que se ℓ. ...-
tra retratada en las novelas románticas. Cuando estas mujeres leen sobre el romance de otra persona (ya sea real o ficticio), ellas experimentan, al menos en
cierta medida, los sentimientos de amor que tanto ambicionan.

Cuando Kimberly envió por correo su imagen verbal a su papá, ella le
envió, en realidad, una bomba de tiempo. Sus palabras explotaron dentro de
él, obligándolo a experimentar, tanto física como emocionalmente, el daño
que le había causado a los demás. Y, como hemos mencionado antes, las
emociones que despiertan a la realidad pueden ocasionar cambios en nuestra
forma de pensar. Es más, sembramos en el oyente una semilla duradera que
puede crecer y cambiar una vida, aun cuando la persona rechace, inicialmen-
te, nuestras palabras.

4. Las imágenes verbales quedan atrapadas dentro de nuestra memoria.

Muchas veces escuchamos la queja característica de las personas que están
en el matrimonio con problemas: «¿Por qué no puede recordar lo que dije?»
En realidad, los cónyuges frustrados no son los únicos que sienten que hablan
a oídos sordos y mentes olvidadizas.[28]

Una de las quejas constantes de pastores, maestros y otros educadores es que
la gente no recuerda lo que se les ha enseñado. En parte, esto se debe a que mucha
de la enseñanza se realice mediante clases directas. Existen ciertas ventajas en esta
forma de instrucción. Sin embargo, después de algunas horas, ¡la persona promedio sólo recordará un 7 por ciento de un discurso de media hora!

Como quizás sospechen, los investigadores han demostrado que, cuando
se utilizan imágenes verbales, la gente recuerda conceptos y conversaciones
durante mucho más tiempo y de manera más vívida. De hecho, ¡cuanto más
novedoso y extraño sea el relato u objeto, tanto más se recuerda el concepto!

Corrie ten Boom, una sobreviviente del holocausto y famosa oradora mundial, nos recalcó ese principio. «Nunca se pongan de pie delante de un grupo
de gente sin un objeto o relato que ilustre lo que estén diciendo», solía decirnos
en su voz firme y con acento extranjero. «En todos los lugares donde hablo, los
utilizo. Y, aun cuando no me hayan visto durante mucho tiempo, la gente aún
se recuerda lo que les he dicho».

En sus viajes, Corrie se convirtió en un símbolo de esperanza para todos
aquellos que estuvieran atados espiritual o físicamente. Cuando hablaba delan-

te de un grupo, a menudo sostenía un gran bordado con la parte trasera a la vista. Había hilos que colgaban por todas partes, y no se podía discernir claramente ninguna imagen.

«Éste es el aspecto que tiene, a menudo, nuestra vida», solía decir. «Cuando me encontraba en el campo de concentración, no parecía haber nada más que fealdad y caos. Pero entonces lo busqué a Dios para encontrarle sentido a mi vida». Cuando llegaba a ese punto, daba vuelta el tapiz, revelando así una hermosa corona bordada. «Por fin, por más dolorosa que fuera cada puntada, pude entender por qué Él había añadido cierto hilo o cierto color».

Como el recuerdo de una caminata a la luz de la luna, las imágenes verbales permanecen presentes mucho tiempo después de haber sido enunciadas. Cuando Kimberly le envió la carta a su padre, ésta causó un impacto inmediato en la vida de él. Sin embargo, él nos dijo después que había sido su impacto duradero—la manera en que había permanecido en su mente durante días, hostigándolo sin cesar—lo que le había roto el corazón.

5. LAS IMÁGENES VERBALES NOS PROPORCIONAN UNA ENTRADA A LA INTIMIDAD.

Por más poderosas que sean estas cuatro razones por las que utilizamos imágenes verbales emotivas, ellas se ven eclipsadas por una quinta razón: las imágenes verbales nos abren la puerta a relaciones muy significativas e íntimas.

En casi todos los hogares, surgen graves problemas porque los hombres y las mujeres piensan y hablan de maneras muy diferentes. Pero las imágenes verbales emotivas ayudan a que las parejas encuentren un terreno común donde comunicarse.

Una y otra vez hemos visto que matrimonios insulsos e insatisfactorios se transforman en relaciones vibrantes y mutuamente placenteras. Esto no sucede por arte de magia y se necesita un esfuerzo constante para lograrlo. Ocurre porque la gente descubre la puerta de entrada a la intimidad: el lenguaje del amor. Y, en el siguiente capítulo, les mostraremos cómo.

CAPÍTULO CUATRO

Cómo abrir la cerradura de la puerta de entrada a la intimidad

Varios años atrás, yo (Gary) estaba sentado conversando con una mujer muy atractiva que estaba, sin duda, sufriendo mucho. Con lágrimas corriendo por sus mejillas, ella sollozaba: «He tratado de expresar lo que anda mal en nuestro matrimonio, pero no sé cómo explicarlo. ¿Qué sentido tiene sacar todo nuevamente a la superficie?»

Después de apenas cinco años de matrimonio, esta mujer estaba a punto de abandonar todas sus esperanzas de experimentar una relación amorosa, sana y duradera con su marido. Ya que se oponía al divorcio, se había resignado a aceptar una vida que le ofrecía muy pocos de los deseos y sueños que ella tanto anhelaba.

Yo había escuchado esta clase de historia antes. Durante años, había aconsejado habitualmente a esposos y esposas, pasándome horas y horas hablando con ellos sobre cómo mejorar su relación. Sólo que ahora, no estaba sentado en mi consultorio de consejería. Y la mujer que estaba sentada enfrente de mí no era una paciente: era mi propia esposa, ¡Norma!

Ese día, tomé la decisión de comprender lo que estaba ocurriendo, o que no estaba ocurriendo, en mi matrimonio. Decidí también que encontraría la respuesta a varias preguntas acuciantes. ¿Por qué se sentía Norma tan frustrada cuando intentaba comunicarse conmigo? ¿Por qué me costaba tanto compartir con ella lo que yo sentía? ¿Y por qué luchábamos tanto por comprendernos, sobre todo cuando discutíamos asuntos importantes?

Hasta que no comprendimos que Dios había equipado a los hombres y las mujeres de manera diferente, no logramos potenciar al máximo nuestra comunicación. El puente que se extendió sobre nuestras diferencias fueron las imágenes verbales.

¿Han intentado alguna vez expresar un pensamiento o sentimiento importante con personas del sexo opuesto, y lo único que ellos hacen es mirarnos como si estuviéramos hablando en un idioma extranjero? ¿Se han acaso preguntado alguna vez cuál es la razón por la que él (o ella) no *sienten* lo que estamos diciendo?

Hasta que no comprendamos que Dios ha equipado a los hombres y las mujeres de manera diferente, no lograremos potenciar al máximo nuestra comunicación.

A lo largo de la historia, muchas mujeres se han dado cuenta de que es difícil (¡algunas dicen que es imposible!) comunicarse con los hombres. Un número similar de hombres han desistido en sus intentos de conversar con las mujeres. A mí me ocurrió durante un paseo de compras con mi esposa. Ambos estábamos utilizando las mismas palabras, pero nuestro idioma era diferente.

«Compras»

Después de esa sesión de llanto con mi esposa, decidí entregarme por completo a la tarea de comprender a mi esposa y tratar de tener una buena relación con ella. Pero no sabía dónde comenzar.

De repente, tuve una idea que sabía que me iba a proclamar como Esposo del Año. Podía hacer algo fuera de lo común con mi esposa: ¡ir de compras! ¡Por supuesto! A mi esposa le encanta ir de compras. Ya que nunca le había ofrecido acompañarla, esto le demostraría cuánto la quería. Haría arreglos para que alguien se quedara cuidando a los niños y yo la llevaría a uno de sus lugares favoritos: ¡la galería de compras!

No estoy demasiado seguro de qué cambios emocionales y psicológicos se encienden en mi esposa cuando escucha las palabras «galería de compras», pero cuando le compartí mi idea, obviamente algo dramático ocurrió. Sus ojos se encendieron como un arbolito de Navidad, y ella comenzó a temblar de tanto entusiasmo: la misma reacción que yo tengo cuando alguien me obsequia dos boletos para ir a ver un partido de finales de la NFL (Liga Nacional de Fútbol Americano).

El siguiente sábado por la tarde, cuando Norma y yo nos fuimos de compras, fui el primero en chocarme contra la mayor barrera que impide que hombres y mujeres se comuniquen de manera significativa. Lo que descubrí, abrió con una explosión la puerta para comprender y relacionarme con Norma, y me condujo a buscar ayuda en las imágenes verbales. Esto es lo que ocurrió:

Mientras que íbamos hacia la galería, Norma me dijo que necesitaba buscar una blusa nueva. De modo que, después de estacionar el coche, caminamos hacia la tienda de ropa más cercana, donde ella tomó una blusa y me preguntó: «¿Qué te parece?»

—Excelente, —le dije—. Comprémosla.

Lo que yo estaba pensando, realmente, era: *¡Magnífico! Si ella se apura y compra su blusa, podremos llegar de regreso a casa a tiempo para mirar el partido por televisión.*

Luego, ella tomó otra blusa y dijo: «¿Qué piensas de esta otra?»

—Es muy linda también, —le contesté—. Compra una o la otra. No, ¡compra ambas!

Pero después de mirar varias blusas que estaban allí colgadas, salimos de la tienda con las manos vacías. Luego fuimos a otra tienda, y allí ocurrió lo mismo. Y luego fuimos a otra tienda más. Y a otra. ¡Y a otra!

A medida que entrábamos y salíamos de las tiendas, mi ansiedad iba en aumento. De golpe, me asaltó el pensamiento de que no sólo me perdería los comentarios del medio tiempo, si no que corría el riesgo de perderme todo el partido.

Después de mirar lo que me parecieron como centenares de blusas, me di cuenta de que ya mi paciencia no daba para más. Al ritmo que íbamos, ¡me perdería la temporada completa! Entonces ocurrió.

En vez de tomar una blusa en la siguiente tienda en la que entramos, ella sostuvo un vestido del talle de nuestra hija.

—¿Qué te parece este vestido para Kari? —me preguntó.

Puesto a prueba más allá de mis límites como ser humano, mi fuerza de voluntad se quebrantó y las únicas palabras que pude lanzar fueron: «¿Cómo me preguntas qué pienso de un vestido para Kari? ¡Vinimos a comprar una blusa para ti, no vestidos para Kari!»

Y como si esto fuera poco, nos fuimos de la tienda sin comprar nada, ¡y luego ella me preguntó si quería parar para tomar un café! Ya habíamos estado en la galería durante sesenta y siete minutos completos, lo cual era media hora más de lo que había aguantado jamás. No lo podía *creer*: ¡ella tenía las agallas de querer sentarse para conversar sobre la vida de nuestros niños!

Esa noche, comencé a comprender cuáles son las diferencias entre los hombres y las mujeres. Yo no estaba comprando blusas… ¡yo estaba *a la caza* de blusas! Deseaba conquistar una blusa, meterla dentro de una bolsa, y luego regresar a casa donde tenía cosas muy importantes que hacer, ¡como mirar el partido de fútbol del sábado por la tarde!

Sin embargo, mi esposa entendía que hacer compras era algo muy diferente. Para ella, las compras eran mucho más que simplemente adquirir una blusa. Eran una manera de estar juntos, charlando y disfrutando un rato lejos de los niños, y del fútbol del sábado a la tarde.

Como la mayoría de los hombres, yo pensaba que ir a la galería significaba ir de compras. Pero, para mi esposa, significaba ir de compras en letra mayúscula.

Durantes los siguientes días, pensé mucho en nuestra experiencia de compras y mi deseo de comunicarme mejor. Cuando pensé en la tarde que habíamos pasado juntos, me di cuenta de que no le había prestado atención a algo importante.

Por muchos años me había visto confrontado por peinadores unisex, ropa unisex y dormitorios universitarios mixtos. Sin embargo, en el apuro por igualar los sexos, había pasado por alto un importante aspecto de la relación entre hombres y mujeres: reconocer y valorar las diferencias innatas entre ellos.

Por supuesto que las típicas diferencias entre hombres y mujeres no se aplican a todas las relaciones.[29] En un 15 por ciento de los hogares, los hombres pueden manifestar tendencias más «típicamente» femeninas en lo que concierne a los estilos de comunicación, y viceversa. Esto ocurre a menudo con los hombres y mujeres que sean zurdos.[30] Sin embargo, predominan los estilos masculinos y femeninos, aun en hogares donde se hayan alterado los roles característicos de comunicación. De hecho, virtualmente todas las relaciones con inversión de roles experimentan tantas diferencias como la mayoría de las parejas estereotípicas.

Teniendo eso en cuenta, examinemos ahora algunas de las maneras más importantes en que los hombres y las mujeres varían en el campo de la comunicación. Nosotros hemos visto a varias de ellas aflorar en nuestra casa; me imagino que ustedes también. Es interesante que ellas sean también las que los fisiólogos han descubierto que ambos sexos tienen en común.

Los pequeños aguiluchos son diferentes, ¿no es así?

En nuestra casa, tenemos nuestra propia versión de la «Batalla de los sexos». De un lado están Norma y nuestra hija mayor Kari. El otro lado está compuesto por mí y nuestros dos hijos varones: Greg y Michael.

Si nos llamaran a testificar en una audiencia parlamentaria televisada, Norma y yo juraríamos que no hemos hecho nada para que nuestros hijos asumieran roles y reacciones tan diferentes. Sin embargo, desde el día en que nacieron, ellos exhibían ya las diferencias características de ambos sexos. A la misma edad,

mientras que nuestros hijos varones eran puro *bochinche*, nuestra hija no dejaba de *hablar*.

Las ventajas en la comunicación

Los investigadores en la materia han descubierto que las niñas hablan mucho
más temprano que los niños.[31] Un estudio demostró que, en la sala de recién
nacidos de los hospitales, ¡las niñas ya están moviendo los labios![32] Esto continúa acrecentándose a lo largo de los años, lo cual les da, sin duda, una ventaja
en el campo de la comunicación efectiva.

En casa, Norma descubrió lo mismo que el Programa Preescolar de Harvard
en su investigación sobre las diferencias de comunicación entre los dos sexos.[33]
Después de poner micrófonos ocultos en un patio de recreo, los investigadores
estudiaron todos los ruidos que provenían de la boca de cientos de niños y
niñas de edad preescolar.

Percibieron que el 100 por ciento de los sonidos que provenían de las niñas
eran palabras audibles y reconocibles. Cada una de ella pasaba mucho tiempo
hablando con los demás niños; ¡y otro tanto hablando con ellas mismas!

En cuanto a los niños, sólo el 68 por ciento de los sonidos que emitían eran
palabras inteligibles. El 32 por ciento restante eran sonidos de una sola sílaba
como «ah» y «eh» o efectos sonoros como «brum, brum», «za, za» y «sum, sum».

Sin duda, Norma se sintió mucho más tranquila cuando se dio cuenta de
que la tendencia de nuestros niños a gritar y gruñir era genética y no ambiental. Y, después de veintitantos años de hacerme preguntas para recibir un mo-
nosílabo como respuesta, ella afirma que esta incapacidad de comunicarse en
oraciones comprensibles permanece constante durante toda la vida.

Claramente, los hombres jóvenes tienen mayor dificultad en comunicarse
que las mujeres jóvenes. Los maestros de enseñanza especializada lo saben, ya que
nueve de cada diez patologías del habla involucran a hombres y no mujeres.

¿Y qué ocurre con los adultos? En lo referente a la capacidad de comunicarnos, nos inclinaríamos a pensar que para entonces, los hombres adultos nos
hemos puesto ya al día con nuestras esposas. ¿Están seguros?

Los estudios realizados demuestran lo que Norma y yo hemos observado
durante años en nuestra relación. Cuando se trata de la cantidad de palabras
que utilizamos, ella siempre me gana. ¡El hombre promedio emite un promedio de 12.500 palabras por día, mientras que la mujer articula más de 25.000![34]

En nuestro matrimonio, eso significa que, cuando yo llegaba a casa del
trabajo, ya utilizaba mi cuota de 12.500 palabras, ¡mientras que Norma apenas
había realizado el precalentamiento de rutina! A mí me pagaban para que ha-

blara todo el día; ¡lo último que deseaba era llegar a casa y ponerme a charlar! Lo único que quería era desplomarme delante del televisor.

En lo referente a la cantidad de palabras utilizadas, Norma me dejaba atrás. Además, siempre parecía que íbamos en direcciones opuestas. Permítanme darles un ejemplo.

Para la mayoría de los hombres, los «hechos» son lo más importante de la conversación. Por ejemplo, cuando Norma salía a recibirme, por lo general, me decía: «¿Podemos hablar?»

Mi primera reacción era siempre: «¿Sobre qué?» Como un buen detective de serie de televisión, la mayoría de los hombres desean decirle a sus esposas: «Dame tan sólo los datos, querida, sólo los datos». Por cierto, cuando un hombre termina de enunciar los datos, deja de hablar.

Durante años, Norma anhelaba descubrir lo que yo sentía, en especial cuando encarábamos un importante asunto o decisión. Sin embargo, una y otra vez, cuando la conversación iba más allá de los datos esenciales, yo cerraba la boca o cambiaba el tema.

Como la mayoría de las mujeres, Norma estaba mucho más en contacto con sus emociones que yo. Aunque podía darle mis conclusiones, lo que sentía quedaba fuera. La diferencia se manifestaba en nuestra constante incapacidad de comunicarnos de manera significativa.

Dos idiomas bajo un mismo techo

En muchos hogares, la manera en que se comunican los hombres y las mujeres es tan diferente que parece que hablaran en dos idiomas distintos, ¡sin intérprete! ¿Qué significa esto?

Durante los últimos veinte años, hemos entrevistado a cientos de parejas y miles de mujeres de todo el país. Hemos descubierto que el idioma que habla la mayoría de los hombres es lo que denominamos un «lenguaje cerebral».

Así lo llamemos «conversación de datos» o «conversación cerebral», este lenguaje indica que el hombre promedio disfruta cuando consigue manejar quinientas millas por día durante las vacaciones con la familia; le agradan más las fórmulas matemáticas que las novelas románticas; lo único que recuerda del amor es la definición en el diccionario; y, por lo general, prefiere pensar de manera clínica, en términos de todo o nada. El «lenguaje cerebral» mantiene ocultas las emociones. Desea, en cambio, lidiar con lo ocurrido como si se tratara de la memorización de los promedios de goles o penales.

Por otra parte, la mayoría de las mujeres hablan lo que se denomina un «lenguaje del corazón». Se sienten tan cómodas con los hechos, como con los sentimientos.

Así lo llamemos «charla emotiva» o «charla sentimental», las que hablan este lenguaje disfrutan observando los detalles minuciosos de un bordado, utilizan mejor su imaginación y demuestran un interés particular en las relaciones profundas. A ellas les *gusta* realmente detenerse en el camino para leer los carteles con datos históricos y, por lo general, sólo se interesan en un partido de fútbol cuando conocen personalmente a uno de los jugadores o a alguna de las esposas. Tienden a expresar su amor, no sólo la definición, y prefieren leer la revista *Gente* que *Mecánica Popular,* ya que la primera trata sobre las relaciones.

«Hay un parador allí adelante»

Cuando nuestra familia (los Smalley) se iba de vacaciones en automóvil, esas diferencias en la manera de pensar eran penosamente evidentes. Me pasaba horas planeando el viaje como si me estuviera preparándome para correr una carrera. Sabía que teníamos que estar *en camino* antes de las 8 de la mañana y que teníamos que recorrer *exactamente* 487 millas por día. Y basándome en el uso de 12,30 millas por galón de mi automóvil, calculaba exactamente dónde nos detendríamos a cargar gasolina. Estaba decidido a no permitir que nada estropeara mis planes. Sólo transigiría cuando fuera absolutamente necesario hacerlo.

La primera señal de que mis objetivos estaban en peligro fue cuando Kari comenzó a patear la parte de atrás de mi asiento.

«Deja ya de hacer eso», le dije con mis ojos pegados a la defensa trasera del automóvil que estaba tratando de pasar. Ya habíamos pasado cincuenta ese día, y me sentía como John Wayne yendo al galope hacia el fuerte.

—Tengo que ir al baño.

«Tendrás que esperar» fue mi respuesta, mientras miraba primero al coche cuya imagen se iba empequeñeciendo en el espejo retrovisor, luego al reloj del tablero, luego al mapa. «Podremos parar en el siguiente pueblo».

—¡Pero papá!

—Son apenas veinticinco millas más.

Cinco minutos más tarde, los niños dijeron que estaban desfalleciendo de hambre.

—Tengo tanta hambre que me duele el estómago, —gimió Mike, el menor—. ¡Ay, Papá, mi estómago!

—Mamá, ya pasó el mediodía y Papá no quiere parar —añadió Greg, acudiendo a alguien con mayor autoridad.

—¡Ya no puedo aguantar más! —gritó Kari, pateando mi asiento.

—Deja ya de patear el asiento, —le contesté—. Son apenas diecisiete millas más.

Norma, mirándome como si yo fuera un guarda de la prisión, me señaló un letrero sobre la ruta. Y luego, muy calladita y con el esbozo de una sonrisa me dijo: «*Allí adelante hay un parador*».

En nuestra familia, mencionar la palabra «Parador» es lo mismo que gritar: «Allí hay un oasis» a alguien que se está muriendo de sed. Las cartas estaban echadas: Tendría que parar en la siguiente salida. Mi único consuelo era que ese parador tenía «tres estrellas», lo cual significa que podría hacer tres cosas a la vez: ir al baño, cargar gasolina y comer.

Prácticamente, antes de detener el automóvil, salté a cargar gasolina. Rápidamente, empujé a los niños hacia el baño y a Norma hacia el restaurante.

«Por favor, apúrense», les grité, sintiendo horror al ver que pasaba una hilera de automóviles por la carretera, los mismos automóviles que yo acababa de pasar. «¡Tenemos que volver pronto al camino y *alcanzar* esos coches una vez más!»

¡Diferencias, diferencias, y más diferencias! ¿Por qué les habrá dado Dios aparentemente tanta ventaja a las mujeres en lo referente a comunicaciones personales y relaciones íntimas?

A pesar de que algunos hombres perciben el talento de comunicarse de las mujeres como algo negativo, son, sin embargo, una de las razones por las cuales ellas les resultan valiosas. En Génesis 2.18, se nos dice que la mujer fue creada para ser una «ayuda» que complete al hombre. La palabra *ayuda*, en el lenguaje del Antiguo Testamento, contiene la noción de realizar algo por los demás que ellos no tengan la capacidad de hacer.

Uno de los beneficios que la mujer común y corriente aporta al hombre es su capacidad para comunicarse de manera profunda y significativa.

La mayoría de los hombres se saben al dedillo el «lenguaje mental», tan lógico y objetivo. No tienen ningún problema es dar, así como así, una charla o conferencia. Sin embargo, cuando necesitan comunicar calidez, amor y estímulo, no saben qué hacer.

Si los hombres desean ser verdaderamente más eficaces en sus relaciones, tanto en casa como en el trabajo, necesitan desarrollar la habilidad de hablar el «lenguaje del corazón». Y allí, bajo su mismo techo, están las mujeres que se lo pueden enseñar.

Los esposos y esposas sabios habrán de aprender a hablar el lenguaje del otro, y les enseñarán a sus hijos ese mismo idioma para que, cuando se casen, puedan comunicarse eficazmente también. La mayoría de los niños varones necesitan capacitación, como se evidencia en el «síndrome del asiento trasero» que aflige a los niños Smalley cada vez que salen de vacaciones.

Durante el trayecto, después de escuchar por una hora la incesante charla de nuestra hija, Norma o yo le decíamos: «Bueno, Kari, ahora los debes dejar hablar a tus hermanos. Muchachos, les ha llegado el turno de hablar». Después de que Kari se quedaba callada: silencio. Así que Kari comenzaba otra vez a hablar.

Como nuestros hijos varones, yo todavía estoy tratando de igualar la cantidad de palabras emitidas por Norma y Kari. Y aún quedan algunos «misterios» por resolver en lo relacionado a la comprensión entre Norma y yo. Pero el hecho de que las mujeres en nuestro hogar tengan una ventaja natural para comunicarse, ya no nos frustra más. En realidad, dejamos que nos enseñen.

Para que los hombres y las mujeres se puedan comunicar de manera eficaz se necesitan *técnicas y conocimientos*. Hasta ahora nos hemos concentrado en los conocimientos: cómo entender la importancia de la comunicación y cómo los patrones de pensamientos masculinos y femeninos pueden coartar la comprensión mutua. ¿Y las técnicas para lograrlo?

Existe una manera muy eficaz para lograr que los hombres mejoren sus técnicas de comunicación y para que las mujeres multipliquen las propias. Al utilizar el poder de las imágenes verbales afectivas, los hombres pueden ir más allá de los «hechos» en sí y lograr una comunicación completa (sentimientos y datos) con las mujeres. Esta capacidad para comunicarse no sólo le ayudará a las mujeres a lograr que los hombres *sientan* sus palabras, al mismo tiempo que las *escuchan*, sino que las ayudarán a relacionarse mejor.

Hace muchos años, Norma lo comprobó. Ella ilustró una inquietud de manera tal que sus palabras pasaron inmediatamente de mi mente a mi corazón.

Sentimientos y hechos

Cuando yo estaba escribiendo mi libro para padres: *Llave al corazón de tu hijo*, le pregunté a Norma si estaría dispuesta a escribir uno de los capítulos. Era una sección que destacaba una de sus virtudes, y pensé que el proyecto sería una experiencia sencilla y placentera para ella. Me equivoqué.

A medida que pasaban los días y se acercaba el día en que tenía que terminar el capítulo, Norma ni siquiera lo había comenzado a escribir. Varias veces trató de explicarme que la tarea le resultaba pesada, pero yo siempre llevaba la conversación de regreso a los «hechos».

Decidí que había llegado el momento de motivarla. Le dije que escribir un libro no era nada importante. Le señalé que las cartas que ella escribía eran magníficas. La animé a que pensara en el capítulo como si fuera una larga misiva a miles de personas que ella jamás conocería. Además, le aseguré que como escritor avezado, yo corregiría cada una de las páginas y descubriría cada error, por pequeño que fuese. Luego, pensé: *¡Qué buena motivación!*

Sus apelaciones emocionales y tiernas para eludir la tarea no tuvieron mucho impacto en mí. Yo estaba armado con los hechos. Sin embargo, mis razonamientos lógicos y severos no la impresionaron a ella tampoco.

Intercambiábamos palabras como si se tratara de dinero del juego de Monopoly®. Francamente, nos podríamos haber ahorrado el trabajo de hablar. No había forma de ponernos de acuerdo. Desesperada, mi esposa me dio la siguiente imagen verbal.

—Gary, sé que no te das cuenta, pero me estás desgastando emocional y físicamente, —me dijo.

—¿Quién, yo?

—Vamos, hablemos por un minuto en serio. Los últimos días me has estado sacando toda mi energía. Sé que te enojarás porque menciono esto, pero…

—¿Yo? ¿Molestarme yo? —le dije, tratando de mantener las cosas dentro de un tono ligero—. Si te estoy robando energía, dímelo. No hay problema.

Ves esas colinas allí, a la distancia —me preguntó, señalando en dirección a la ventana—. Todos los días siento como que las tengo que escalar, llevando una carga de veinte libras sobre mis espaldas. Entre darles de comer a los niños, vestirlos, llevarlos a la escuela y a sus prácticas deportivas, además de manejar la oficina en casa, no me queda energía suficiente para dar un paso más.

—Te pido que no me malentiendas, —añadió—. Me encanta estar en buena forma física y caminar por esas colinas a diario. Pero lo que tú haces es lo mismo que pedirme que, además de subir esas colinas, escale Squaw Peak.

Me quedé pensando en lo que me había dicho. Varios meses antes, yo había escalado Squaw Peak, una hermosa montaña cerca de nuestra casa, y sabía lo exigente que había sido lograrlo. Me esforcé por entender lo que Norma me estaba diciendo.

—Muy bien, no sé qué decirte —le acoté finalmente—. ¿Qué es lo que estoy haciendo para obligarte a escalar Squaw Peak?

—Cuando me pediste que escribiera ese capítulo para tu libro, añadiste Squaw Peak a mi vida cotidiana. Para ti, cargar veinte libras no es nada. Pero para mí, el peso de mis obligaciones presentes es todo lo que puedo cargar. Cariño, ya no puedo añadir ni una libra más. Menos aún, subir las colinas y conquistar la cumbre de Squaw Peak.

De repente, todo lo que me había estado diciendo se aclaró. Para mí, escribir un capítulo no agregaba ni una onza a mi carga, ni dificultaba el ascenso diario a la cumbre de la montaña. Por primera vez, podía *sentir* la presión a la que la había sometido sin querer.

—Si eso es lo que te significa escribir un capítulo, no quiero que lo hagas —le dije sin dudar—. Aprecio lo que haces todos los días y no deseo cargarte con nada más. Eres demasiado valiosa como para hacerlo.

Después de la conversación se levantó una nube que pesaba sobre nuestra relación. Sin embargo, a la mañana siguiente, cuando bajé a desayunar, no supe qué hacer. Norma estaba sentada en su escritorio, escribiendo con furia.

—¿Qué estás haciendo? —le pregunté, atónito.

—Estoy escribiendo mi capítulo.

—¿Estás haciendo *qué*? ¡Creí que me habías dicho que era como escalar Squaw Peak!

—Así es —me contestó—. Cuando supe que lo tenía que escribir, me sentí muy presionada. Sin embargo, ahora que no lo *tengo* que hacer, ¡me dieron ganas de escribir!

Salvando las distancias de la comunicación

¿Quién dijo que las imágenes verbales nos ayudan a comprender todas las diferencias entre hombres y mujeres? Pero sí nos ayudan a salvar las distancias naturales de la comunicación, además de entender lo que nos dicen los demás.

Volvamos a repasar lo ocurrido cuando mi esposa me expresó por primera vez sus inquietudes acerca del capítulo que tenía que escribir. Como todo hombre típico, me concentré en los hechos (las palabras reales enunciadas), excluyendo las emociones que ella estaba compartiendo. No me preocupé por leer entre líneas. Esa falta no es un rasgo peculiar en mí, ya que algo similar le ocurrió a una pareja de amigos. De hecho, estas situaciones son comunes a todos los hogares.

Había sido un día especialmente difícil para Diane. Nada parecía haber salido bien. El momento en que su marido entró a la casa esa noche, ella lo atacó. «Jack, tú nunca me ayudas», se quejó. «Siempre tengo que sacar la basura y hacer todo lo demás. ¡Tú *nunca* haces nada para alivianarme la carga!»

Después del ataque, él respondió con la mayor naturalidad posible: «Realmente, Diane, ¿estás segura de que yo *nunca* te ayudo? ¿Es acaso cierto que tú *siempre* sacas la basura? Ayer la saqué yo, y hace dos días corté el césped. Y al principio de esta semana, yo…»

Lo que Jack no alcanzó a comprender (lo cual es algo que ocasiona terribles frustraciones entre marido y mujer) es que Diane no estaba realmente hablando sobre el hecho de si había o no había sacado la basura. Más bien, lo que ella estaba expresando era cuánto necesitaba su apoyo en casa. Pero, como la mayoría de los hombres, Jack sólo escuchó lo que ella le decía literalmente. Nunca alcanzó a captar todo lo que ella no había expresado verbalmente: aquellos tiernos sentimientos que se encontraban allí detrás de sus palabras.

Además de la capacidad verbal de las mujeres, ellas tienen una sensibilidad innata que actúa como el detector de un radar. Registra el tono utilizado en una conversación, así como los mensajes emocionales o descriptivos que se ven o se dicen. Si Diane hubiera utilizado una imagen verbal para expresar lo que quería decir, lo habría ayudado a Jack a *sentir* lo que ella estaba realmente diciendo.

Recordemos que los cambios ocurren cuando los adultos *experimentan* un acontecimiento emocional. Al principio, cuando Norma dijo que no quería escribir el capítulo, yo registré sus palabras como datos en blanco y negro. Por consiguiente, su efecto fue mínimo. Pero cuando ella utilizó una imagen verbal, me pareció que hablaba en colores. De inmediato pude apreciar los matices de sus sentimientos y, como resultado, tanto mi actitud como mis acciones cambiaron.

Si una mujer desea *realmente* comunicarse de manera significativa con su esposo, *tiene que* apuntar a su corazón y no a su cerebro. Y si un hombre desea comunicarse con su esposa, *tiene que* ingresar al mundo de sus emociones. En ambos casos, las imágenes verbales son de gran utilidad. A pesar de que no eliminan todas las diferencias, nos ayudan a abrir la puerta que conduce a la intimidad.

¿A dónde nos dirigimos desde aquí?

Si últimamente no han ganado ningún premio a la creatividad, quizás se pregunten cómo pintar imágenes verbales eficaces. ¿Dónde las encontramos? ¿Cuándo corresponde utilizarlas? En las páginas que siguen, encontrarán la contestación a estas preguntas. Aprenderán los siete pasos que hay que tomar para crear imágenes verbales, junto con las cuatro maneras de utilizarlas con eficacia en las conversaciones de todos los días.

Además, los guiaré a cuatro manantiales inagotables para obtener imágenes verbales que funcionen en situaciones específicas, y les mostraré cómo aplicarlas para que vean una diferencia inmediata en su matrimonio y vida de familia. Si están buscando más municiones para mejorar la comunicación, al final del libro encontrarán un tesoro de más de cien imágenes verbales que pueden utilizar en casa, en el trabajo, con amigos o en la iglesia.

Las imágenes verbales son el método más poderoso de comunicación. Sin embargo, cuando se trata de este lenguaje de amor, hay personas que se niegan a escuchar y que no pueden amar de la misma manera. En un capítulo posterior, hablaremos sobre la razón por la cual algunas personas se resisten a comunicarse de manera significativa. Veremos también cómo esas mismas personas utilizan el poder de las imágenes verbales para herir, manipular y controlar.[35] Pero, gracias a Dios, la mayoría de las personas no pertenecen a esta categoría. La mayoría de los hombres y de las mujeres están abiertos al cambio y a la intimidad, sobre todo cuando tratamos de alcanzarlos de una manera que apunta directamente al corazón.

Comenzando con el capítulo siguiente, comenzarán a aprender cómo comunicarse con dicho poder. Y sus relaciones no volverán a ser las mismas.

¿CÓMO PUEDO CREAR UNA IMAGEN VERBAL?

CAPÍTULO CINCO

Cómo crear una imagen verbal emotiva efectiva: Primera parte

Cuando se trata de cocinar, la mayoría de los hombres actúan como si no hicieran falta las recetas. Odio admitirlo, pero yo (John) estoy dentro de esa categoría. Básicamente, siento que seguir una receta es una señal de debilidad.

En mis pocas aventuras en la cocina, he cocinado chiles tan picantes que los transformé en una bola de fuego, obligando a mi esposa Cindy y a mi hija Kari Lorraine a correr a la pileta para tragar galones de agua. He sustituido tártaro por polvo de hornear porque «tenían el mismo aspecto». Hasta he utilizado mantequilla de maní para «sujetar» un pan de carne.

A pesar de mi creatividad culinaria, la mayoría de mis hazañas no han causado más daño que acidez estomacal o una que otra quemadura. Pero muchos años atrás, al ignorar una receta, casi destruyo todo un complejo de apartamentos.

Era el feriado del Día de Acción de Gracias, y mis compañeros de cuarto y yo estábamos pasando el día en nuestro apartamento universitario. Ya que no íbamos a estar con nuestras familias, invitamos varios amigos para que compartieran con nosotros nuestro festín casero.

A medida que se acercaba el día, hicimos nuestra lista de compras y adquirimos todo en la tienda de comestibles. Luego comenzamos a preparar nuestra suntuosa cena. Desde un principio, tendría que haberme dado cuenta que estábamos en problemas, ya que uno de mis compañeros ni siquiera sabía cómo utilizar el abrelatas eléctrico. Pero el daño que le causó a la lata no fue nada en comparación a lo que yo le hice al pavo.

Consideremos los hechos. Yo sabía que tenía un coeficiente intelectual acorde a mi edad. (Mi entrenador de lucha libre se cansaba de repetírmelo.) Al menos, yo sabía que era más inteligente que el pavo que tenía que cocinar. De modo que ¿por qué habría de perder el tiempo leyendo las instrucciones para saber cómo prepararlo?

Había escogido un ave enorme que se parecía más a un avestruz pequeño que a un pavo grande. Cuando le quité su envoltorio, noté que había una bolsita llena de cosas repugnantes que alguien había metido en la cavidad. No sabía si quitarla o no, pero me imaginé que el carnicero la había colocado para darle más sabor. De modo que allí la dejé.

Mi siguiente paso fue «condimentar» el pavo. Había visto como mi madre untaba el pavo con aceite de maní para darle ese color dorado. De manera que, por supuesto, decidí hacer lo mismo con mi obra de arte. El aceite más parecido que encontré fue una lata de 3 aceites en 1, pero fui lo suficientemente inteligente como para no utilizarlo. De todas maneras, no quedaba suficiente cantidad. Así que envolví la parte inferior del pavo con papel de aluminio y lo metí en el horno. Claro que me había acordado de precalentarlo. Para estar seguro de que estuviera bien caliente, lo había colocado a gran temperatura durante una hora antes.

Mi siguiente error (en mi larga lista de errores) fue colocar el «Súper Pavo» directamente sobre la rejilla del horno. Ninguna fuente, ninguna chapa. Tampoco puse nada para sujetar la grasa que cayera del pavo. Lo único que separaba al ave semidesnuda del fuego del horno era una delgada hoja de papel de aluminio.

A pesar de que ya había cometido suficientes errores como para ocasionar un desastre, mi peor equivocación fue decidir que tenía suficiente tiempo como para ir a buscar a unos pocos amigos que estaban invitados a la fiesta. Salí caminando con garbo, orgulloso de poder rescatar a mis pobres amigos abandonados en el Día de Acción de Gracias, condenados a comer la comida de la cafetería de la universidad. Casi me rompen el brazo de tantas palmaditas que me di en la espalda para felicitarme por mi acción.

Veinticinco minutos después, llegué tranquilamente a su casa. Me pasé todo el camino de regreso haciendo alardes de la magnífica cena que los aguardaba. Pero, cuando di vuelta la esquina para llegar finalmente al «salón del banquete», pude vislumbrar las luces rojas titilantes de varios coches de bomberos estacionados junto a nuestro complejo de apartamentos.

—¡Magnífico! —les dije—. ¡Una pequeña tragedia! ¡Veamos qué pobre tonto quemó su apartamento!

No tardé en enterarme que el tonto era yo. Por la puerta de nuestro apartamento, que los bomberos habían hecho añicos con sus hachas, emanaba un espeso humo negro. Como si esto no fuera suficiente para avergonzarme, ¡los bomberos habían arrastrado los restos de mi pavo carbonizado y humeante al jardín para mojarlo con sus mangueras!

Tragándome mi vanidad, llevé a mis compañeros de cuarto y nuestros invitados a una cafetería de la zona para cenar. Y, en vez de comer los restos del pavo, por varios días lo único que me comí fue mi orgullo.

Ése fue uno de los peores momentos de mi vida. Pero es un ejemplo de algo muy importante: no deseamos que nuestro primer intento de utilizar imágenes verbales termine en un incendio. Sabemos que algunos de ustedes están tan entusiasmados con este método de comunicación que están listos para «poner el pavo en el horno» sin leer las instrucciones. Pero, para no tener que volver a pintar sus relaciones después del fuego y del daño ocasionado por el humo, les aconsejo que sigan los pasos más abajo.

Lo mejor que podemos hacer

Nos encantaría sentarnos en la mesa de su cocina, tomar un café con ustedes y ayudarlos a crear una imagen verbal. Sin embargo, como no creo que eso sea posible, haremos lo siguiente: Les mostraremos, paso a paso, como crear una imagen a la medida de sus necesidades. Lo haremos examinando un relato extraordinario: ¡la historia misma que generó la idea de escribir este libro!

Los siete pasos para crear imágenes verbales

1. Establecer un propósito claro

Para crear imágenes verbales, tenemos que comenzar con un paso inicial muy importante: tenemos que decidir cómo deseamos enriquecer nuestra relación. Deseamos palabras para:

A. ¿Clarificar pensamientos y sentimientos?
B. ¿Pasar a un nivel más profundo de intimidad?
C. ¿Alabar o animar a alguien?
D. ¿Corregir a alguien con amor?

Tener un propósito claro en mente es lo mismo que confeccionar una lista de comestibles antes de ir a hacer las compras. La lista nos ayuda a garantizar que regresaremos a casa con lo que necesitamos. Dicho en otras palabras, disparar una pistola sin apuntar a nadie y dar en el blanco puede funcionar en Hollywood, pero no en la vida real.

Por qué no se toman un momento ahora mismo y piensan sobre algo importante que desean comunicarle a alguna persona. ¿Cuál de las razones antedichas los pueden ayudar a entregar su mensaje? Para darles un ejemplo de la necesidad de que tengamos un propósito claro en mente, miremos de cerca un relato sorprendente.

---

*Las imágenes verbales pueden ayudarnos a aclarar
nuestros pensamientos y sentimientos; a pasar a un
nivel más profundo de intimidad; a alabar o dar
estímulo a alguna persona o a corregirla con amor.*

¿Les gustaría ser asesores de un rey guerrero, llamados a confrontarlo (sobre todo si se tratara de alguien que hubiera recientemente tratado de ocultar una relación extramatrimonial y un asesinato)? Las personas que sacan a la luz los «Watergate» de nuestros días reciben un contrato para un libro o una película como recompensa. Sin embargo, en la época del asesor en cuestión, exponer la verdad era lo mismo que pedir que le cortaran la cabeza. No existe ninguna imagen verbal que demuestre mejor el poder de cambiar el corazón de una persona que la historia de este antiguo rey.[36]

Cómo resolver un problema «real»

Había una vez un joven pastor llamado David, que fue elegido para ser el futuro rey.[37] Como pastor, a veces tenía que ahuyentar a los animales salvajes e incluso arriesgar su vida para salvar a alguna de sus ovejas. Pero esos años al cuidado de las ovejas lo ayudó a desarrollar muchos de los talentos que luego necesitó para liderar a una nación poderosa.

Cuando David ascendió finalmente al trono, el mundo entero lo conocía como un guerrero aguerrido que había liderado sus ejércitos a innumerables victorias.[38] En los primeros años de su reinado, él mantuvo el corazón de pastor, pero a medida que aumentó su fama, comenzó a moverse en el peligroso terreno del poder. Todo lo que él deseara lo tenía al alcance de su mano.[39]

Durante esa época, cuando su corazón de pastor se había enfriado, David estaba caminando sobre la azotea de su palacio, observando todo lo que estaba bajo su control, todo lo que estaba bajo su mando. Al ponerse el sol, mientras que soplaba una suave brisa fresca desde las montañas lindantes, sus ojos captaron el reflejo de una azotea que se encontraba más abajo. Los últimos rayos del atardecer titilaban sobre una alberca. Cuando fijó con mayor atención su mirada, se dio cuenta de que el reflejo provenía del agua que agitaba una mujer que se estaba bañando.

Trasladándose a un lugar de mejor visibilidad, escudriñó a la hermosa mujer. Su pulso comenzó a acelerarse; su respiración, se entrecortó. Luego, sumido en deseo, trazó un plan. Despachó a sus guardias para que buscaran a la mujer y la trajeran al palacio. Enseguida, David se enteró de que esta mujer tan deslumbrante, llamada Betsabé, era la esposa de uno de sus oficiales que se encontraba en el campo de batalla.

Sin embargo, esto no lo detuvo. Su mente no estaba en el lejano campo de batalla, sino en la conquista cercana. De modo que hizo traer a Betsabé a su recámara para disfrutar con ella una noche de pasión prohibida.

A la mañana siguiente, su entretenimiento nocturno volvió a su casa. Todo indica que el rey sólo deseaba que este encuentro no pasara de ser un programa de una sola noche: un acto que él pudiera barrer bajo la alfombra de su fría conciencia. Pero varias semanas después, la joven le envió un mensaje privado. Estaba embarazada con el hijo de él.

En sus primeros años, el rey David se había destacado por su rectitud. Pero ahora, su error parecía justificar otro. Quizás temía que, si la gente se enteraba del escándalo, disminuiría su poder. Lo único que sabemos es que, en vez de reconocer lo ocurrido, su corazón oscurecido tramó otro astuto plan.

Enviaría a buscar al marido de Betsabé, quien estaba aún peleando, y lo traería a casa de licencia en calidad de héroe. David estaba seguro de que este soldado, como cualquier hombre normal, después de haber estado alejado durante meses de su esposa, desearía pasar toda la primera noche con ella en la intimidad.

Pero el marido de Betsabé no era como todos los demás. Sabiendo que los hombres bajo su mando permanecían aún en el campo de batalla, alejados de sus esposas y familiares, él se negó a disfrutar de los privilegios de su matrimonio.

Cuando el rey se enteró de que la lealtad de este hombre hacia sus tropas era más poderosa que sus pasiones, quedó perplejo. Rápidamente intentó trazar un segundo plan. Lo asaltó una terrible idea. Invitó al oficial a su palacio, lo embriagó, y luego lo envió de regreso a su casa. Sin embargo, una vez más, el hombre se negó a entrar. Sabiendo que el vino debilitaría su fuerza de voluntad, durmió sobre los escalones de su casa. Sin saberlo, esto lo colocó en mayor peligro que la batalla misma. De hecho, cuando decidió pasar otra noche alejado de su esposa, firmó su propia sentencia de muerte.

Habían pasado ya varias semanas desde que Betsabé había anunciado su embarazo. Y su marido había tardado algunas semanas en venir. Ya la preñez comenzaba a evidenciarse; era difícil seguir manteniendo el secreto. Cada vez más desesperado, David se rebajó a lo peor y trazó un plan maligno que no podía fallar.

En secreto, envió al marido de Betsabé de regreso al frente de batalla y ordenó que lo colocaran allí donde la lucha fuera más encarnizada. Luego, siguiendo las instrucciones específicas del rey, el general al mando de las tropas quitó a todos sus hombres, dejándolo solo frente al enemigo.

El plan funcionó de maravillas. Sin protección a su alrededor y sin nadie que lo socorriera, el hombre luchó con valentía, pero en vano. Como un ciervo herido y rodeado por lobos hambrientos, murió allí, solo y abandonado.

Una vez que hubo quitado al marido de Betsabé del medio, el rey trajo a su amante al palacio como su nueva esposa. De la noche a la mañana, una delgadísima capa de legitimidad cubrió el oscuro secreto. Con el tiempo, se disipó su temor a que alguien supiera la verdad de lo ocurrido. Sabiendo que otros hombres habían muerto en el frente de batalla, y que muchas de las viudas se habían vuelto a casar, David comenzó a dormir más tranquilo. Tenía la esperanza de que el general que había ejecutado la malvada sentencia no revelara jamás el secreto. Sin embargo, la verdad comenzó a emerger.

Palabras poderosas que atraviesan el corazón

Mientras que la conciencia del rey David se mantenía oculta, un asesor de la corte llamado Natán recibió un encargo divino. Tenía que confrontarlo a David con una imagen verbal emotiva que cambiaría el curso de un reinado, cuyo eco resonaría por siglos.

Su Majestad, —comenzó diciendo el asesor, al mismo tiempo que hacía una reverencia—, un serio problema en el reino ha captado mi atención.

De repente, David, después de escuchar docenas de informes diarios de otros asesores, se espabiló. Como la mayoría de los reyes, no le gustaban las sorpresas, sobre todo aquellas que afectaran *su* reino.

«Señor, en vuestro reino existe una familia muy pobre que, con sus escasos recursos, apenas pudieron comprarse una ovejita», comenzó a decir, calibrando el peso emocional de cada una de sus palabras. «A medida que esta corderita crecía, los niños se turnaban para cepillarla y darle de comer».

«Ella se convirtió en la mascota de la familia y pasó a formar parte importante de la casa», continuó diciendo. «De hecho, ellos estaban tan encariñados con ella que la dejaron suelta dentro de la casa. A la noche, cuando soplaba el viento, se metía en la cama de los niños y les daba su calor».

«El padre de esta familia pobre cultiva los campos de un rico hacendado», le dijo. «Hace poco tiempo atrás, este hombre rico recibió la visita inesperada de varios huéspedes. No había duda de que debían celebrar la fiesta acostumbrada de recepción. Sin embargo, los pastores estaban lejos con sus ovejas, y la única carne fresca que había a mano era una de las cabras ya envejecida que guardaban para la leche, cuya carne era demasiado dura para esos invitados importantes».

«Entonces, el rico hacendado miró y vio dos niños que estaban jugando con una linda corderita bien gordita», añadió el asesor, haciendo una breve pausa para aclarar su garganta.

—Bueno, continúa, —dijo el rey con impaciencia—. Termina ya tu relato.

—Sí, su Majestad, —dijo el asesor, manteniendo su voz a un ritmo premeditado.

«Como le estaba diciendo, el hombre rico vio al animal y se le ocurrió una gran idea. Podía matarlo y entonces no tendría que enviar a ninguno de sus siervos a buscar su propio rebaño. Y eso fue exactamente lo que hizo. Mataron a la ovejita y la prepararon para los huéspedes, sin tener ninguna consideración por los niños o por sus padres».

El rostro del rey enrojeció y sus ojos se inflamaron de ira. Sus sentimientos le trajeron recuerdos, los que a su vez despertaron sentimientos más profundos aún. Él también había criado corderitos desde que nacían; los había protegido de todo mal; los había amado como mascotas y si algo les hubiera pasado, se le habría roto el corazón.

«Como usted bien sabe, su Majestad, los niños pueden tener el deseo de pelear, pero no tienen la fuerza para luchar contra un hombre grande. Su padre estaba lejos cultivando sus tierras, así que no escuchó los gritos de auxilio. Y el niño, aferrado a su ovejita con desesperación, fue finalmente ahuyentado como una mosca».

«Esa noche, los niños, acurrucados en su cama, lloraban al escuchar la música y las risas que provenían de la casa del hacendado. Sufrían al pensar que el apetito de esa gente estaba siendo satisfecho por la mascota que…»

—¡Suficiente ya! —gritó el rey—. ¡No quiero escuchar una palabra más!

Poniéndose de pie de un salto, pronunciando cada sílaba, dijo:

—Ese hombre merece la muerte. Hoy te digo que tiene que reparar el daño que causó. Debe pagar cuatro veces lo que esa familia ha perdido. Deseo que se escojan las mejores cuatro ovejitas de sus rebaños, y ordeno que se las lleven a esa familia ahora mismo.

Con un brillo en los ojos que reflejaba su corazón de guerrero, añadió:

—¡Quiero que me traigan a ese hombre aquí! ¡Esta misma tarde!

La amplia sala del trono asumió la acústica de una catedral gótica. Cuando las airadas palabras del rey resonaron contra las paredes, se hizo un silencio sepulcral. Los oídos se aprestaron a escuchar lo que vendría. A pesar de que la voz del asesor no era más que un susurro, sus palabras sonaron como un trueno.

—Su Majestad, —dijo—, ¡ese hombre es usted! ¡La pequeña ovejita que usted tomó era la esposa de otro hombre!

El relato lo sacudió al rey de una manera tan feroz e inesperada que éste cayó de rodillas. Su corazón, recubierto por el duro silencio del adulterio y el asesinato, había sido derribado por el golpe de una imagen verbal. Por primera vez en su vida tuvo que enfrentar el mal que había ocasionado; se vio forzado a *sentir* el daño emocional que le había causado a los demás.

Quizás ustedes no tengan que enfrentarse a un rey airado, pero sepan que hay alguien con quien tienen que hablar. Como Natán, quizás tengan que confrontar un problema en una relación. Estoy seguro de que la corrección no es el uso más sencillo de las imágenes verbales. Requiere, además, mucha valentía. Pero cuando lo hacemos con amor, intentando cambiar una práctica o situación destructivas, quizás sea el más importante de todos.

También es posible que lo que estemos buscando sea una mayor claridad en nuestra comunicación o mayor intimidad en nuestro matrimonio; o simplemente queramos encontrar las palabras justas para dar amor y estímulo a nuestros hijos. Ya sea que nuestras relaciones necesiten ponerse a punto o que sólo deseemos promover la comunicación, la solución está a mano. Como hemos visto, el primer paso para crear una imagen verbal es considerar su propósito. Cuando destaquemos los seis pasos siguientes, ustedes verán cuán rápida y fácilmente podrán crear imágenes verbales que integren para siempre los anales de su hogar.

CAPÍTULO SEIS

Cómo crear una imagen verbal emotiva efectiva: Segunda parte

Si ustedes son como la mayoría de la gente, quizás estén posponiendo una conversación o dos, ya que no saben cuál es la mejor manera de expresar lo que sienten. Quizás estén camino a la oficina de su jefe para luchar una vez más por conseguir un aumento de salario. O quizás tengan que hablar con su hija adolescente sobre su forma de vestir. Quizás le tengan que explicar a su esposa, por tercera vez, que tienen que cambiar la fecha de las vacaciones; o discutir con su esposo, por tercera vez, el caos familiar que trae aparejado ese cambio.

Si saben que necesitan tener una conversación, lo primero que hay que hacer es aislar el objetivo de la misma. Entonces estarán preparados para tomar el segundo paso crucial.

2. Estudiar con cuidado los intereses de la otra persona

La imagen verbal utilizada con el rey David demostró una comprensión íntima de su trasfondo e intereses. O sea que Natán escogió un relato que se alimentaba de la experiencia de David como pastor y defensor de su pueblo. De esa manera, tomó un atajo para llegar al corazón de su rey.

Lo mismo ocurrió con la imagen verbal que utilizó Kimberly para que su padre volviera a casa. Toda su vida, ella había observado cómo su padre, para poder impresionar a los clientes nuevos, cuidaba al automóvil de la compañía y lo mantenía inmaculado. Valiéndose del amor de su padre por su coche, ella estacionó su relato de un accidente automovilístico justo delante de la puerta de entrada de su corazón.

A veces tenemos que actuar como detectives para descubrir los intereses de la persona con la que tenemos que hablar. Sin embargo, hasta aquellas que se pasan el día mirando la televisión nos dan claves sobre su vida. ¡Quizás lo único que tengamos que hacer es vincular nuestra imagen verbal con su programa favorito de televisión!

Investiguemos su pasado sin descuidar el presente. Descubramos qué les gustaba de niños; qué odian como adultos; su deporte, pasatiempo, comida o música favoritos; qué coche manejan y cómo lo mantienen; qué hacen en sus ratos libres para divertirse y qué es lo que los motiva a trabajar después de horas.

Hagamos lo mismo si estamos investigando una imagen verbal para una mujer. Averigüemos lo suficiente sobre ella como para entender cuáles son las cosas que hacen que sus días buenos sean muy buenos y sus días malos, muy malos. Si ella trabaja en casa, ¿cuáles son sus necesidades y sus frustraciones? Si trabaja fuera de casa, ¿qué hace durante la hora del almuerzo?

Les repito, la búsqueda de pistas (tanto para hombres como para mujeres) puede exigirnos un trabajo menor de investigación que nos lleve a lugares desconocidas. Pero no abandonemos la lucha hasta que descubramos algún interés que respalde nuestra imagen verbal.

Para mí (Gary), la búsqueda de una clave que me condujera al corazón de mi hijo menor me llevó a un lugar con swing.

Cómo deshacerse de viejas costumbres

Cuando Michael tenía trece años, sentí que necesitaba hablar con él sobre su manera de comer. Francamente, él estaba comiendo tantas porquerías que yo estaba seguro de que la Agencia de Protección Ambiental lo había escogido como su lugar de saneamiento. Con el objetivo de comunicarle mi preocupación, comencé a tratar de descubrir cuáles eran sus intereses en ese momento. Ya que le acabábamos de comprar un juego de palos de gol, me imaginé cual debía ser.

Nosotros vivimos en Phoenix, y la *Guía Telefónica de Campos de Golf de Arizona* enumera 108 canchas en el área metropolitana. El clima permite que la gente juegue un mínimo de 360 días al año, así que bien podríamos decir que es un paraíso para los golfistas. Sin embargo, así como las personas que viven junto al mar casi nunca van a la playa, pocas veces visito los campos de golf. Pero todo cambió cuando vi los palos de golf nuevos de Michael y me di cuenta de que eran el camino que me llevaría directamente a su corazón.

Cuando le sugerí que fuéramos a jugar juntos al golf, asintió con mucho entusiasmo. Le encantaba la idea de destruirme en cada hoyo, y hasta trató de convencerme de que le duplicara su mensualidad si me ganaba por diez golpes.

Cuando llegamos a la cancha, me di cuenta de que Michael le pegaba siempre oblicuamente a la pelota. Mientras que él hacía todo lo posible para mejorar su hándicap, yo me la pasaba reemplazando los enormes terrones de tierra que sacaba con cada swing. A pesar de que ambos nos esforzábamos por ganar al otro, lo estábamos pasando muy bien y terminamos los primeros nueve hoyos en un empate.

Mientras estábamos esperando iniciar los otros nueve hoyos, volví a repasar la imagen verbal que estaba seguro que atraparía la atención de mi hijo. Mientras que observábamos como un grupo de cuatro golfistas, que estaban delante de nosotros, daba el golpe inicial, me dirigí a Michael.

—Oye, hijo, —le dije—, ¿has alguna vez escuchado nombrar a Jack Nicklaus?

—Por supuesto que sí, Papá. Toda persona que haya jugado alguna vez al golf sabe quién es.

—Bueno, si él estuviera jugando aquí con nosotros, —le dije—, ¿le prestarías atención si él te explicara cómo deshacerte de tu golpe oblicuo?

—¡Qué te parece!

—Bueno, Michael, yo no seré Jack Nicklaus, pero tú sabes que te quiero y deseo lo mejor para ti, ¿no es verdad?

—Seguro, Papá. ¿Pero qué tiene eso que ver con mi swing de golf?

Al mirarlo, me pude dar cuenta de que su mente estaba tratando de dilucidar mi intención.

—¿Sabes que en un área de tu vida te veo hacer algo que es lo mismo que ese golpe oblicuo que envía tu pelota fuera del campo de juego? Es un problema tan grave que podría realmente afectar tu vida, causar tu muerte y no permitirte volver a jugar al golf nunca jamás.

—¿Qué quieres decir? —me preguntó, con una mirada de perplejidad—. ¿Qué es lo que estoy haciendo tan mal?

—Michael, día tras día veo que ignoras el consejo de los expertos en el campo de la medicina. Esos hombres y mujeres son tan buenos en lo que hacen como lo es Jack Nicklaus jugando al golf. Sin embargo, cada vez que te hablo de lo que comes, siento que hay resistencia de tu parte y que no me escuchas.

Tomé la madera número 1 en mi mano.

—Comer todas esas porquerías es como tomar tus palos de la manera equivocada y negarte a cambiar tu swing. Es como tener a Jack Nicklaus parado a tu lado, mostrándote cómo cambiar tu swing y negarte a aceptar su consejo.

—Michael, si Jack Nicklaus estuviera aquí hoy, él te mostraría las cosas que te podrían ayudar a ser el mejor. Te lo menciono, porque yo deseo que tú disfrutes de la vida más sana posible.

Por la expresión de su rostro, me pude dar cuenta de que mi imagen verbal había dado en el blanco. Todo esto gracias a que aproveché una de las cosas que más le interesaba. Además, nuestra conversación dio pie a una conversación más extensa sobre la manera en que la mala comida le estaba afectando la posibilidad de tener una vida sana.

Al llevar a Michael a jugar al golf, mi propósito no era manipularlo. Más bien, porque lo amo, mi intención era conocer lo que le interesaba. Deseaba lo mejor para Michael; no para mí. Antes, mis palabras de advertencia habían sido recibidas como una lección. Pero al estar sentados ese sábado en el campo de golf, Michael pudo ver y *sentir* claramente mi inquietud. No puedo decir que cambió instantáneamente sus hábitos alimenticios, pero sí su actitud. En los meses siguientes, cada vez fueron menos las envolturas de hamburguesas y de barras de chocolate que encontré diseminadas por su habitación.

Sé que lo que podemos averiguar sobre los intereses de los demás es limitado. Para algunos, no sería práctico aprender a bordar o a practicar lucha libre, y quizás no tengamos ninguna tendencia hacia la física nuclear. Pero si nos tomamos el tiempo de observar con cuidado, podremos descubrir aquellos intereses que nos permitan ingresar al mundo de la persona que estamos tratando de alcanzar… y luego tomar el siguiente paso.

3. Extraer de los cuatro manantiales inagotables

Cuando consideran el uso de las imágenes verbales, algunas personas experimentan una reacción inicial muy común: «Aguarden un instante, ¡yo no soy nada creativo/a! Sólo un milagro me permitiría idear un relato que funcione». En realidad, no tenemos que preocuparnos de nuestra creatividad. Créase o no, todos hemos estado escuchando y *utilizando* imágenes verbales durante años.

Cada vez que entonamos el himno nacional, cantamos una imagen verbal. En los Estados Unidos, antes de cada juego de pelota y reunión escolar, Francis Scott Key pinta vívidas imágenes patrióticas con la letra del himno. Y si alguna vez escucharon la estación de radio de música country, ya sea por casualidad o a propósito, estoy seguro de que habrán escuchado imágenes verbales tales como: «Si tú eres la rosa, no me importan las espinas» y otras metáforas más.

Es muy interesante notar que el significado de la raíz de muchas de las palabras que utilizamos todos los días se remonta a imágenes verbales. Por ejemplo, la palabra en hebreo para denotar la ira, originalmente quería decir «orificios nasales rojos».[40] Cuando alguien se enoja, la sangre le sube a la cabeza y la persona resopla enfadada. Así también, el significado para la palabra *miedo* en el hebreo original está vinculado a la palabra utilizada para los «riñones».[41] Si alguien los atacó alguna vez en la oscuridad, ¡saben por qué se utilizó esa parte de nuestra anatomía como una imagen verbal!

Aparte de lo ya mencionado, lo más probable es que hayan estado utilizando centenares de «mini imágenes verbales» durante años sin darse cuenta de ello. Por ejemplo, ¿han escuchado o han dicho alguna vez: «Ten cuidado, él es un lobo vestido de oveja»; «ella te está tomando el pelo»; «tengo una vida de perros»; «sin la más mínima sombra de duda»; «es un sapo de otro pozo»; «son almas gemelas»; «estaba rojo como la grana»; «estaba blanco como un papel»?

¿O han dicho alguna vez: «Es delgada como un espárrago»; «de tal palo tal astilla»; «caza de brujas»; «se quedó con la sangre en el ojo»; «es más loco que una cabra»; «quedó más chato que un panqueque»; «es rubio como el sol»; «más tranquilo que agua de pozo»?

¿Captan *la imagen?* Crear imágenes verbales no es tan difícil como pensamos. Si sabemos dónde buscar, no será difícil encontrar algunas que podamos utilizar. Cuando lean los cuatro capítulos siguientes, van a descubrir cuatro manantiales inagotables repletos de imágenes verbales emotivas. El primero está colmado de la naturaleza y sus maravillas. Otro está lleno de objetos diarios. El tercero contiene relatos de ficción. Y el cuarto se sumerge en las profundidades de nuestras experiencias y recuerdos pasados.

Kimberly escogió su imagen verbal del Manantial de Objetos de Todos los Días. En su caso, el interés de su padre en los automóviles la llevó directamente a esta fuente. El asesor del rey, Natán, extrajo del Manantial de Relatos Ficticios, despertando los recuerdos de David de su vida como pastorcillo.

Los capítulos 7 al 10 explicarán en detalle cada uno de los manantiales. Pero con la introducción que tuvimos, estamos ahora preparados para el cuarto paso: una etapa importante que, si la ignoramos, puede impedir que nuestros esfuerzos por comunicarnos alcancen su máximo potencial.

4. REPASAR NUESTRA HISTORIA

A través de los años, hemos aprendido que la práctica conduce a la perfección. Si repasamos nuestra historia, cosecharemos grandes dividendos. Si no lo hacemos, reduciremos su potencial.

A pesar de que no lo supimos hasta mucho después, Kimberly, antes de enviar su carta, la escribió más de una docena de veces. Con cada revisión, agregaba nuevos aspectos del accidente que ejemplificarían mejor la pena y el dolor que sentía.

No estamos sugiriendo que escriban todas las imágenes verbales con anticipación. Casi nunca es así. En muchas situaciones, no sería ni práctico ni posible hacerlo. Pero una y otra vez, hemos visto los beneficios de la detallada investigación y planeamiento del relato.

Como ex atletas, les recomendamos también que trabajen con un instructor. Si las imágenes verbales le resultan tan novedosas a su amigo como a ustedes, consigan a lo menos alguien que les dé ánimo para seguir. Practicar con un amigo incrementa nuestra confianza y nos da nuevas ideas útiles. De modo que, si deseamos realmente que nuestras palabras alcancen el propósito deseado, pidamos apoyo. Esto no sólo incrementará el impacto de nuestras imágenes verbales, sino que también creará un vínculo más sólido con nuestro amigo.

Cuando repasamos el camino que hemos tomado para crear una imagen verbal, vemos cuatro pasos importantes. Hemos escogido un propósito claro para comunicarnos; nos hemos concentrado en lo que le interesa a la otra persona; hemos extraído un objeto o relato de uno de los cuatro manantiales; y hemos practicado con cuidado lo que deseamos decir. Ahora ha llegado el momento de considerar el paso número cinco: escoger el momento adecuado para hacerlo.

5. Elegir un momento conveniente sin distracciones

Hace poco hablamos en una conferencia de dos días para el enriquecimiento del matrimonio. La primera noche, hablamos brevemente sobre las imágenes verbales. A la mañana siguiente, justo antes de la sesión de apertura, en la que pensábamos hablar sobre el concepto en detalle, una mujer irrumpió para decirnos que nuestra «ridícula idea» no funcionaba.

Muy alterada, no dijo: «Anoche fui a mi casa y probé ese tonto método de las imágenes verbales con mi esposo, y les puedo asegurar que no funciona. Hoy a la mañana, tienen que decirle a todo el mundo que se olviden de usarlo. Es más, *denme el micrófono*, ¡yo misma lo anunciaré!»

Afortunadamente, el micrófono no estaba aún encendido y pudimos calmarla lo suficiente como para descubrir cuál había sido el error. Al escuchar su relato, nos dimos cuenta de que ella no había comprendido uno de los pasos para crear las imágenes verbales: el paso número cinco, donde se escogen el momento justo y el entorno adecuado para hacerlo. Ella se entusiasmó con el concepto, cargó los dos cañones de su pistola verbal y, el segundo que entró a la casa, comenzó a disparar.

Esta mujer tenía razones legítimas para estar preocupada. Estaba muy angustiada porque su esposo, a último momento, había decidido quedarse en casa para mirar el partido de fútbol en vez de venir al seminario. A la hora de la verdad, él se había preocupado más de quién había ganado el partido que de la opinión que tuviera su esposa de él. Así que, cuando ella apenas olió que las imágenes verbales podían mejorar el matrimonio, se abalanzó como un oso hambriento e hizo todo lo posible para probar ese método con su esposo.

—¿Por qué no nos cuenta exactamente lo que ocurrió? —dijimos.

—Bueno, anoche, cuando llegué a casa, mi esposo estaba mirando otra de sus tontos partidos de fútbol, —comenzó a decir—. ¡Se trataba de un partido que había grabado de la semana pasada! Yo estaba tan enojada, que allí mismo me inventé una imagen verbal.

«Eduardo», le dije mientras que apagaba el televisor y me paraba delante de él, «¿acaso sabes cómo me haces sentir cuando miras tus tontos partidos? ¿Lo sabes? Me siento como una miga de pan sobre la mesa de la cocina, que ha estado allí desde la hora de cenar. Luego, tú caminas rumbo al televisor, pasas la mano por la mesa, y ahí vuelo yo. Y, como si eso fuera poco, ¡viene el perro y me lame! ¿Qué piensas de todo esto?»

—¿Y qué ocurrió después? —preguntamos.

—Me miró como si yo estuviera ebria. Por último, sacudió la cabeza y me dijo: «Qué pienso *yo*? Pienso que es una manera muy *tonta* de sentirse, ¡eso es lo que pienso yo. ¡Ahora vuelve a encender el televisor y muévete que no me dejas ver!» Y, con esas palabras, ¡siguió mirando su partido en la televisión!

Esta mujer había creado una imagen verbal con grandes expectativas. Sospechamos que lo mínimo que esperaba era que su esposo cayera de rodillas al suelo y le pidiera perdón. Pensaba que él se disculparía de haberla ignorado en el pasado y luego rompería el televisor en mil pedazos con el control remoto.

Sin embargo, eso no es lo que ocurrió. Al contrario, se alejaron aún más. ¿Por qué? Ella había acertado el primer paso: tenía en claro su propósito. ¡Deseaba martillar a su esposo con palabras y clavarlo allí mismo delante del televisor! Pero estaba tan apurada que no pudo siquiera esperar al medio tiempo. En cambio, había tirado el pavo al horno sin leer las instrucciones y el resultado había sido fatal.

Su error fue el momento que escogió para hacerlo. Ella le transmitió su mensaje en el peor momento posible, y no se tomó el tiempo de tomar en cuenta sus intereses o de extraer del manantial que mejor los describiera. Después de todo, su principal interés era obvio. Tenía veintiuna pulgadas diagonalmente, y su cara estaba pegada a él. Este hombre era un adicto a la televisión y un fanático del fútbol. El uso de imágenes verbales del mundo del deporte lo habría tacleado y no habría sabido qué hacer con su insensibilidad. No debería sorprendernos que esas palabras no llegaran nunca a su corazón. Cómo podía acaso identificarse con una miga de pan que se cae de una mesa.

Otro de sus errores fue no tomarse el tiempo necesario para practicar la imagen verbal. Sabemos que a veces es tan difícil callarse la boca como tratar de detener el embate de un goleador. Sin embargo, ella necesitaba práctica para que sus palabras fueran las adecuadas y necesitaba una amiga que le brindara su apoyo y colaboración. A pesar de que todo eso involucraba un gran esfuerzo, hubiera sido mejor para ella que fracasar. Al no practicar y no planear su estrategia de juego, perdió su arma ofensiva y quedó fuera del juego antes de meter un gol.

La clave para el uso correcto de las imágenes verbales es escoger el momento y el lugar correcto para expresarlas.

Con todas las imágenes atléticas que hemos utilizado es obvio que la mujer podría haber utilizado una imagen relacionada a los deportes. A pesar de que no supiera nada sobre el fútbol, podría haber buscado ayuda y aprendido lo suficiente sobre ese deporte como para encontrarse con su marido en un terreno que le resultara familiar. Pero más importante aún que la elección del terreno de interés correcto y la práctica es darnos cuenta de que la clave para el uso correcto de las imágenes verbales es escoger el momento y el lugar correcto para expresarlas.

Una vez más, tomemos a Kimberly como ejemplo. En su caso, no existía un momento oportuno para hablar con su papá. Durante sus pocas visitas, él se cerró a toda conversación y a la noche su teléfono permanecía descolgado. De modo que ella decidió enviarle una carta por correo. Kimberly sabía que su padre dedicaba tiempo a revisar sus cartas. Y, al escoger el momento y el entorno adecuados para presentar su imagen verbal, su plan tuvo éxito, al igual que el de Natán, quien también aguardó hasta que llegara el momento oportuno para confrontar al rey David.[42]

Si desean que su relato sea eficaz, tienen que elegir el mejor momento y lugar para comunicarlo. Espetar lo que pensamos en ese momento no nos dará jamás la recompensa deseada. Pensemos antes de hablar.

6. Probar y probar

Tanto en el caso de Kimberly como en el de Natán, la primera imagen verbal que utilizaron alcanzó el resultado deseado. Algunas veces, si deseamos que los demás escuchen verdaderamente lo que pensamos y sentimos, tendremos que probar más de una vez. Cuanto mejor realicemos los pasos dos y tres (estudiar los intereses de la otra persona y escoger algo de uno de los cuatro manantiales), tanto más darán nuestras palabras en el blanco. Pero si no es así, no se asusten. ¡Vuelvan a cargar los cañones y prueben otra vez!

En otro de nuestros libros: *La bendición*, relatamos la historia de una mujer que no podía aguantar la casa en la que vivía.[43] Aun cuando su esposo podría haber fácilmente comprado una casa más bonita, no podía convencerlo de mudarse. Y no es que no lo intentó.

Cada vez que afloraba la discusión, él encontraba una explicación convincente para contradecirla y justificar su deseo de permanecer allí. La primera imagen verbal que concibió, cayó en oídos sordos. Pero, en vez de abandonar la lucha, ella volvió a la mesa de trabajo, escogió otro de sus intereses y probó una vez más. Y luego una tercera vez también.

Lo que no mencionamos en nuestro libro anterior es que ella no captó su atención hasta no intentarlo por cuarta vez. Es posible que los fracasos anteriores se debieran a su falta de comprensión o al momento que ella había escogido. Quizás ella no había captado los intereses que yacían junto a su corazón. Fuera cual fuera la razón, el cuarto relato sobre un pez en un barril oxidado lo enganchó.

Se sintió tan conmovido que inmediatamente se puso de pie, llamó a un amigo que se ocupaba de bienes raíces y colocó la casa en venta. Luego sacó la chequera. «¿Te alcanza esta suma para comenzar la construcción?», le preguntó, mientras le daba un cheque por $150,000.

La persistencia de esta mujer con las imágenes verbales le consiguió una casa nueva. Por supuesto que no quiere decir que una perseverancia similar nos ayude a mudarnos a una casa mejor. Pero les garantizamos que, si no abandonan el esfuerzo, obtendrán resultados. Hemos visto cómo la persistencia tiene su compensación: una mujer que consiguió un empleo en una compañía que la había rechazado dos veces antes; una mujer que después de varios pedidos, consiguió cinco días más de vacaciones; un padre y una madre que pudieron finalmente convencer a su hijo adolescente que pasara más tiempo con su hermano menor; y una maestra que ayudó a un niño tímido a acercarse a sus compañeros de clase.

Vivimos en una sociedad instantánea, donde esperamos que toda la comida la podamos preparar en el microondas y que todas las comedias en televisión terminen en veinticinco minutos y diez avisos comerciales con un final feliz. Pero la vida real no es así. Hay veces en que no logramos que la otra persona entienda enseguida lo que queremos decir, o que, a pesar de habernos tomado el tiempo para crear la imagen correcta, aún estamos en desacuerdo. ¡No nos rindamos! En la vida real, la clave para comunicarse es no dejar de insistir.

Estamos de acuerdo en que cuando usamos una imagen verbal es frustrante no obtener resultados inmediatos. Pero algunas personas pueden recibir el impacto de cientos de imágenes verbales poderosas y no sentir un solo golpe. De hecho, hemos dedicado todo un capítulo a ese pequeño grupo de personas que no parecen afectadas por ellas jamás.[44] Pero, por favor, no se apuren y determinen que la persona «resistente» forma parte de este grupo antes de haberle dado una oportunidad a la resistencia de triunfar.

Debemos enfatizar que a lo largo de los años hemos visto muy pocas personas tan emocional, mental y espiritualmente encallecidas que no puedan ser alcanzadas por imágenes verbales. Hemos visto «casos imposibles», sin esperanzas, transformados de manera espectacular por el lenguaje del amor.

Así que no se desalienten si de vez en cuando se topan con un «¡qué manera tan tonta de sentir!». Casi siempre, nuestra paciencia nos permitirá alcanzar un nuevo nivel de comunicación con un amigo, socio o pariente. Mientras que estemos allí arriba, pongamos en práctica el séptimo y último paso.

7. SACAR TODO LO QUE SE PUEDA DE LAS IMÁGENES VERBALES

¿Qué quiere decir que saquemos todo el provecho posible de las imágenes verbales? Una vez que se prenda una luz, ¡encendamos todas las luces de la casa! Por ejemplo, solíamos trabajar con una mujer que se sentía extremadamente frustrada con su vida personal. Después de dedicarle años a su carrera, la cual la apasionaba, se casó y tuvo hijos cuando ya era mayor. Tenía un muy buen matrimonio y amaba profundamente a sus hijas mellizas. Pero, a veces, luchaba con la decisión que había tomado de abandonar su trabajo para estar en casa con las niñas.

Decía: «Sé que no debería sentirme así. Sin embargo, a veces me siento como un pájaro en una jaula. Me gusta mucho estar aquí dentro, y sé lo importante que es para mis pichones tener un lugar seguro donde crecer. ¡Pero a veces deseo romper la puerta de la jaula y echarme a volar!»

Su imagen verbal revelaba su frustración, y eso bien podría haber sido suficiente. Pero, al sospechar que había algo más allí, le hicimos una serie de preguntas adicionales para «sacar todo lo posible» de su imagen verbal, lo cual nos ayudaría a entenderla mejor: «Si volaras de la jaula, ¿a dónde te dirigirías?» le preguntamos. «¿Cuánto tiempo te mantendrías alejada de allí? ¿Está tu esposo contigo en la jaula, o los ves volando con toda libertad en otro sitio diferente?»

Cuando le hicimos la última pregunta sobre su esposo, fue como abrir las compuertas de un dique emocional. De repente, meses y meses de frustración se derramaron con fuerza.

Con un mar de palabras, nos explicó que su esposo no había tenido hermanos. Su única experiencia prematrimonial con niños había sido a la distancia. A pesar de que se había mostrado ansioso por comenzar una familia, se sentía muy inseguro en su interior. Como resultado, trataba, inconscientemente, de permanecer ausente de su casa. Cuanto más tiempo pasaba en el trabajo, tanto menos respaldo físico y emocional tenía que brindar a su esposa e hijas. En unos pocos meses, su falta de atención comenzó a dañar la relación.

Si no nos hubiéramos tomado el tiempo de sacar todo lo posible de su imagen verbal, podríamos haberla dejado ir con unas pocas palabras de aliento tales como: «Gracias por ser tan honesta con respecto a tus sentimientos. Es muy probable que todas las mamás jóvenes se sientan de vez en cuando como si estuvieran encerradas en una jaula, ¡particularmente si sus hijas mellizas acaban de recibir sus vacunas y al mismo tiempo luchan con la dentición!»

Sin embargo, extraer todo lo posible de su relato, nos ayudó a nosotros (y a ella) a aclarar sus inquietudes, a comprender mejor los temores de su marido, y a detener un problema que los podría haber conducido a una catástrofe aún peor. Más tarde nos contó que, después de escucharla expandir su imagen verbal, una de las primeras cosas que había hecho su esposo fue preguntar: «Cariño, ¿qué podría hacer para abrir la jaula y ayudarte a salir para mover tus alas y volar?»

Cuando sacamos más temas y sentimientos a la superficie, descubrimos una nueva profundidad en nuestras relaciones, lo cual beneficia nuestra conversación. Cuando sacamos todo lo posible de nuestras imágenes verbales, esto será posible.

A este punto, hemos examinado los siete pasos para crear y utilizar las imágenes verbales:

1. Establecer un propósito claro
2. Estudiar con cuidado los intereses de la otra persona
3. Extraer de los cuatro manantiales inagotables
4. Repasar nuestra historia
5. Elegir un momento conveniente sin distracciones
6. Probar y probar
7. Sacar todo lo que se pueda de las imágenes verbales

A esta altura, ya deberían saber cómo utilizar esta herramienta para comunicarnos de una manera dinámica. Sin embargo, saber cómo crear imágenes verbales eficaces no es suficiente. Tenemos que saber dónde encontrarlas. Una fuente inagotable está al alcance de la mano en los cuatro manantiales mencionados anteriormente. Ellos nos proporcionan un surtido infinito de palabras, como bien descubrió un marido cuando extrajo del Manantial de la Naturaleza lo necesario para detener el flujo constante de quejas y críticas de su esposa.

CUATRO MANANTIALES INAGOTABLES REPLETOS DE IMÁGENES VERBALES

CAPÍTULO SIETE

El manantial de la naturaleza

Jaime sabía que necesitaba ayuda con un problema que estaba afectando a su matrimonio y causando problemas con los niños. Sin embargo, ¿quién hubiera dicho que un objeto extraído del Manantial de la Naturaleza aportaría semejantes cambios?

Este esposo pudo idear un relato que detuvo las críticas de su esposa. De hecho, su imagen verbal fue tan poderosa que nosotros la hemos utilizado para aconsejar a muchas otras parejas y, aparentemente, ha afectado sus vidas también.

Al extraer del manantial inagotable de la naturaleza, podemos utilizar todo el mundo creado a nuestro alrededor para aumentar el poder de nuestras palabras. Como lo descubrió Jaime, los animales, el clima, las montañas, el agua y cientos de otros elementos naturales nos pueden proporcionar el boleto de entrada al corazón de los demás.

Cambiando la marea de las críticas

Como profesor y entrenador del colegio secundario, Jaime vio pocas veces su casa a la luz del día. Eso tenía sus ventajas. Al salir para el trabajo antes del amanecer y regresar después de la caída del sol, pasaban desapercibidos la pintura descascarada y los hierbajos del jardín.

A pesar de que el sacrificio anual de Jaime por la gloria del campo de fútbol causaba algún daño a su hogar, él trataba de asegurarse de que su familia no sufriera. En lo posible, todas las noches separaba un momento para hacer de caballito y conversar, aunque brevemente, con los niños. Sin embargo, pocas veces le quedaba tiempo libre para su esposa, Susana.

Después de que los niños se fueran a dormir, se escondía en su escritorio para pasarse horas estudiando películas de su oponente de la semana siguiente. Y las mañanas llegaban demasiado rápido. De hecho, el intervalo entre poner el reloj despertador en hora y la alarma que lo hacía saltar de la cama se reducía a la nada.

En poco tiempo, los escasos momentos que pasaba Susana con su esposo la comenzaron a afectar. Por naturaleza, ella nunca se alejaba más de tres pasos de su agenda de actividades diarias. (Una sola mirada, y cualquier firma de contabilidad importante la habría contratado al minuto.) Cada uno de sus movimientos estaba registrado gráficamente en el horario, y ella no podía comprender por qué Jaime no podía hacer lo mismo. Es más, los cambios del horario de Jaime afectaban la vida cuidadosamente estructurada de Susana; sobre todo cuando comenzaba la temporada de fútbol otoñal.

*Al extraer del manantial inagotable de la naturaleza,
podemos utilizar todo el mundo creado a nuestro
alrededor para aumentar el poder de nuestras palabras.*

Cada año que él actuaba de entrenador, el nivel de las frustraciones de Susana se elevaba a mayor altura que las tribunas del campo de fútbol. Cuanto más variaba su horario, tanto más lo criticaba. Como un invitado indeseable que no sabe cuándo irse a su casa, su censura no aflojaba.

Jaime había tratado de desplazar la amargura que ella sentía por sus actividades. Trató de hacerlo con lecciones, lógica y unas pocas amenazas a los gritos. Después de todo, él era un entrenador de fútbol y había jugado fútbol en una importante universidad. Sabía cómo hacerse escuchar. Pero reconocía también que no existía ninguna posibilidad de que las lecciones provenientes del hemisferio izquierdo de su cerebro y su enfoque duro como el metal cambiaran la conducta de ella. Desesperado, recurrió por fin a la técnica de las imágenes verbales que había aprendido cuando nos escuchó hablar en una conferencia para educadores.

La noche siguiente, después de las prácticas, Jaime regresó a casa. El momento en que entró, vio a su pequeño perrito de cuatro meses de edad. Su esposa amaba mucho a este precioso cachorrito. Cuando el perro comenzó a corretear meneando el rabo, Jaime se dio cuenta de que había encontrado la clave de las emociones de su esposa.

Por primera vez, sintió que tenía algo *nuevo* para decir, en vez de expresar los mismos pensamientos vez tras vez a diferente volumen.

Hasta ahora, él había seguido paso a paso el manual de juego para saber cómo crear una imagen verbal eficaz.[45] Había escogido con cuidado un propósito de comunicación claro y había elegido algo que estaba cerca del corazón de Susana. Además, había aguardado hasta tener tiempo para practicar su imagen verbal (tomada del Manantial de la Naturaleza) con un amigo. Luego, armado con su nueva herramienta de comunicación, se preparó para compartir el relato con su esposa.

Los niños ya estaban acostados, y Jaime acababa de apagar la televisión. Sabía que una de las partes importantes para comunicar una imagen verbal es escoger un momento tranquilo para expresar el mensaje. Y con tres hijos, la casa nunca estaría más en silencio que ahora. Por supuesto, el cachorrito estaba en su lugar favorito: acurrucado a los pies de Susana.

—Cariño —le dijo—, tenemos que hablar.

—Es tarde —dijo Susana con frialdad en su voz—. No sé si tengo deseos de hablar de nada en este momento.

—No llevará mucho tiempo. Sólo deseo contarte una historia de cómo me siento últimamente.

Eran raras las ocasiones en las que Jaime ofrecía expresar algo relacionado, aun remotamente, con sus sentimientos, de modo que Susana asintió y se acomodó nuevamente en su sillón.

—Cariño, creo que me he estado sintiendo… bueno, creo que de la manera en que nuestro cachorrito se sentía cuando vivía con tu abuelo en la granja cuando la fuimos a buscar:

«Tengo sangre de perro de caza en mis venas, y lo que más deseo es correr, explorar y deambular. Pero me han dejado en un jardín encerrado y me paso todo el tiempo caminando en círculos atado con una cadena a un árbol».

«Un día, me dejan suelto y me asalta la curiosidad. De modo que cavo un hoyo bajo la cerca y me escapo. Como un tiro que sale de una pistola, corro al bosque. El problema es que, debido a mi entusiasmo al verme libre, me alejo cada vez más».

«De repente, miro a mi alrededor y mi corazón deja de latir. Sin darme cuenta, he penetrado tan profundamente en el bosque que me he perdido; realmente perdido. Busco desesperado encontrar el sendero que me lleve de regreso a mi casa. Pero cada senda me lleva a un camino sin salida o me aleja aún más. Me paso todo el día buscando el camino de regreso a la casa del abuelo. Lo único que logro es meterme en peores problemas aún».

«A la mañana, me corre y persigue una manada de coyotes; a la tarde, casi me pisa el camión de un aserradero; al atardecer, me caigo en un arroyo sucio, la única agua que encontré para beber. Al final del día, mis patas están cortadas y sangrando. Estoy mojado, exhausto y siento temor».

Echando una breve ojeada a Susana, vio que ella estaba absorta en el relato.

«Esa noche, ya tarde, encuentro otro sendero por casualidad. Después de caminar por el bosque más oscuro que he visto en mi vida, de golpe descubro algo familiar. Por cierto, reconozco el sendero que sé que me llevará de regreso a casa del abuelo. Sin que importe lo cansado y dolorido que estoy, comienzo a correr. Mis patas me llevan cada vez más rápido. Cuando por fin veo la casa, mi corazón late con fuerza y lucho por vencer los últimos metros que me faltan para llegar a la cerca».

«Tengo tantos deseos de verlo al Abuelo y sentirme seguro y abrigado una vez más. Busco el hoyo que cavé a la mañana y me escurro por él. Luego, con mi último gramo de fuerza, me arrastro a la puerta trasera y rasco el mosquitero. A pesar de lo cansado que estoy, aúllo y ladro para que me abran la puerta. No veo el momento de que alguien me sostenga, me seque y me dé algo para comer».

«Justo entonces, se prende la luz del porche trasero. Estoy tan contento, pensando: *Por fin, estoy con mi familia. Alguien me va a consolar y no perseguir. Me van a dar agua fresca y comida, y...*»

«En vez de que ocurra todo eso», Jaime hace una pausa para permitir que sus palabras penetren, «se abre el mosquitero de golpe, el cual me hace caer por las escaleras. Antes de ponerme de pie, un palo de tres pies de largo me golpea a un costado. A pesar de que ya estoy lastimado y cansado de andar perdido todo el día, ahora siento aún más dolor y confusión, mientras me persiguen por el jardín para pegarme más y más. Todo el tiempo, escucho una voz enojada que me dice: '¡Si alguna vez te vuelves a escapar, esto no es nada comparado con lo que te habrá de ocurrir entonces!' Lo único que puedo pensar es: *Me esforcé tanto por regresar a casa, ¡y ahora me azotan así!*»

«Por fin, él me alcanza, me pone una larga cadena y me sujeta a un poste de hierro, y me deja allí, expuesto al frío y al rocío, sin nada para comer ni beber, hasta que llegue la mañana. Estoy seguro de que me quiere enseñar una lección. Pero me destroza el corazón y me hace pensar que escaparme quizás no haya sido una idea tan mala».

Jaime volvió a hacer una nueva pausa. La habitación estaba callada como una iglesia desierta.

«Susana, quizás no te des cuenta, pero cuando regreso a casa, la mayoría de las veces, así es como me siento. Comprende, realmente me gusta entrenar y enseñar, pero, al final del día, estoy agotado. Si no es debido a algo que uno de mis alumnos hizo o que otro maestro dijo, es porque la sesión de entrenamiento no fue como yo lo esperaba o porque perdimos el partido».

»Es muy difícil trabajar tantas horas sin ninguna compensación. Durante el día, estoy pensando en que no veo la hora de regresar a mi jardín: los niños, tú, aquellos que tanto deseo que me abracen y me digan que me aman y que todo está bien. Necesito que me digas que me amas y que te sientes orgullosa de mí; aun cuando no sea un esposo y padre perfecto».

«Pero, Susana, la mayoría de las noches, cuando entro a casa, en vez de abrazarme, me golpeas con tu sarcasmo y con críticas tales como: 'Tú tienes tiempo de hacer todo lo que *tú* quieres. ¿Por qué no tienes tiempo para arreglar lo que *yo* deseo que arregles?' O: 'Te pedí que traigas pan *integral*, no pan *blanco*. ¿Por qué no puedes jamás recordar lo que te digo?' O: 'Si tienes tiempo de entrenar a los niños de los *demás*, ¿por qué no pasas más tiempo con los *tuyos*?'»

«Tus palabras son como latigazos que me golpean una y otra vez. Cuando trato de responder o de equilibrar mejor las cosas, me golpeas con tus críticas en el dormitorio, me persigues a la cocina y me echas fuera. Si levanto el brazo para detener un golpe, me golpeas la mano o el codo».

«Susana, estoy tan cubierto de los verdugones de tus palabras, que sólo deseo pasar más tiempo en el bosque de la escuela. Es un lugar solitario, y tengo que evitar unos pocos coyotes y camiones del aserradero. Pero al menos no me golpean tus palabras de crítica».

«Cariño, sé que tienes razones legítimas para estar enfadada con mi horario durante la temporada. A mí tampoco me gusta trabajar tantas horas. Pero el problema está comenzando a afectar nuestra relación. A diario, puedo ver el impacto negativo, y los niños lo perciben también».

«No sé qué más decirte, pero, en lo que respecta a nuestro matrimonio, me siento como si nuestro cachorrito, en vez de regresar al 'hogar, dulce hogar' después de haber estado perdido todo el día, volviera a otro lugar.

Jaime se sorprendió de la cantidad de emociones que surgieron cuando relató la historia, pero lo que más lo sorprendió fue la reacción de su esposa. Susana estaba tan conmovida por su relato que comenzó a llorar y llorar durante media hora sin parar.

Más tarde, ella nos dijo: «Durante años sé que critiqué terriblemente a Jaime y le dije muchas cosas hirientes. Pero recién cuando me contó la historia me di cuenta de cuánto lo habían afectado mis palabras. Después de contar la historia, él se sintió mal y me abrazó y me pidió perdón por haberla siquiera mencionado. Pero yo estaba tan conmovida por su imagen verbal que lo único que podía hacer era llorar».

«No estoy segura de por qué *sentí* tan intensamente su relato, pero me cambió», continuó diciendo. «Esa misma noche, decidí que mi actitud hacia Jaime estaba equivocada. A pesar de que lo había racionalizado dentro de mí, yo sabía que mis palabras lo golpeaban con demasiada frecuencia y fuerza. Estaba enojada porque no lo podía ver más. Pero mis quejas lo alejaban aún más de mí».

«Todavía me cuesta adaptarme a la temporada de fútbol, y cada otoño tenemos que conversar sobre mis frustraciones», nos dijo. «Sin embargo, esa noche tomé una decisión. Cuando Jaime viene a casa, no importa cuán tarde ni cuán frustrada esté, nunca más se encontrará con mi vara».

El cachorro nunca se dio cuenta de que había servido como «el mejor amigo del hombre» con tan sólo estar allí, a los pies de Susana. Sólo Jaime lo sabía. Y, al utilizar al cachorro como la base para su imagen verbal, escogió uno de los miles de ejemplos del Manantial de la Naturaleza.

Como Jaime, nosotros podemos extraer de este manantial cuando sea lo acertado para los intereses de la otra persona. Observemos otras tres personas que tomaron del Manantial de la Naturaleza para lograr que la relación cambiara de manera positiva. Estos ejemplos les pueden dar una idea rápida e instantánea de cómo utilizaron el lenguaje del amor para confrontar a un huésped insensible, reavivar el amor perdido y honrar a un amigo especial.

Cómo confrontar a un invitado insensible

—Juana, ambas somos de Minnesota, ¿verdad? ¿Recuerdas lo que era esperar y esperar que llegara la primavera?, —le dijo Isabel a su invitada, quien se estaba quedando en su casa por un tiempo hasta que las personas a cargo de la mudanza terminaran de acomodar su casa nueva—. ¿Recuerdas qué cansada te sentías de tener que sacar la nieve de la entrada, sabiendo que la gente en Florida ya estaba en la playa tomando sol? ¿Recuerdas con qué entusiasmo veías los primeros brotes en los árboles después de su largo sueño invernal?

«Juana, quizás no te des cuenta, pero al poco tiempo que llegaste a mi casa para quedarte con nosotros, yo escuché algo que me lastimó. Me hizo sentir como si estuviéramos viviendo nuevamente en Minnesota, escuchando que la primavera no llegaría por seis meses más; o sea, que tendríamos que soportar otro medio año de hielo y de vientos helados».

«Déjame decirte qué fue lo que dijiste que me afectó de esa manera…»

Anhelando intimidad

—Brian, ¿podemos hablar unos minutos antes de que te vayas a correr? —dijo Claudia, sentada en el borde de la cama, mientras que su marido se ataba los zapatos—. Quiero que sepas que me siento como si hubiera estado corriendo junto a ti por nuestro sendero favorito; ya sabes, el camino recubierto de astillas de cedro que da vueltas por todas esas casas hermosas y pasa por el parque.

«A ambos nos gusta correr por allí. Podemos hablar mientras que corremos, no hay perros grandes sueltos y el ejercicio nos beneficia mucho a ambos. Pero, últimamente, siento como que cada vez que comenzamos a correr, nos chocamos con un letrero de desvío que nos lleva a un sendero diferente. En vez de pasar por casas bonitas, tenemos que esquivar el tráfico de las calles. Y, en vez de correr por el parque, de ida y de vuelta, luchamos cuesta arriba por caminos de gravilla».

«Brian, a mi me gustaba mucho correr junto a ti. Pero ahora siento como que el sendero por el cual andamos está cubierto de rocas. De un momento a otro, uno de nosotros tropezará y se caerá o peor».

»Necesito decirte por qué pienso que han colocado allí ese letrero de desvío y por qué marchamos por un camino empedrado…»

Cómo honrar a un amigo especial

—Oye, Don. ¿Tienes un minuto? —dijo Roberto, acelerando un poco el paso para alcanzar a su compañero de trabajo—. Deseo agradecerte por lo ocurrido la semana pasada. Sé que piensas que no tiene mucha importancia, pero permíteme darte un ejemplo para que comprendas cuánto aprecié tu ayuda.

«A ambos nos gusta jugar al golf, ¿verdad? ¡Al menos nos declaramos golfistas! De todos modos, como tres meses atrás, cuando el jefe me encomendó una nueva tarea, sentí como que me ponían a cargo del campo de golf que usarían para el Torneo de Maestros. Se trataba de una magnífica oportunidad, y me sentía honrado. Pero, como tú bien sabes, nunca me ocupé de un campo de golf en mi vida».

«Bueno, Don, siento que tú te tomaste el tiempo que realmente no tenías para enseñarme a cuidar de ese campo de golf. Me mostraste cuál era el largo correcto del césped en los caminos y la mejor manera de cortarlo en el green. Me enseñaste cuando regar, donde colocar los aspersores de riego y cuánta agua utilizar».

«Yo puse el esfuerzo, pero tú me enseñaste donde ponerlo. Y cuando se terminó el torneo y todos los profesionales estaban caminando, alabando el campo de golf, tú eras el que yo deseaba llamar y agradecer».

Éstas son apenas algunas de las maneras en que podemos utilizar una imagen verbal del Manantial de la Naturaleza para alcanzar directamente el corazón de una persona. Como aquellos que acabamos de mencionar, hemos visto que mucha gente extrae de este manantial para cambiar de manera significativa la vida de los demás.

Conocimos a una madre sola que cambió completamente la actitud de su hijo adolescente hablándole de un árbol que se encontraba en el jardín de atrás; un padre que hizo que todos lloraran en el ensayo del casamiento de su hija con su relato de una hermosa mariposa; y un hijo que le explicó a sus padres cómo se sentía al irse de casa para ir a la universidad, utilizando la imagen de un pequeño arroyo que había crecido durante los años hasta convertirse en un caudaloso río.

Mientras que el Manantial de la Naturaleza es una excelente fuente de imágenes verbales, existen otros manantiales más. De hecho, pensamos que una de las mejores partes de este libro es el enorme potencial en estos cuatro manantiales para ayudarnos a comunicar.

En el siguiente capítulo, veremos cómo Susana extrae del Manantial de los Objetos de todos los días para obtener el deseo de su corazón: más tiempo con su esposo. Y, a pesar de que no fue nunca su intención, su imagen verbal nos salpicó y nos cambió también.

CAPÍTULO OCHO

El manantial de los objetos cotidianos

En el capítulo anterior, vimos como la imagen verbal de Jaime tomada del Manantial de la Naturaleza detuvo de manera extraordinaria las palabras de crítica de su esposa. Ahora ha llegado el momento de leer… el *resto* de la historia.

El día después de hablar con Susana, Jaime anhelaba contarnos sobre los cambios que se habían producido en su matrimonio. Durante semanas, escuchamos magníficos informes sobre los esfuerzos de Susana para quitar el filo a sus palabras y a su tono de voz.

Justo en el momento en que estaba a punto de recomendarlos para que recibieran una mención del congreso como el matrimonio que había experimentado el «Cambio más Espectacular del Año», Jaime apareció de golpe en nuestro consultorio. John no se encontraba allí, ya que estaba en una conferencia. Los ojos y las acciones no verbales de Jaime claramente delataban que algo lo estaba afligiendo. Le ofrecí una taza de café, pero él, con toda cortesía, la rechazó.

—Gary, desearía, si fuera posible, hablar contigo unos minutos, —me dijo.

Después de hacerlo pasar a mi consultorio, no bien cerré la puerta, se me abalanzó verbalmente.

Y esto es lo que me dijo: «Le estoy tan agradecido. Su método de imágenes verbales nos ha realmente ayudado. Por primera vez, en años, siento que Susana me comprende. El mes pasado, ella ha mejorado de manera extraordinaria. En vez de criticarme, me dice lo que aprecia de mí».

Hizo una pausa, como esperando que yo le dijera algo.

—Bueno, ¡eso no suena tan mal! —le dije con la esperanza de que ya me hubiera dicho todo lo que me tenía que decir.

Pero Jaime continuó: «Sí, pero ésa es apenas parte de la historia. Hace una semana, Susana me preguntó si podía compartir una imagen verbal conmigo. Lo que me dijo me dejó atónito y me hizo llorar. Todavía lo estoy procesando».

«No sé cómo he tardado tantos años en darme cuenta. Pero ahora comprendo por qué estaba tan frustrada conmigo. ¡Es lógico! Ahora entiendo por qué me estaba encima todo el tiempo».

Sacudiendo la cabeza, prosiguió: «Permítame que le diga lo que pienso. Me he pasado toda la semana reflexionando sobre esa imagen verbal, de día y de noche. Cada vez que pienso en ella, me golpea emocionalmente».

Poniéndose derecho sobre la silla y mirándome con un cierto brillo en los ojos, me dijo: «Yo pensaba que usted era mi amigo, Smalley. ¡Muchas gracias!»

Al concentrarse en un área que le interesaba a Jaime y escogiendo el mejor momento para hablar, Susana dio vuelta la tortilla. La presa se convirtió en el cazador, y ella tenía la mira puesta en un punto débil en la vida de Jaime.

Entonces él me comenzó a relatar la imagen verbal que le había dado su esposa, tomada del Manantial de los Objetos Cotidianos.

Mientras escuchaba el relato, se me abrieron los ojos y pude ver un asunto que yo había descuidado en mi propio matrimonio. Como Jaime, yo no estaba concientemente tratando de crear problemas en casa. Sin embargo, le estaba quitando constantemente a Norma y a mí la posibilidad de tener una relación rica y plena. Nunca me había dado cuenta de ello hasta ese momento, en el que escuché una imagen verbal dirigida a otra persona.

Desde aquel momento en que Jaime vino a nuestro consultorio, han pasado muchos años y cientos de sesiones de consejería. Pero aún puedo recordar lo que se dijo esa tarde, y por una buena razón. La imagen verbal de Susana aún afecta y corrige mi matrimonio así como lo hizo aquel día en que la escuché por primera vez.

Montando el escenario

Era un domingo a la tarde, y Jaime estaba en su taller junto al garaje. Además de mirar eventos deportivos, él tenía dos pasatiempos, aunque no demasiado tiempo para ninguno de los dos. El primero era cenar en buenos restaurantes, lo cual deseaba hacer todas las noches si no hubiera sido que se tenía que preocupar de pagar la cuenta. Su otro amor estaba desarmado delante de él.

Como la mayoría de los niños, Jaime había pasado por una etapa en que le gustaba armar modelos. Nunca lo había superado. Desparramado delante de él se encontraba su proyecto más ambicioso hasta la fecha: un modelo de madera de un barco de mediados del siglo diecinueve, completo con tablones encajados unos con otros, mástiles de tres pies, aparejos amarrados a mano, y un velamen completo que aún quedaba por recortar.

Con todo el estrés de enseñar y entrenar, Jaime se había dado cuenta de que cenar afuera y armar modelos eran dos maneras magníficas de relajarse. Sabiendo que los dos lugares donde Jaime estaba disponible para charlar eran una mesa de restaurante y su mesa de trabajo, Susana se acercó al taller.

—¿Cómo va la cosa? —le dijo, con la oculta esperanza de que este modelo no terminara en el dormitorio como todos los demás.

—¡Magnífico! —le respondió—. ¡Va a lucir perfecto en el dormitorio! Ya tengo decidido en dónde lo voy a poner.

Con sabiduría, ella decidió que una discusión sobre cuál de las habitaciones terminaría siendo el puerto de destino del barco podía esperar.

—Cariño, —le dijo—, deseo que sepas nuevamente lo mucho que aprecio la historia que me contaste el otro día. Tiene mucho sentido, y trataré de animarte más».

Jaime la miró desde su lugar junto al barco y le dijo:

—¿Acaso bromeas? Las últimas semanas has estado magnífica. Sé que estás haciendo un gran esfuerzo. No sabes cuánto lo aprecio.

Por mucho tiempo, todo cumplido de parte de su marido había sido algo así como una especie en vías de extinción. Sus halagadoras palabras la sorprendieron y no sólo abrigaron su corazón, sino que la hicieron sonrojar. Le dieron, además, mayor estímulo para avanzar con la imagen verbal que había estado practicando toda la semana con la esposa de otro entrenador.

—Gracias, cariño. Significa mucho para mí que te des cuenta de que me estoy esforzando. Sabes que provengo de una familia muy criticona, y me resulta muy fácil criticarte a ti. Quiero decirte que cuando tú me estabas contando tu historia, no sólo la comprendí, sino que sentí como que yo la estaba *viviendo*. Toda mi vida soñé en llegar a casa a los brazos de mi padre, pero todo era ira y desatención. No deseo que nuestro hogar sea así. Sé que no soy perfecta, pero te prometo que voy a tratar de prestar atención a lo que te digo.

—Eso es magnífico, —dijo Jaime con una gran sonrisa, inclinándose sobre su barco y pensando que las imágenes verbales eran lo mejor que había desde el helado de chocolate.

—Pero, Jaime, —continuó diciendo Susana—, ¿puedo hablarte de algo?

—Seguro, pregunta nomás.

—Deseo compartir una imagen verbal propia que expresa cómo me siento con respecto a nuestra relación.

En la mente de Jaime sonó una pequeña alarma. Miró su teléfono celular, deseando que sonara para rescatarlo. Miró incluso a los niños, que siempre estaban haciendo algo medio destructivo a la casa o uno al otro. Más de una vez se había salvado de una seria conversación al tener que correr tras ellos. Pero Susana había escogido muy bien el momento para hablar.

A su pesar, se encogió de hombros y dijo: «Seguro». Luego se enderezó y se preparó para escuchar una imagen verbal que le cambiaría la vida.

Más que las sobras

Ignorando «la expresión» en el rostro de su marido, Susana inhaló profundo y comenzó a hablar. «Cariño, tú trabajas con gran empeño. Ésa es la razón por la cual te quedas corrigiendo trabajos, mirando películas de los partidos, o haciendo alguna otra cosa importante hasta altas horas de la noche. Lo que eso significa es que, cuando por fin te acuestas, estás rendido. A la mañana siguiente, apenas puedes levantarte. Sin embargo, existen dos cosas que te sacan de la cama: una omelet de tres quesos y tu taza de café».

Jaime tuvo que sonreírse. La rotisería donde todos los entrenadores se reunían servía un magnífico desayuno.

Susana continuó: «Deseo relatarte una historia que me inventé el otro día. Después de dormir unas pocas horas, tú te vas a tomar el desayuno con los otros entrenadores. Eso es lo que más te divierte. Hablan sobre algunas buenas jugadas que piensan aplicar en el siguiente partido; la decisión del nuevo director de la junta escolar respecto al pago de las horas extra; o cuánto mejor eran los partidos cuando todos ustedes jugaban. Tú sabes: cosas así».

Hasta ahora, todo eso es cierto, Jaime tuvo que admitir.

«No estoy segura de qué es lo que te pides, pero apuesto a que es tu omelet favorita, acompañada de rodajas de aguacates, pan casero de trigo y miel con mantequilla y jaleas. Ah, casi me olvidaba, a eso le agregas un gran vaso de leche muy fría y un pequeño vaso de jugo de naranja recién exprimido. ¿Me equivoco?»

Susana, basándose en los cientos de desayunos que le había visto tomar, estaba tratando de hacer una conjetura cierta. La respuesta entusiasta de Jaime revelaba que mentalmente, ya estaba allí.

«Al finalizar la reunión, se saludan con una palmada en la espalda y luego discuten quién va a pagar. Pero, antes de salir del lugar, hacen algo diferente: le piden al hombre que está detrás del mostrador que les dé una bolsa de papel. Luego, regresan a la mesa, toman unos trozos de omelet y de tostadas de su plato, y los ponen dentro de la bolsa de papel. Luego, la colocan en el bolso de tenis, aquella que llevan en vez de un portafolio, y se van rumbo a la escuela».

Hasta la parte de la bolsa y las migajas, Jaime había asentido con todo. Ahora, sin embargo, estaba mentalmente tratando de entender qué significado podría tener la bolsa de papel. Sin embargo, antes de que tuviera tiempo de hacer una pregunta, ella prosiguió.

«Durante toda la mañana enseñas historia. Eso te gusta. Y, sin darte cuenta, ya es la hora de almorzar. Como tu oficina se encuentra separada de la escuela, tú y los otros entrenadores van juntos a una bonita cafetería, fuera del campus, para almorzar. Te pides una tarta casera de pavita. La costra de hojaldre está rellena con grandes trozos de carne blanca, verduras frescas y una deliciosa salsa blanca cremosa. Por supuesto, el almuerzo no estaría completo sin una rica ensalada mixta y un enorme vaso de té helado».

«Se divierten mucho hablando de deportes y contando chistes. Luego, así como lo hicieron después del desayuno, piden una bolsa de papel. La mesera las trae a la mesa; ustedes colocan allí los pequeños trocitos de comida que han quedado en el plato y, antes de regresar a la escuela, la añaden a su bolso de tenis también».

«Después de una larga tarde enseñando álgebra, tienes que regresar a la escuela para la práctica de fútbol. Luego, ya es tarde, pero aún les quedan cosas por hablar. Así que se van a una heladería cerca del centro comercial».

«Te remuerde un poco la conciencia, pero decides olvidarte de contar las calorías y te pides un sundae de chocolate: ese que te gusta con cuatro cucharadas de helado, toneladas de salsa de chocolate caliente y cobertura de caramelo. Aparte te pides unas almendras trituradas y una Pepsi dieta. Por supuesto, la bebida es dieta para compensar las calorías del helado», añadió Susana con una sonrisa.

—Por supuesto, —dijo Jaime, sonriéndose también. Ésa era siempre su excusa cuando devoraba su helado.

«Por tercera vez, recoges las sobras de la mesa: un poco de crema batida y la cobertura, y lo que queda del helado derretido y las nueces. Pones todo en el saco de papel, luego en tu bolso de tenis, y ya está».

A esta altura, Jaime estaba sintiendo hambre, pero estaba intrigado y deseaba entender lo que Susana le quería decir. *¿Por qué se me habrá ocurrido enseñarle como crear imágenes verbales?*, gruñó por dentro. Por último, no pudo aguantar el suspenso.

—¿Me estás diciendo que tengo tantas manchas en mi bolso de tenis que llegó la hora de comprar uno nuevo? —le preguntó Jaime esperanzado—. ¿O acaso deseas decirme que me quieres invitar a cenar?

Era un vano esfuerzo por acelerar las cosas o, al menos, reducir la tensión interna que sentía. Desgraciadamente, su cortina de humo no funcionó.

«Bueno, vamos, déjame terminar», le dijo Susana. «Ya casi termino. Durante todo el día, mientras estás en el trabajo, deseo tenerte cerca. Pienso cuánto me gustaría que fuéramos juntos a un lugar donde pudiéramos sentarnos a conversar. Pero yo no soy la única que siente así. Los muchachos te quieren tanto y desean ser parte de tu vida también».

«Después de esperar todo el día que regreses a casa, por fin escuchamos la puerta del garaje. Ansiosos por estar contigo, nos ponemos en fila en la puerta de atrás. Tenemos incluso la esperanza de que nos lleves a comer a un lindo restaurante, donde podamos conversar y reír y llegar a conocernos mejor».

«La puerta se abre, pero tú no te detienes a conversar con nosotros. Tampoco nos cuentas lo que te ocurrió durante el día. Tan sólo pasas caminando y nos entregas una bolsa de papel a cada uno. Luego te sientas a mirar la televisión o vienes aquí, a trabajar en tu pasatiempo. En vez de compartir una verdadera cena contigo, quedamos de pie junto a la puerta, sosteniendo esas húmedas bolsas de papel».

«No creas que no deseo que tengas un pasatiempo. Ésa no es la razón por la cual te estoy diciendo todo esto. Necesitas tiempo para descansar y relajarte, y yo deseo que lo hagas. Pero todo el día, los chicos y yo te extrañamos. Esperamos que llegues a casa para contarnos qué hiciste durante el día, y que tú nos preguntes qué hicimos nosotros también. Pero tú ya has pasado el día con las personas que más aprecias: tus jugadores y los otros entrenadores. Entonces, en vez de darnos lo mejor, lo único que quedan son las sobras».

«Pienso que ésa es la razón por la cual me he sentido tan estafada durante tantos años de nuestra relación, y el por qué te he criticado tanto durante las temporadas de fútbol. Cuando niña, recuerdo que mi mamá siempre deseaba con ansias que mi papá le prestara atención. Y, ahora me encuentro de pie junto a la puerta de mi matrimonio, tal como mi madre, esperando disfrutar de una buena cena contigo, para conversar y reír y conocerte mejor, anhelando que te comuniques conmigo como lo haces con tus amigos. Los chicos y yo deseamos eso, pero lo único que recibimos es una bolsa de papel. Cariño, ¿me comprendes? No necesitamos las sobras. Te necesitamos a *ti*».

Lo último con que pensaba toparme esa tarde era una imagen verbal; sobre todo una que me pararía en seco. Cuando Jaime terminó de relatarme su cuento, él no era el único con lágrimas en los ojos. Yo sabía que no podía escapar el mensaje que tenía para mi vida también.

Con mis viajes y todas las horas que me pasaba ayudando a la gente, mi día estaba probablemente más abarrotado que el de Jaime. Como él, lo único que le daba a mi esposa y mis hijos eran las sobras. Lo sabía en lo más profundo de mi ser. Y Norma y los niños lo sabían también.

Esa noche, cuando regresé a casa, las cosas comenzaron a cambiar. Le conté a Norma lo que había escuchado, y su respuesta confirmó que teníamos un problema. Yo le había estado dando sobras a mi familia en vez de darles una buena comida de cariño.

En las semanas siguientes, no podía entrar a casa a la noche y dirigirme al televisor sin darme cuenta de que le estaba dando una pequeña bolsa de papel a mi familia. Odiaba admitirlo, pero mis días, desparramado sobre el sofá mirando televisión, estaban contados.

Algo más había cambiado como resultado de esa imagen verbal. Llamé a mi supervisor y le dije que tenía que reducir mis viajes. Ante el desafío de pasar más tiempo con mi familia, estaba preparado para buscar otro empleo si mi compañía no cambiaba lo que yo tenía que hacer. En particular, tenía que encontrar un empleo que no me robara mi familia.

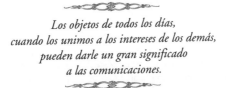

Los objetos de todos los días,
cuando los unimos a los intereses de los demás,
pueden darle un gran significado
a las comunicaciones.

Las sobras son apenas uno de los miles de objetos cotidianos que encontramos en el segundo de los manantiales. Cada uno de esos objetos, cuando los unimos a los intereses de los demás, pueden darle un gran significado a las comunicaciones.

También pueden brindarnos una gran fuerza y estímulo interior, como lo descubrió otro hombre. Para él, un objeto cotidiano le dio la esperanza de vivir en una situación imposible. Aún más, les dio a sus hijos un gran respeto por su padre y por su país.

Una imagen de esperanza en un pozo de desesperación

Desde el momento en que su lancha de desembarco encalló y se detuvo, Jerry sintió como que había llegado a las puertas mismas del infierno. Todo era negro a su alrededor: cenizas volcánicas que le hacían arder los ojos y se le adherían a la piel. Y la visión y el olor a la muerte imperaban por doquier.

Cuando Jerry escuchó en nombre Iwo Shima por primera vez, no le significó nada. Pero el tiempo se hizo cargo de ello. A los pocos días, como muchacho de diecinueve años en la Quinta División de Infantería, se dio cuenta de que esas dos palabras equivalían a la peor pesadilla del mundo hecha realidad.

El terreno estaba repleto de cráteres, que eran el resultado de una masiva flotilla de barcos de guerra que habían azotado la isla para preparar el avance de los infantes de marina. Sin embargo, el enemigo había tenido casi cuatro meses para escoger sus posiciones, de modo que el constante bombardeo no tuvo demasiado efecto. Con tanto tiempo para prepararse para la invasión de los Estados Unidos, cada centímetro de la playa estaba cubierto por rifles, ametralladoras y fuego de artillería.[46]

Las primeras horas de Jerry sobre la playa las había pasado cavando una trinchera lo suficientemente profunda como para escapar del fuego asesino que le llovía desde el cielo. Sin embargo, la arena volcánica llenaba el agujero más rápidamente de lo que él podía excavar, dejándolo expuesto al constante fuego enemigo. A medida que avanzaba el día, había aumentado el calor y la humedad, así que Jerry tiró su poncho y su chaqueta. Pero cuando bajó el sol, la temperatura descendió bruscamente, y él se pasó toda la noche temblando de frío.

Fue un verdadero milagro, pagado con sangre y coraje, que él y los otros infantes de marina pudieran salir de esa playa con vida. Sin embargo, el avance no fue fácil. A ambos lados del camino había cuerpos deshechos y retorcidos: un testimonio mudo de lo que les aguardaba más adelante.

Mientras que este veterano de tres desembarcos nos relataba su historia se le llenaron los ojos de lágrimas ante el recuerdo doloroso de aquellos horribles días que tuvo que vivir. El tiempo había mitigado un poco los horrores que había tenido que ver y escuchar, pero cinco palabras que le dijo un compañero de infantería permanecen aún con él, tan vívidas como los rayos brillantes del sol.

Era el 21 de febrero de 1945: dos días después del desembarco. Jerry se había cobijado en un pequeño cráter formado por la explosión de los proyectiles de la artillería. El fuego de artillería en las montañas les había impedido dormir. El día había amanecido lluvioso, con una densa neblina empujada por el viento en las laderas lejanas. Cuando el cielo se aclaró y los japoneses pudieron escoger sus blancos, el fuego de las armas de bajo calibre se sumó a las explosiones de la artillería.

Jerry no tenía ya esperanzas de salir de la isla con vida. De los catorce hombres de su destacamento, sólo él y otros cinco permanecían enteros y con vida. En apenas dos días había visto más muertes de lo que podía soportar. Pero ése era apenas el comienzo: en la Segunda Guerra Mundial, en Iwo Shima murieron más infantes de marina que en todos los demás campos de batalla juntos.[47] Tantos hombres habían sido heridos o matados a su alrededor, que él pensaba que sus posibilidades de vida eran iguales a las de una burbuja de jabón enfrentada a un viento asolador.

Fue entonces que se le acercó su cabo y, esbozando una sonrisa, le dijo con su acento sureño: «¿Aún estás con vida?» Luego, ofreciéndole un trago de agua de su preciada cantimplora agregó: «Les estamos ganando, ¿sabías, no?»

—¿Cómo lo sabes? —respondió Jerry con una leve sonrisa—. Nadie se me acercó corriendo con una bandera blanca ayer a la noche.

—Mira, hijo, yo lo sé de muy buena fuente. Mañana verás a nuestros muchachos en la cima de esa colina. Lo vamos a lograr.

Luego, dirigió la mirada al volcán envuelto por la neblina y dijo las palabras que Jerry nunca olvidaría jamás: «Tú verás la bandera mañana».

Desde el momento en que los infantes de marina habían avistado la isla desde la cubierta de sus barcos, habían mantenido los ojos fijos en la parte más alta de la colina. Era la cima del Monte Suribachi, un volcán en extinción. Tenía apenas 550 pies de altura, pero la manera en que llovía la muerte por sus laderas escarpadas, hacía que les pareciera que estaban escalando el Monte Everest. Si lograban colocar su bandera allí arriba, significaría que la muerte, al menos desde el punto de vista de la colina, había perdido su terrible poder. Sería también la mejor que hubieran visto los infantes de marina desde el momento de su desembarco.

En realidad, pasarían dos días más antes de que Jerry pudiera ver la bandera. Y su cabo no la vería jamás. Esa misma noche, fue muerto en acción. Pero, el 23 de febrero de 1945, tomaron posesión de la colina.

Y cuando la bandera de las barras y las estrellas flameó sobre sus cabezas por primera vez, los hombres de toda la isla se pusieron de pie y vitorearon, ignorando el riesgo de exponer su posición.

Cuando Jerry vio la bandera, lo asaltaron las palabras que su cabo había pronunciado. Y esas mismas palabras le darían la fuerza para seguir adelante durante ocho días, hasta que fue herido gravemente y transportado fuera de la isla.

«Cuando salí de Iwo Shima, sentí que me estaban devolviendo la vida», nos dijo Jerry. «Nunca se olvida una experiencia como ésa. En los años que siguieron a continuación, cada vez que me veo en una situación difícil, me acuerdo de las palabras de mi cabo. Cuando las cosas se ven peor que nunca, pienso y me digo: 'Aguanta, Jerry. Verás la bandera mañana'».

Durante años, en los peores momentos, Jerry siempre recuerda las palabras que tanto lo animaron. Cuando sus hijos estaban creciendo, también las usaba con ellos. Cuando perdían un partido importante, les iba mal en un examen o rompían con su novia, les decía: «Mañana verán la bandera». Se los decía con el brazo apoyado sobre sus hombros, dándoles siempre esperanza para un día más.

Jamás habló Jerry con sus hijos sobre los horribles detalles de sus once días en Iwo Shima. Pero les contó lo suficiente como para que llevaran un trocito de esa isla olvidada con ellos: la imagen verbal que quitó de «la roca». Ellos recuerdan las cinco palabras llenas de esperanza que hablan de un día mejor y que les ofrece la valentía para esperar que llegue.

A fines de la década de los 60, estaba de moda en muchas universidades quemar la bandera de los Estados Unidos. Pero los hijos de Jerry, que eran estudiantes universitarios en ese momento, nunca hubieran siquiera pensado en hacer algo semejante. La bandera flameaba con demasiado orgullo en su vida y era una parte demasiado importante de su corazón. No sólo era el símbolo de su país, sino que también de la esperanza, la valentía y la fortaleza.

No podían mirar una bandera sin ver lo que estaba detrás. De hecho, aún hoy día sigue siendo lo mismo. No se trata de un trozo de tela con barras y estrellas. Es el símbolo de su padre vivo y de los muchos hombres que murieron en los campos de batalla de Iwo Shima.

El uso de objetos cotidianos para crear una imagen verbal (una bolsa de papel con sobras de comida, una bandera, un reloj, una silla, y demás) pueden dejar una impresión vívida y duradera en el corazón de nuestros oyentes.

Tomemos un momento para pensar en nuestras relaciones. ¿Hay alguien a quien tengamos que estimular? Una imagen verbal nos puede ayudar. ¿Existe algún familiar que se esté alejando y que tengamos el deseo de traer de regreso a la familia? Una imagen verbal nos puede ayudar. Cuando necesitamos ayuda o esperanza, tanto el Manantial de la Naturaleza como el Manantial de los Objetos Cotidianos nos pueden ayudar. Pero, también podemos buscar imágenes en el tercer manantial: el Manantial de las Historias Ficticias.

Continúen leyendo para enterarse de cómo el presidente de una compañía cambia la vida de una vendedora agresiva.

CAPÍTULO NUEVE

El manantial de las historias ficticias

Las ventas habían sido sólidas durante otro trimestre más. Jay Campbell estaba sentado en su escritorio, con un cierto aire de suficiencia mientras observaba los magníficos informes que le habían entregado ese día. Como fundador y presidente de su compañía, la había visto crecer a pasos agigantados, sobre todo gracias a su relación con una poderosa empresa que le compraba enormes cantidades de sus productos de manera constante.

Quizás me tome la tarde libre y me vaya a jugar al golf, pensaba mientras que lo llamaba su secretaria por el intercomunicador.

—Discúlpeme, Señor, pero lo está llamando el Sr. Devlin, —le dijo—. Pienso que lo desea atender.

Hacía menos de una hora que, en la voz más presidencial posible, Jay le había dicho a su secretaria que colocara el letrero de «No molestar». Sin embargo, como todas las secretarias ejecutivas de experiencia, ella sabía que había ciertas personas que tenía que hacer pasar.

El Sr. Devlin era el presidente de Valco, la principal compañía responsable de la mayoría de esas magníficas ventas. De modo que la irritación inicial de Jay se vio rápidamente reemplazada por su respeto, aunque a regañadientes, por la sabiduría de su secretaria.

Oprimiendo el botón que se encontraba junto a la luz titilante, Jay tomó el auricular y dijo: «Hola, Mark. ¿Qué piensas hacer esta tarde?»

—¿Qué estoy *haciendo* yo? —expelió la voz del otro lado de la línea—. Te diré lo que estoy haciendo. Estoy tratando de calmarme después de decirle a una de tus vendedoras que deje mi oficina, ¡y no lo estoy haciendo demasiado bien!

—¿Tuviste que hacer *qué*? —dijo Jay, con sus cinco sentidos en estado de alerta. Las cifras de la caída de sus ventas explotaron en su cabeza, mientras que la voz continuaba su diatriba al rojo vivo.

—Esta mujer de *tu* oficina le hizo perder una hora de su tiempo a la directora de mi empresa, tratando de que coloque un nuevo pedido. Y eso fue después de que le dijimos que no. Entonces, cuando salí para decirle que se fuera y no nos hiciera perder tanto tiempo, ¡me dijo que yo era un *maleducado*, por no querer escuchar su labia para venderme un nuevo producto!

—Escúchame, Jay —prosiguió—, no me importa cuánto dinero nos puedas ahorrar: cuando le digo que no a alguien, ¡es no! Y te estoy diciendo en este momento que si esta mujer vuelve una vez más a mi oficina, te puedes encargar de cancelar todos nuestros contratos actuales y olvidarte de venderme algo más en el futuro.

¡Clic! El teléfono en el otro lado de la línea sonó como un portazo.

No era la primera vez que lo regañaban. Recordaba las palabras llenas de ira de su padre cuando le había dado un baño de espuma a su tortuga; los gritos de su entrenador de fútbol cuando se durmió durante una de las películas de los partidos; las malas palabras del sargento instructor ante todo lo que él hacía. Hasta su esposa lo retaba de vez en cuando. Pero que el más importante de sus clientes lo regañara a causa del comportamiento de uno de sus agentes de venta: *eso* ya era demasiado.

Echando humo, Jay comenzó a pasearse por su oficina, pensando en el problema que tenía en sus manos. Sin tener que escuchar el nombre, él sabía perfectamente de quién se trataba. Después de todo, había una sola mujer en su equipo de ventas.

Sally era la vendedora más productiva que tenía. En los últimos cuatro meses, ella era la que más volumen había vendido, sin ninguna duda. Tenía gran talento y determinación para cerrar una venta. Pero últimamente se había puesto tan agresiva que eran más las puertas que se habían cerrado que las que se habían abierto. A Jay le agradaban su entusiasmo y naturaleza impulsiva, y no deseaba echarla. Pero se daba cuenta de que estaba a punto de perder la cuenta que le daba vida a su negocio. Sabía que esa misma tarde la tendría que confrontar.

Para prepararse para la reunión, Jay buscó ayuda en el Manantial de las Historias Ficticias. Después de escoger la imagen verbal correcta, basada en una de las cosas más vergonzosas que nos puedan jamás ocurrir, la practicó mentalmente varias veces y esperó a que Sally regresara a la oficina.

Ella no lo sabía, pero sus palabras la tomarían por el cuello. En realidad, la historia ficticia sacudiría de una manera tan extraordinaria su mundo, que la simple mención de la conversación en el futuro, haría que ella perdiera de inmediato toda su agresión.

—Pasa, —le dijo Jay cuando ella asomó la cabeza en la puerta de su oficina. Era muy raro que la llamaran a que se presentara allí. La nota que había encontrado sobre su escritorio decía: «Urgente».

—Vine no bien recibí su nota, Sr. Campbell, —dijo Sally. Con alivio había notado que él estaba sonriendo cuando se levantó de su silla para recibirla.

—Por favor, entra y cierra la puerta. Siéntate aquí, por favor, —él dijo. Deseo hablarte de algo.

No bien ella se acomodó, él se embarcó en su imagen verbal.

—Sally, cuando empezó la compañía, yo era el único que realizaba las llamadas de ventas. Y, en ese entonces, ¿sabes qué era lo que más temía que me ocurriera?

Jay no esperó a que ella le respondiera, sino que prosiguió de inmediato con su relato: «Imagínate lo siguiente. Estoy en el salón de juntas de uno de nuestros mejores clientes, todos entusiasmados con mi presentación. Tengo mis diagramas y gráficos listos. Sin ninguna duda, estoy preparado un 100 por ciento preparado para batear la pelota fuera del campo de juego y firmar allí mismo un contrato».

«Bueno, el presidente de la corporación está sentado a mi lado. Dice unas pocas palabras para presentarme, y luego llega mi turno de ponerme de pie y presentar nuestro producto a toda la comisión directiva».

«Me lanzo a la presentación. Estoy hablando en voz alta y gesticulando como loco, cuando de repente, ¡mi mano golpea la cafetera que tengo delante y la tiro directamente sobre la falda del presidente! Y me refiero a una cafetera llena de café hirviendo».

«Puedes imaginarte la escena: él está a los gritos pelados, saltando sin saber qué hacer. Todas las personas reunidas alrededor de la mesa luchan por permanecer serios, pero puedes darte cuenta de que todos se están muriendo de risa por dentro. Yo tomo un puñado de toallas de papel y trato de secar al presidente. Pero, debido al lugar en donde cayó el café hirviendo, hacerlo es algo un poco vergonzoso en sí. Por último, completamente enojado conmigo, él toma las toallas de papel y comienza a secarse a sí mismo».

«Mientras tanto, hago todo lo posible para que se calme y yo pueda salvar mi presentación de ventas. Señalo mis diagramas y mis gráficos que tanto me costaron preparar, para mostrarles cuánto dinero se ahorrarían con el nuevo producto. Pero él ya no está interesado en escuchar. Ya ni siquiera desea estar sentado a mi lado un minuto más».

Los movimientos y gestos que hacía su jefe para darle vida a su relato eran tan cómicos que, muy a pesar de sí misma, Sally se reía junto con él.

Después que cesaron las risas, hubo una larga pausa. Sally finalmente preguntó: «Sr. Campbell, ¿usted me hizo venir a su oficina para contarme tan sólo esta historia?»

—Bueno, en cierta manera, sí, —dijo él, poniéndose un poco más serio—. Porque, entiendes, esta mañana tú derramaste café justo sobre la falda de una persona.

Se hizo otro largo silencio más. Sally, sin levantar la vista y con una voz algo temblorosa, preguntó: «¿A qué se refiere, señor?»

Ella sabía muy bien a qué se refería su jefe, pero sentía que había tenido motivos justificados para insistir que esa directora de empresa escuchara toda su presentación. Después de todo, ella había trabajado tanto para preparar todo que, interiormente, sentía que estaba mal que la directora no quisiera tomarse el tiempo de escuchar.

«Sally, esta mañana tú estabas en la oficina de Valco haciendo tu presentación y estabas tan entusiasmada que volcaste toda una cafetera llena de café hirviendo sobre la falda de su directora de empresa».

«Sé que haces un magnífico trabajo para presentar nuestros productos. Te esfuerzas también para superar la resistencia a las ventas. Pero, a pesar de tus buenas intenciones, casi perdiste a nuestro cliente más importante porque llevaste al máximo tu agresividad. La directora de la empresa te dijo bien claro que no estaba interesada en comprar nada en ese momento. Sin embargo, tú permaneciste allí durante una hora más, tratando de forzarla a tomar una decisión que ella no podía tomar».

«Y, como si eso hubiera sido poco, cuando vino el presidente y te pidió que te fueras, ¡tú lo escaldaste a él también! Es más, decirle que era un maleducado por no permitirte terminar tu presentación fue lo mismo que si hubieras abierto la tapa de la cafetera y hubieras derramado el resto del café hirviendo sobre él. Después que te marchaste, él me llamó para hablar sobre ello».

Jay se sentó en la silla que estaba junto a ella y mirándola directamente a los ojos le dijo: «Sally, echar café hirviendo sobre la gente sólo dañará nuestras relaciones y nos hará perder cuentas que hemos tardado años en establecer. Estoy preocupado por ti como empleada y como persona. Entiéndeme, Sally, la gente habla. Sé que estás teniendo problemas de relación con los demás representantes de ventas. Entiendo que haya competencia y celos, y no estoy tratando de sacarte las ventajas que puedas tener. Pero, al derramar café hirviendo sobre la gente, estás estropeando tus relaciones dentro de la oficina. Y, a pesar de que no me quiero meter en tus asuntos, me imagino que lo mismo debe ocurrir con tus amistades fuera del trabajo».

«Si escaldas a la gente una vez, las personas pueden atribuirlo a un accidente. Pero si lo haces una y otra vez, serás la persona más solitaria del mundo. Si

deseas sentenciarte a vivir en soledad en tu vida privada, ésa es tu decisión.
Pero, si continúas escaldando a nuestros principales clientes, te costará el puesto».

Muchas personas habían tratado de hablar con Sally para hacerle notar su excesi-
va agresividad: tanto en el trabajo como en su vida privada. Ella siempre se lo había
atribuido a los celos de los demás. Cada vez que eso ocurría, ella se disculpaba diciendo: «Ellos no entienden la situación» o «Por qué no puedo tener opiniones firmes».

Sally provenía de una familia cuyo enojo y peleas se habían arraigado en
ella. Cuando escuchaba el «no» de un cliente, todas sus antiguas emociones se
encendían, haciendo que ella reaccionara y comenzara a atacar. Nunca había
estado dispuesta a examinar su naturaleza demasiado agresiva, porque eso la
habría forzado a contemplar demasiados recuerdos dolorosos a la misma vez.

Durante años, nada ni nadie había logrado derribar sus sólidas defensas.
Pero una importante conversación lo había logrado: cuando su jefe la confrontó con una imagen verbal. Es como si hubiera arrancado un enorme letrero de
la autopista y se lo hubiera plantado en su jardín. Esta vez, ella no podía ignorar el mensaje de que era demasiado agresiva.

Jay nos contó más adelante que Sally era aún su mejor vendedora. A pesar de
que continuaba siendo bastante agresiva, ahora lo hacía con sensibilidad. Y en los
últimos dos años no había escaldado a nadie, incluyendo los empleados de Valco.

Este empresario no se había dado cuenta de que no sólo había salvado el
empleo de Sally, sino que le había dado un magnífico obsequio. Había revolu-
cionado y corregido su actitud con sus compañeros de trabajo y amigos.

El ultimátum de su jefe, envuelto en una imagen verbal, hizo algo más que
asustarla. La imagen tan clara capturó sus emociones con tanta fuerza que nunca más pudo ser agresiva con alguien sin imaginarse que estaba sosteniendo
una cafetera llena de café hirviendo.

Las historias ficticias desbloquean las limitaciones
propias, a menudo, de las palabras cotidianas.

En este tercer manantial, Jay extrajo de la fuente de imágenes verbales limi-
tada únicamente por la imaginación de cada uno. De hecho, las historias ficticias
desbloquean las limitaciones propias, a menudo, de las palabras cotidianas.

Como lo mencionamos anteriormente, a la gente le encanta escuchar cuen-
tos. El comienzo de la historia es una invitación abierta a que traten de adivinar
el final. Además de captar su atención, queda un recuerdo imborrable de nuestras palabras en su memoria.

Como ya hemos visto en los dos manantiales previos, las historias ficticias pueden utilizar objetos cotidianos o artículos tomados de la naturaleza. Además, ellas pueden describir un acontecimiento, una situación o una ocupación que coloque al oyente en la escena.

En estos tres manantiales inagotables, poseemos miles de opciones para crear imágenes verbales a nuestra disposición. Sin embargo, las imágenes que tomemos del cuarto manantial capturan el corazón de las personas mucho más rápido que todas las demás.

En el Manantial del «Recuerdas cuando...», verán cómo una imagen verbal nos ha ayudado de manera extraordinaria cuando trabajamos juntos para escribir libros o preparar conferencias. «Recuerdas cuando...» nos hace recordar algo terriblemente bochornoso y cambia, en un instante, nuestras actitudes y nuestra acción.

CAPÍTULO DIEZ

El manantial del «Recuerdas cuando...»

A pesar de que los otros tres manantiales que hemos contemplado pueden llevar al máximo nuestra comunicación, este cuarto manantial tiene una gran ventaja sobre los demás: la capacidad de sacar provecho de una imagen que ya se encuentre alojada en la memoria de una persona. Y, al hacer que alguien se acuerde de algo del pasado, suscitamos las mismas emociones que él o ella experimentaron en ese momento.

En un reciente estudio, los doctores trataron de encontrar las áreas en el cerebro que controlan los recuerdos.[48] Trabajando con voluntarios, los doctores estimularon eléctricamente porciones de la corteza cerebral y descubrieron que las personas recordaban de repente cosas tales como el aroma de algo que habían comido o una experiencia particularmente agradable. Después de un tiempo, los doctores notaron un inesperado efecto secundario en los voluntarios: cuando se suscitaba un cierto recuerdo, las emociones que habían rodeado ese evento en el pasado cobraban vida una vez más.

Personalmente, yo (John) he visto este fenómeno en mi padre y otros combatientes de guerra. Mi padre nos relató en detalle sus experiencias en la guerra una sola vez. Fue en el año 1969, el día antes de que mi hermano mellizo Jeff y yo nos enfrentáramos al llamado a filas para la guerra de Vietnam. Durante casi dos horas, nos contó una historia tras otra de la Segunda Guerra Mundial. Lo hizo porque no deseaba que fuéramos a la guerra pensando que ésta era como lo que vemos en las películas.

Muchos veteranos de guerra, cada vez que recuerdan los horrores de la guerra, experimentan un desagradable efecto secundario. Cuando relatan las gráficas imágenes mentales, vuelven a sentir miedo, enojo y dolor. Por eso evitan hablar de la guerra. ¿Qué efecto tiene entonces este descubrimiento en nuestra comunicación?

Cuando vinculamos un mensaje del presente con una experiencia o evento del pasado, tomamos un sendero que nos lleva directamente a las emociones de la otra persona, lo cual multiplica el impacto de nuestro mensaje.

Cuando vinculamos un mensaje del presente con una experiencia o evento del pasado, tomamos un sendero que nos lleva directamente a las emociones de la otra persona. Ello ocurre porque mezclamos las palabras con los sentimientos del pasado, lo cual multiplica el impacto de nuestro mensaje. Como resultado, las palabras que deseamos transmitir se iluminan con una intensidad y claridad asombrosas.

Por lo general, los hombres están menos en contacto con sus emociones que las mujeres. De modo que al tratar de desenterrar eventos y recuerdos del pasado mediante consejería, se ven afectados por un torrente de emociones. En parte, ésa es la razón por la que tantos hombres se resisten a recibir consejería personal o matrimonial. Si pueden superar esa amenaza, el vincular los recuerdos con los sentimientos tiene su lado positivo; en especial en el área de las comunicaciones.

Por ejemplo, imaginemos que hemos tenido un problema con alguien. Al utilizar una imagen verbal tomada del Manantial del «Recuerdas cuando…», podemos, en un instante, tener acceso a las emociones que formaban parte de esa experiencia. Al recurrir a ellas, creamos un vínculo emocional que aporta un nivel más profundo de entendimiento a la conversación.

¿Necesitan corregir un problema? ¿Profundizar una relación? ¿Aclarar un punto importante en una conversación? ¿Agradecerle una gentileza? Entonces el recuerdo de una experiencia pasada puede contener la clave para encontrar y utilizar una imagen verbal eficaz.

A través de los años, una imagen verbal especialmente gráfica, tomada del Manantial del «Recuerdas cuando…», nos ha mantenido constantemente encarrilados y ha impedido que tomemos decisiones apresuradas que podrían haber sido desastrosas.

¿Recuerdas cuando estábamos en Forest Home?

Si están lo suficientemente cerca de nuestra oficina como para escuchar lo que hablamos, no tardarán en oírnos decir: «¿Recuerdas cuando estábamos en

Forest Home?» Cuando lanzamos esas palabras en medio de una conversación o decisión que estemos enfrentando, siempre aportan más claridad, pensamiento y realismo al tema en cuestión. Esto ocurre porque la frase representa una poderosa imagen verbal, la cual proviene de uno de los momentos más vergonzosos y humillantes de mi vida (la de John).

Ubicado en las hermosas montañas del sur de California, Forest Home es uno de los mejores centros de conferencias en el país.[49] Gracias a su increíble comida, extraordinarios programas y belleza natural que rodea al campamento, durante todo el verano no entra ni un alfiler.

Hace varios años, nos pidieron que viniéramos con nuestras familias para dar unas charlas. Como Gary es un orador público veterano, le pidieron que diera todas las mañanas una charla a todo el grupo de más de 450 personas. A mí me pidieron que hablara en una sesión optativa durante la tarde. Era un inmenso honor, ya que era la primera vez que visitaba el centro.

Trabajé durante meses para perfeccionar mi mensaje. Me dijeron que asistirían como unas cuarenta o sesenta personas, así que vine repleto de datos, fichas y notas adicionales. Interiormente, sabía que éste sería un importante paso para mi carrera. ¡Lo que no sabía era que sería además un resbalón y caída!

Durante la charla matutina de Gary, él estaba dando un ejemplo de cómo ayudar a que la gente acepte y valore las diferencias mutuas. Al hacerlo, explicó que a menudo, nosotros utilizamos un excelente test de personalidad llamado Performax[50] para ayudar a que las parejas se relacionen mejor. Entonces fue cuando ocurrió.

En un momento de inspiración, les dijo a los concurrentes: «Este test puede ser tan útil para matrimonios y familias que John se los puede hacer a todos esta tarde. En vez de hacer su sesión optativa regular, ¡estoy seguro de que él puede cambiar su programa y hacerle a cada uno de ustedes el Performax!»

Después de decirlo en voz alta, la idea le pareció aún mejor, así que aumentando el volumen y la intensidad de su voz, continuó diciendo: «Así es, señores y señoras, el Dr. Trent es un instructor calificado en el test. ¡Es un auténtico experto! No sé qué tienen planeado para esta tarde. Pero, sea lo que sea, cancélenlo. ¡Les aseguro que el rato que pasen con John será la hora más importante de toda la semana!»

Sentí que me congelaba en la parte de atrás del auditorio. Mi mente repetía una y otra vez lo que él acababa de decir. No podía creer que fuera cierto lo que había escuchado. Me asaltó el pánico. Deseaba ponerme de pie y gritar: «¡Gary, espera un minuto! ¿Qué estás diciendo? ¡Me he preparado durante meses para hacer otra cosa! Además, ¡no hay tiempo suficiente para pedir las páginas y páginas del test y de las notas para distribuir entre los oyentes que se necesitan para un grupo de este tamaño!»

Mientras Gary continuaba hablando, yo podía ver cuál era su intención. ¡No sólo estaba pensando lo mucho que ayudaría este test a los concurrentes, sino que además estaba tratando de obtener respaldo para mi clase optativa de la tarde y convertirme en un éxito instantáneo en Forest Home!

Antes de que pudiera tener la valentía (o la inteligencia) de pegar un salto y decir algo, Gary concluyó su presentación con otro llamado emotivo a que todos concurrieran a mi sesión. Fueron tantos sus halagos, que cualquiera que hubiera decidido no asistir a la clase optativa habría sido catalogado de introvertido o psicópata.

A pesar de que me sentía entumecido de la cabeza a los pies, con un esfuerzo hercúleo me dirigí trastabillando para ver si Gary estaba con un ataque de locura. Quizás eso había sido lo que lo había llevado a decir lo que había dicho. Camino al escenario, multitudes de personas pasaban a mi lado, me daban un golpecito en la espalda y decían cosas tales como: «¡Ah, no veo la hora de que comience tu sesión!» y «Teníamos pensado ir a dar una vuelta en Jeep esta tarde, pero hemos decidido cancelar el paseo para escuchar tu charla». Por fin, cuando llegué al lugar donde se encontraba Gary, ya había recibido diez veces más opiniones positivas de las que hubiera escuchado después de una de mis charlas. ¡Y eso que aún no había abierto la boca!

Como un candidato a presidente que barre con los delegados de un estado a otro, yo estaba atrapado en un momento extraordinario creado por las expectativas de las personas. Y cuando por fin hablé con Gary, él me animó aún más.

«Tú puedes hacerlo, John», me dijo. «No necesitas el test en sí para repartir entre la concurrencia. Tan sólo explica lo que dice y arréglatelas sobre la marcha. ¡Sé que será espectacular! Ahora, ¡al ataque, muchacho!»

Cuando Gary terminó conmigo, yo estaba listo para ir corriendo al escenario para comenzar. El intervalo de una hora y media entre el almuerzo y mi clase optativa no parecía tener fin. Me figuré que mi presentación cambiaría vidas, restauraría matrimonios y sanaría todos los problemas entre padres e hijos que se puedan imaginar.

Además, tuve la fantasía de que el director del campamento vendría luego. Allí estaría yo sobre el podio, tratando de no vanagloriarme mientras me deleitaba con el atronador aplauso de una segunda ovación de pie; no, perdón, de una tercera. Me daría la mano, al mismo tiempo que me ofrecería una invitación permanente para dar charlas todos los veranos en Forest Home.

Mientras aguardaba a que todos regresaran del almuerzo, me paseaba de un lado a otro, pensando en qué diría cuando me presentaran el premio al mejor orador del año. En cambio, tendría que haber estado aterrorizado por el problema en el que me había metido. Con el talento y los años de experiencia que tenía, Gary podría habérselas «arreglado sobre la marcha». Y la gente se hubiera ido pensando que esa charla había sido la mejor de toda la semana. Mi error fue pensar que yo tenía la capacidad para obtener esos mismos resultados.

Me había preparado durante meses para recibir e instruir a un pequeño grupo en un salón de clases. Pero, de golpe me encontré viendo con horror como más de 500 personas se agolpaban en el auditorio principal. Casi todos habían cancelado las actividades de la tarde: paseos a caballo, golf, paseos en familia o una siesta, para venir a escuchar lo referente a un test que les cambiaría la vida.

Y no sólo estaban los campistas de Forest Home y el personal del mismo, sino que mucha gente había llamado a sus amigos que vivían en pueblos cercanos para que vinieran a la sesión. Los automóviles atestaban la playa de estacionamiento, del cual brotaban ríos de gente que se encaminaba al auditorio para escuchar esta sesión «increíblemente importante». En vez de enseñar una clase optativa a un grupo reducido de gente, ¡daría una charla frente a uno de los grupos más grandes de todo el verano!

En la primera fila estaban el director y el personal del campamento, mi esposa y mi hija. Muchas de las personas que se encontraban en el salón atestado de gente habían salteado el almuerzo y estaban allí sentadas hacía una hora para guardar asientos para amigos y familiares.

Cuando subí al escenario y dirigí la mirada al mar de gente, se apagó la charla animada de la multitud y se hizo un gran silencio expectante. Como el momento en que aguardamos que se dé el puntapié inicial en un partido de fútbol o cuando escuchamos la primera nota del último concierto de un cantante legendario, podíamos sentir la electricidad en el aire: una electricidad que no tardaría en convertirse en un inmenso shock. Era mi oportunidad única para satisfacer mi destino como orador público y pasar a formar parte del grupo de los grandes oradores. Pero, de repente, me di cuenta de que estaba en un grave problema.

La calma que había descendido sobre el auditorio cuando comencé mi mensaje, de golpe se convirtió en un silencio de muerte. Cuanto traté de explicar en qué consistía el test: *si lo tuviéramos aquí para distribuir entre ustedes*, y qué había en los sobres: *si hubiéramos podido sacar fotocopias*, pude darme cuenta de que el humor y las expresiones faciales de la gente pasaban de sorpresa… a incredulidad… a shock… a una intensa aversión.

La gente que se encontraba en las márgenes del auditorio comenzó a ponerse de pie y marcharse. Algunos, sentados en las primeras filas, comenzaron a golpear el piso con los pies. Durante una hora, sufrí el abuso emocional del público restante que no me quitaba los ojos de encima. Yo sabía que cada par de ojos tenía una boca. Con ella, les contarían a sus amigos y familiares que habían decidido cancelar sus actividades al aire libre para sentarse bajo techo y aguantarme a mí. Después de más de una hora, terminé por fin de explicar el test. Les dije a todos que podían irse, a menos, por supuesto, que tuvieran alguna pregunta que hacer.

Mi primer error fue aceptar hablar sobre un tema que no había preparado. Mi segundo error fue molestarme en averiguar si había alguna pregunta. La única pregunta era por qué se había molestado el director del campamento en invitarme. Cuando la gente se aglomeró para salir, me miraban de la misma manera que los habitantes de Paris miraban a la escoria nazi que había tenido la ciudad cautiva por tantos años.

No bien concluí la clase, supe que no sólo había terminado la charla, sino que mi presencia en Forest Home había llegado a su fin. Además, no volvería a dar jamás una sola charla en el mundo libre. Después de difundirse las noticias de mi fiasco, ¡aunque los amenazara con una pistola, no recibiría una sola invitación más!

Mi esposa me ofreció la sonrisa más valiente que pudo. Pero ella era la única que estaba sonriendo. Si se hubiera tratado de la época de los vaqueros, me habrían arrancado de sus brazos para colgarme de la rama del árbol más cercano del lugar.

Mientras caminaba hacía nuestro bungalow para hacer las valijas, oraba que se abriera la tierra y me tragara de una sola vez. Luego recordé algo que multiplicó aún más mi dolor.

¡Éste era tan sólo el primer día del campamento!

No *podía* hacer las maletas y marcharme. La cena se serviría en una hora y media, ¡y tendría que entrar y enfrentarme con todos otra vez!

¡Y luego tenía la sesión optativa del día siguiente!

No existen palabras suficientes para describir mi sensación de vergüenza y humillación. Podía tan sólo imaginarme las palabras cortantes y las observaciones maliciosas que haría o pensaría la gente durante el resto de la semana.

Esperar a que terminara el campamento hizo que la época entre el 26 de diciembre y la siguiente Navidad me pareciera como un instante. En vez de las cuarenta o sesenta personas que hubieran normalmente asistido a mi sesión optativa el resto de la semana, le hablé a fila tras fila de asientos vacíos. Las pocas personas que vinieron fueron mi amada esposa, mi hija (la cual era demasiado pequeña como para protestar), y unas pocas mujeres con un corazón de simpatía y compasión semejante al de la Madre Teresa.

La semana finalmente terminó, y nuestro automóvil se arrastró del estacionamiento de regreso a Phoenix. En lo profundo de mi alma, sentía lo que la bomba atómica le había hecho a Hiroshima: mi clase optativa en Forest Home había destruido por completo mi carrera como orador.

Ya han pasado muchos años desde ese día de infamia en el sur de California.

Lo sorprendente es que hubo varios resultados positivos. Primero de todo, Forest Home debe haber continuado con una campaña activa de encubrimiento, porque las invitaciones para dar charlas no pararon de venir.[51] Además, Gary se sintió tan mal por lo ocurrido que tuvimos varias largas charlas que fortalecieron aún más nuestra relación, tanto personal como laboral. Esas charlas me ayudaron a darme cuenta de que la agonía de esa tarde había sido también mi culpa. Yo tendría que haberme puesto firme y explicado mis sentimientos al respecto. Reconocimos que ambos somos capaces de hacernos mutuamente esa clase de cosas.

Además, aprendí una magnífica lección sobre el optimismo versus la realidad. Existen algunas colinas tan escarpadas que pensar que podemos escalarlas no es lo sensato. Es mejor darnos cuenta de que *no* podemos hacerlo, empacar las maletas y tomar el ómnibus de regreso a casa.

Por último, tanto Gary como yo hemos obtenido unos de los mejores beneficios de esa experiencia. Pasaron años antes de que me invitaran nuevamente a Forest Home, pero casi todas las semanas utilizamos la frase: «Recuerda cuando estábamos en Forest Home». Es nuestra manera de recordar que no tenemos que hacer algo a menos que estemos preparados para hacer un trabajo excelente. Significa: «Reduce la velocidad», «No tenemos todos los datos necesarios», «Quizás no seamos realistas o seamos demasiado optimistas», o «Necesitamos pensarlo antes de decir que sí».

Esta imagen verbal dice todas esas cosas y aún más. Al ser transportados al recuerdo de un acontecimiento que hemos compartido, regresan los sentimientos también. Y la mezcla de palabras y sentimientos: la interacción del hemisferio derecho y el izquierdo de nuestro cerebro, afecta de inmediato nuestra conversación. Esos beneficios son nuestros, y todo gracias a que extraemos una y otra vez del Manantial del «Recuerdas cuando...».

En los capítulos previos, hemos visto cuán poderosas pueden ser las imágenes verbales, cómo las creamos y los cuatro manantiales de los cuales las extraemos. A pesar de ello, muchos dicen: «Son relatos extraordinarios. Pero aún no entiendo cómo puedo utilizar una imagen verbal con mi esposo (o esposa) y con mis hijos».

En la página siguiente, pasamos a un puente asegurado por cinco grandes pilares. Esos cinco pilares son los que apoyan a los matrimonios exitosos y plenos. Ahora echaremos una mirada específica a la manera en que un esposo o esposa pueden aplicar personalmente las imágenes verbales dentro del matrimonio para que desaparezcan las diferencias y haya mayor intimidad.

¿CÓMO PUEDEN LAS IMÁGENES VERBALES AYUDAR A MI MATRIMONIO Y VIDA FAMILIAR?

CAPÍTULO ONCE

Los pilares que apoyan a los buenos matrimonios: Primera parte

Algunos años atrás, tomamos un avión para ir a hablar en una conferencia en el sur de Missouri. Habíamos escuchado en las noticias que fuertes vientos y lluvias torrenciales habían estado azotando la región norte del estado durante varios días. Sin embargo, nunca se nos ocurrió que, camino a nuestro destino (muchas millas al sur), nos encontraríamos cara a cara con las peligrosas secuelas de la tormenta.

Cuando aterrizamos a la tarde, el día estaba claro y despejado. Luego tomamos un servicio de enlace para recoger nuestro automóvil de alquiler. Aparte de unas pocas nubes, parecía que habíamos escogido la noche ideal de primavera para hacer el primer tramo del viaje. Cuando salimos, nuestra predicción era que podríamos completar el viaje en dos horas.

Sin embargo, la tormenta que había azotado la zona al norte de donde estábamos nosotros había causado grandes estragos, dejando una estela de peligros a su paso. Los campos se habían transformado en pequeños lagos, los cuales desembocaban en los ríos ya anegados de agua. Pronto, ¡todos los ríos con sus principales afluentes desbordarían de tantos días de lluvia y de lodo y fluirían arrolladores hacia un puente que estábamos a punto de cruzar!

Los últimos rayos del sol estaban esfumándose en la oscuridad. Entonces llegamos a una colina y avistamos un pequeño puente a menos de media milla de distancia. De repente, se encendieron las luces de los frenos del coche que teníamos delante. El automóvil comenzó a colear mientras que su conductor hacía todo lo posible para detenerlo.

Rápidamente bajamos la velocidad y nos acercamos a donde se había detenido el vehículo. Fue entonces cuando vimos lo que nos hubiera ocurrido. Allí delante de nosotros, las aguas rugientes habían vencido una de las columnas del puente. Siete pilares habían sostenido el peso del puente durante años. Pero en la hora previa, la columna central se había movido, haciendo que todo el puente se ladeará peligrosamente hacia un lado.

Nos bajamos del coche y observamos lo que había sido siempre un río calmo y tranquilo, dándonos cuenta de cuán cerca habíamos estado de una catástrofe. Para el conductor delante de nosotros, lo único que lo separaba del lugar donde se hubiera caído en un río abarrotado de desechos eran unos pocos metros. Si no hubiera detenido su vehículo, no hay duda de que el río se los habría tragado a él y a su coche.

De manera dramática, aprendimos una lección importante sobre la construcción de puentes. Lo que aprendimos fue que los puentes no son más fuertes que los pilares que los sostienen. Y ésta es una verdad que se aplica también a los matrimonios.

Cómo construir un puente de intimidad para que no se lo lleven las aguas

Durante años hemos aconsejado a cientos de parejas. En todas nuestras entrevistas, nunca conocimos a un esposo o esposa que no quisieran construir un sólido puente de intimidad. Sin embargo, después de algunos años, muchos esposos y esposas están solos, abandonados a su suerte: uno se encuentra a un lado de un río atestado de problemas; el otro, en la orilla opuesta del mismo. Entre ellos se encuentra el moribundo sueño de intimidad: desmoronándose, retorciéndose y cayendo al torrente de la amargura.

Los matrimonios que se construyen sobre
el pilar de la seguridad pueden soportar mejor
las inevitables tormentas de la vida.

¿Les gustaría evitar esa clase de angustia en su matrimonio? ¿Les gustaría construir una base sólida de valiosas comunicaciones que pueda soportar todas las tormentas? Nosotros hemos visto que los matrimonios satisfactorios e íntimos están apoyados en un mínimo de cinco pilares importantes. Si los hemos enterrado profundamente y revestido del cemento del compromiso incondicional, estos pilares podrán soportar todas las pruebas y todas las desilusiones. Pero si uno de los cinco comienza a desmoronarse, los sueños del matrimonio podrían flaquear.

Seguridad: Una cálida manta de amor… y el mejor regalo de cumpleaños de todos

El primer soporte estructural para las relaciones significativas se encuentra en una sola palabra: seguridad. Los matrimonios construidos sobre el pilar de la seguridad pueden soportar mejor las inevitables tormentas de la vida. A la inversa, la inseguridad les puede causar mucho daño a los matrimonios, haciendo que toda su estructura tambalee y caiga.

¿Qué queremos decir? Queremos decir que la seguridad es la garantía de que alguien está comprometido a amarnos y valorarnos por el resto de nuestra vida. Es la constante noción de que no importa qué dificultades tengamos que enfrentar, nos esforzaremos por resolver juntos los problemas. Seguridad significa que estamos totalmente entregados a la verdad y dispuestos a ser corregidos.

En nuestro libro para matrimonios: *If Only He Know,* decimos que el amor, en sí, es una decisión, no un sentimiento. De modo que una de las cosas más amorosas que podemos hacer como esposos y esposas es añadir seguridad al matrimonio.

Para descubrir cómo pueden las imágenes verbales ayudarnos a lograr ese objetivo, examinemos un regalo especial que le hizo una mujer llamada Carlota a su marido. Durante años, ella había visto como las dudas y los miedos irrazonables se estrellaban contra el pilar de la seguridad en su relación. Sin embargo, en un lapso de cinco minutos, envió esos sentimientos de inseguridad río abajo.

La inseguridad a nuestra puerta

El marido de Carlota, Alan, ya había estado casado una vez. Cuando estaba en el colegio secundario, se había enamorado perdidamente de la muchacha que habría de convertirse en su esposa. La amó de esa manera hasta que ella pereció cuando tenía apenas treinta y dos años de edad. Durante los nueve años siguientes, Alan vivió aislado hasta que, un día de primavera, la conoció a Carlota. Ella era una bonita rubia pequeña con ojos muy pícaros y llena de energía. Su constante sonrisa y radiante personalidad lo hicieron sentirse diez años menor. Para él, la relación sacó a la luz sus esperanzas ya olvidadas, desenterró sus sentimientos ocultos de amor, y erradicó su profunda soledad.

Después de un largo noviazgo, se casaron en la iglesia del pueblo natal de Carlota. Alan trató por todos los medios de alentar y respaldar a su esposa con amor. Cuando ella estaba demasiado ansiosa, trataba de calmarla. Una y otra vez enaltecía sus logros, tanto los pequeños como los grandes. Y se preocupaba por señalar las áreas de su vida donde ella tenía que crecer. Incluso la ayudó a ir tras un sueño de toda su vida: dejar de trabajar por un tiempo para concurrir a la universidad. Así que tomó un segundo empleo para hacerse cargo del déficit económico. Esos esfuerzos por parte de él le permitieron a Carlota estudiar sin tener problemas financieros, además de abrir el camino para que ella pudiera ganarse un diploma con honores.

De muchas maneras, Alan era el esposo modelo. Sin embargo, por mucho que lo intentara, nunca se sintió totalmente seguro en la relación. El problema no era la falta de compromiso: él había prometido amarla toda la vida. Por su parte, Carlota nunca le había dado razones para que él dudara de su fidelidad. Vez tras vez, ella realizaba esfuerzos por expresarle su amor y dedicación.

No obstante, Alan sentía mucho miedo en lo más profundo de su corazón. Después de que su primera esposa se había muerto de cáncer, tenía miedo que lo mismo le ocurriera a Carlota. Y como ella tenía una personalidad alegre y vivaz, aparte de tener diez años menos que él, se sentía seguro de que algún día lo dejaría para ir tras un hombre más joven, más apuesto y con un *título universitario*.

Cada vez que caminaba por el pasillo de su casa, no podía dejar de pensar que el diploma de Carlota recién enmarcado hacía que su certificado de la escuela industrial se viera como algo despreciable. Y, por más que lo intentara, no podía dejar de pensar que un día sus temores se harían realidad. Para empeorar aún más las cosas, sus nueve años de pena se veían agravados por las viejas imágenes y una nueva capa de dolor.

Como una astilla que penetra cada vez más profundo, su acuciante inseguridad era algo que lo irritaba emocionalmente cada vez más; hasta que llegó el día en que cumplió cincuenta años. Ese día, su esposa le dio el obsequio de una imagen verbal que hizo que sus dudas y sus miedos se desvanecieran en un instante.

Las semanas anteriores a su cumpleaños, Alan evitó toda mención a ese día de infamia. Había cumplido cuarenta sin mayores incidentes, ¿pero cincuenta? ¿Podía ser realmente tan viejo?

Cuando llegó por fin el día tan temido, en parte estaba contento de que Carlota no había mencionada nada sobre su cumpleaños antes de irse a trabajar. Pero, por otra parte, sentía el aguijón de su inseguridad, tratando de arañar y penetrar sus miedos y sus dudas.

La voz interior le decía: *Por supuesto que ella no mencionó nada sobre tu cumpleaños esta mañana. Siente tanta vergüenza de tu edad como la que sientes tú. ¿No te das cuenta de ello? Ahora que tienes cincuenta años, ¿qué le puedes realmente ofrecer?*

Esos pensamientos hicieron que Alan se quedara hasta tarde en el taller. Y, cuando por fin se fue a casa, los mismos sentimientos anteriores disminuyeron la velocidad de sus pasos hacia el automóvil. Luego, tomó el camino largo para llegar.

A pesar de ir despacio, llegó, como siempre, antes que Carlota. Todo se veía normal. El diariero había errado su intento de tirar el diario en el porche delantero, y un alto de cartas suplicaban que las tomaran. Y, con la misma certeza con que todos los días sale el sol, su envejecido perro lo estaba aguardando delante de la casa. Se sacudía con entusiasmo y movía la cola como si estuviera tratando de quitársela de encima.

Alan amaba a su perro: era lo único que aún lo unía a sus años de felicidad con su primera esposa. Cuando ella falleció, en esos días oscuros de dolor cuando él se sentaba a la noche en el porche trasero y lloraba, su amigo callado de grandes ojos color café le acariciaba la pierna con el hocico. Alan estaba seguro de que su perro podía sentir su dolor, y que su presencia le brindaba consuelo a su quebrantado corazón.

Al entrar a la casa, Alan se detuvo para acariciar la cabeza de su perro y ver como sonreía en éxtasis mientras le rascaba debajo del hocico. Luego, después de recoger el periódico y las cartas que habían llegado por correo, abrió la puerta y buscó el interruptor de la luz. Pero, antes de poder hacerlo, otra luz se encendió y una multitud de familiares y amigos se abalanzaron desde sus escondites.

—¡Sorpresa! —le gritaron—. ¡Ya era hora de que llegaras aquí!

Esa noche, entre bromas y diversiones, hubo momentos emotivos también. Cada uno de los invitados le escribió un tributo, dando testimonio de su espíritu afectuoso que había tocado la vida de todos los presentes alguna vez. Pero Alan nos contó que Carlota le había dado el mejor obsequio de todos: un obsequio que no sólo ayudó a disolver sus miedos e inseguridades, sino que también había logrado reemplazarlos con una confianza a prueba de todo.

Comenzó cuando ella hizo un gesto para pedirles a todos que hicieran silencio. «Me llegó el turno para entregarle mi regalo a Alan. Está dividido en dos partes».

Primero, le entregó una caja que contenía un reloj pulsera. Todos aplaudieron y celebraron el obsequio, mientras él se los enseñaba a todos.

«Se trata de algo que sé que hace tiempo necesitas. Cada vez que lo mires, quiero que pienses en mí», dijo con brillo en los ojos. «Pero tengo otro obsequio para ti: una pequeña historia que deseo relatarte delante de tus familiares y amigos».

«Nunca te conté esto de mí, pero me imagino que siempre he sido como un cachorro hiperactivo de cocker; uno de aquellos que están siempre saltando y metiéndose en lo que no debieran», comenzó.

Alrededor de la sala, los invitados asentían con la cabeza y sonreían. Todos los presentes sabían que aun en su día de descanso, ella era un remolino de actividades. Básicamente, Carlota vivía como a la espera de una celebración.

«Sin embargo, me crié en un hogar donde ser un cocker no era aceptable. Nunca fui de su agrado y siempre me hacían sentir como que debería ser diferente. Nunca me peinaron ni cepillaron, y cada vez que saltaba para que me prestaran atención o me metía en cosas que no debía, me tiraban al suelo y me ponían un collar que me asfixiaba».

Luego prosiguió: «No les voy a dar todos los detalles, pero cuando estaba en el colegio secundario, las cosas se pusieron peor. Llegó un momento en que me llegaron a decir que era un perro mestizo sin ningún valor. Hasta me metieron en un automóvil y me llevaron al refugio para animales de la zona y me dejaron allí».

Me escapé antes de que pudieran agarrarme. Pero durante años, he estado vagando por las calles, creyendo que jamás nadie podría amarme como lo que soy: un cocker».

«Luego, un día, Alan me vio caminando, con mi pelo enmarañado y apelmazado, y dulcemente me levantó del suelo. No sé cómo, pero él creyó que debajo de todo ese pelo sucio y enmarañado había un perro de raza pura. Y luego me trajo a su casa. Me lavó y me cepilló el pelo, e incluso me puso un hermoso moño en el cuello».

«Toda la vida me hicieron creer que era un pobre perro. Pero cuando pude ver cuánto me cuidaba Alan y creía en mí, comencé a pensar que quizás, después de todo, tenía mi pedigrí».

Carlota hizo una pausa para alisarse el cabello. Una rápida mirada por la sala le indicó que tenía la atención de todos, especialmente la de su esposo.

«Estos últimos seis años, me han amado y protegido. He descubierto incluso que tengo un amigo con quien vivir el resto de mi vida. Hay días en que el cachorro que llevo dentro aún sale y corre y, sin querer, tira cosas al suelo. Pero incluso en esos momentos, en vez de azotarme y tirarme fuera, me siguen amando aún», dijo, mirando a Alan a través de las lágrimas.

«Después de años de sentirme como una raza mestiza, por fin tengo un hogar donde alguien piensa que soy un campeón de pura raza. Por fin existe un lugar donde no me tengo que preocupar de cambiar y ser alguien que no soy».

«Alan, sé que tú eres quien cumple años y recibe obsequios, pero yo siento que he recibido el obsequio más grande de todos. Porque todos los días, vivo con un hombre que me dice de todas las maneras posibles: 'Nunca jamás te sacaré de mi casa para ponerte de nuevo en la calle'. Cariño, te amo con todo mi corazón».

Carlota no había pasado siquiera una hora pensando y practicando su imagen verbal, tomada del Manantial de la Naturaleza. Sabía que Alan amaba los animales, especialmente a su perro. Al principio, ella pensó que su historia no sería más que un toque especial para la fiesta sorpresa. Sin embargo, para Alan fue mucho más que eso: lo conmovió de tal manera que los seis años de inseguridad y temor se desvanecieron.

Cuando se trata de construir un puente de intimidad en su matrimonio, ¿en qué estado se encuentra el pilar de la seguridad? Si le preguntaran a su esposo o esposa, sin ninguna presión ni amenazas, cuán seguros se sienten en la relación, ¿qué les contestarían?

¿Por qué no les preguntan, en una escala del uno al diez, cuán seguros los hacen sentir las acciones y las actitudes de ustedes? Si el «1» equivale a una total inseguridad y el «10» equivale a una completa seguridad, ¿qué número escogerían? ¿Les han preguntado alguna vez que tendrían que hacer ustedes durante los siguientes seis meses para que ellos se sintieran más seguros o qué tendrían qué hacer para mantener ese sentimiento, si es que ya lo hubieran alcanzado?

Si el pilar de la seguridad es de arenisca, el puente entre el esposo y la esposa no soportará ningún torrente de agua. Si, para fortalecer la autoestima de su esposo o esposa, ustedes utilizan imágenes verbales, no sólo los ayudarán a descubrir una mayor confianza, sino que apuntalarán su matrimonio con pilares de granito.

Por supuesto, nos damos cuenta de que este lenguaje del amor no es suficiente. Las imágenes verbales tienen que estar vinculadas además con acciones diarias que fomenten confianza, honestidad y certidumbre. Algunos de nuestros libros ofrecen instrucciones detalladas sobre cómo desarrollar ciertos rasgos específicos para infundir una seguridad duradera al matrimonio.[52] Si faltan estos elementos esenciales en su matrimonio, estos libros podrían servirles de manuales prácticos para la reconstrucción del mismo.

Sin embargo, a pesar de que las acciones hablen más fuerte que las palabras, estas últimas son muy importantes para un matrimonio sano. Sencillamente, nuestro esposo o esposa necesitan *escuchar* que los apreciamos y les tenemos que *decir* que los amamos. La mejor manera de expresar nuestro aprecio y nuestro respaldo es mediante las imágenes verbales, ya que ellas siembran palabras de seguridad en su corazón. Y recuerden que ellas lo logran de diversas maneras.

En el caso de Alan, su esposa utilizó el lenguaje del amor para alabarlo, y su expresión de estímulo sobrepasó sus expectativas. En otros ejemplos anteriores, hemos visto que la mejor manera de corregir una situación es mediante las imágenes verbales.

¿Recuerdan a Jaime y Susana? Ambos relataron una historia que hizo que el otro comenzara a llorar.[53] A pesar de que las lágrimas que derramamos cuando escuchamos palabras insensibles o llenas de ira pueden socavar la seguridad de nuestro matrimonio, ellas pueden actuar como pegamento para adherir amor y compromiso a la relación.

Algunos de nosotros tenemos que detenernos ahora mismo para examinar de cerca nuestras acciones cotidianas. Tenemos que mirar con objetividad para decidir si estamos fortaleciendo o tirando abajo la seguridad en nuestro matrimonio. Este examen podría llevarnos a adquirir más información y conocimientos prácticos con los cuales aumentar nuestra seguridad, o podría instarnos a visitar un pastor o consejero para enriquecer nuestro matrimonio.

Una vez que hayamos hecho todo lo necesario para establecer este primer pilar, tenemos que examinar la segunda columna de sostén de los matrimonios saludables: las comunicaciones significativas. Las imágenes verbales les calzan a medida.

Las comunicaciones significativas: conversaciones íntimas y francas

La palabra «comunicación» deriva del latín: *communis*. De ésta última, se obtiene la palabra «común».[54] Expresado de otra manera, si una pareja desea alguna vez comunicarse eficazmente, tienen que encontrar un terreno en común donde salvar las diferencias.

En el capítulo 4, descubrimos que existen suficientes diferencias naturales entre los sexos como para atorar un caballo; o un matrimonio. Al mismo tiempo descubrimos que una de las maneras más efectivas de salvar esas diferencias es mediante las imágenes verbales. Por esta razón, y por todas las demás, tendríamos que utilizar las imágenes verbales en las comunicaciones para:

- Aumentar la claridad y nitidez de nuestras conversaciones
- Atraer la atención de los demás
- Capturar sus emociones
- Lograr que los demás recuerden nuestras palabras
- Reemplazar las imágenes en blanco y negro por imágenes en colores; y mucho más

Las imágenes verbales son esenciales para crear intimidad y resolver los conflictos. Cuando dominemos este lenguaje del amor podremos lograr una charla clara y poderosa.

La seguridad y las comunicaciones significativas son necesidades esenciales para que exista un puente de intimidad. En el siguiente capítulo, examinaremos los tres pilares restantes que le brindan apoyo a las relaciones valiosas. Erigidos en lo profundo del suelo de nuestro matrimonio, sostendrán años de peso sin derrumbarse jamás.

CAPÍTULO DOCE

Los pilares que apoyan a los buenos matrimonios: Segunda parte

Se necesitan tres pilares más para salvar las diferencias y desacuerdos durante el ciclo de la vida matrimonial. Como hemos visto en nuestros ejemplos anteriores, todo matrimonio exitoso decide mantener una llama viva: una llama que puede ser encendida y avivada por las imágenes verbales.

Los momentos emotivos y románticos: cómo crear un ambiente que fortalezca los vínculos afectivos

A veces nos parece que mantener viva la llama del amor no es tan importante como la seguridad o las comunicaciones significativas. Pero lo es. Este tercer pilar de apoyo puede ayudarnos a estabilizar nuestro hogar, principalmente en los momentos de crisis.

Esto no significa que una pareja tenga que pasarse todos los fines de semana cenando a la luz de las velas. (¡En muchos hogares, los niños las apagan, le tiran agua encima o se las comen antes de siquiera terminar de cenar!) Lo que queremos decir es que las parejas sabias conocen la importancia del romance dentro de la pareja. Tomemos, por ejemplo, a Ricardo.

Cuando fue lo suficientemente grande como para ponerse de novio, su mamá le explicó la importancia del romanticismo en el matrimonio. Después de ver toda su vida las cosas cariñosas que su papá había hecho por su mamá, y la relación íntima que tuvieron como resultado, aceptó su consejo.

En el colegio secundario, hacía un esfuerzo por ser cortés con las muchachas y regalarles flores para las grandes ocasiones. Trataba de recordar los cumpleaños de manera especial y enviaba tarjetas para celebrar algún logro. Después de graduarse, cuando miró los ojos azules de una joven en su clase de inglés del primer año de la universidad, se dio cuenta de que su práctica estaba por recibir su tan merecido premio.

Durante los años del noviazgo, sus constantes notas, tarjetas, flores y citas creativas con Nancy eran el preludio romántico de toda una vida llena de amor. En el último año de estudios, cuando llegó el momento de proponerle matrimonio, lo hizo de una manera muy inesperada.

Eran las vacaciones de fin de año, y Ricardo la había acompañado a Nancy a la casa de sus padres para pasar las fiestas allí. Se dio cuenta de que ella estaba esperando que él se le declarara en cualquier momento, pero él tenía otros planes.

El día anterior a la partida, Ricardo había comprado el anillo de compromiso. Cuando chequearon el equipaje en el mostrador de la aerolínea, él desbordaba de entusiasmo. Pero cuando se acercaron a la puerta de embarque, lo asaltó el pánico. Sabía que el anillo que estaba en su bolsillo haría sonar el detector de metales. La alarma lo obligaría a vaciarse los bolsillos, y se frustrarían todos sus planes.

Afortunadamente, el detector mantuvo el secreto y prosiguieron a embarcar. Aún después del embarque, Ricardo estaba tan nervioso como alguien a punto de ser papá. No bien se sentaron, se disculpó para ir al baño. En realidad, se fue hacia la cocina del avión. Temblando de pies a cabeza, se acercó a la auxiliar de vuelo más cercana y, con torpeza, le puso la caja negra de la joyería en la mano. ¡Pero estaba tan nervioso que la azafata se asustó y se la tiró de vuelta! Por fin, después de asegurarle de que no se trataba de un explosivo, la convenció de que cuando le sirviera a Nancy la cena, colocara el anillo de compromiso sobre su plato en vez de la comida.

Las auxiliares de vuelo mantuvieron perfectamente el secreto. En ningún momento la trataron a Nancy de manera especial. De modo que ella no se dio cuenta de nada. Una vez que acomodaron a todos los pasajeros, el avión levantó vuelo. Al rato comenzaron a servir lentamente la comida.

Nancy se sentó entre una señora mayor, sentada junto a la ventana y Ricardo, sentado junto al pasillo. La auxiliar de vuelo le sirvió la cena a la señora mayor primero, luego a Ricardo, y luego hubo un larga pausa. Cuando Nancy por fin se dio cuenta de que algo andaba mal y miró hacia arriba, vio que toda la tripulación de a bordo rodeaba su asiento. Sonriendo de oreja a oreja, le colocaron una canasta confeccionada con papel de aluminio delante de ella. Dentro de la misma se encontraba la pequeña cajita de la joyería. Cuando Nancy la abrió, soltó un grito de sorpresa.

LOS PILARES QUE APOYAN A LOS BUENOS MATRIMONIOS; SEGUNDA PARTE *117*

«Sí, ¡me quiero casar contigo!» dijo, rebosando de alegría mientras lo abrazaba a Ricardo. La señora mayor, junto con toda la tripulación, comenzó a vitorearlos. Y, de repente, el intercomunicador comenzó a despertarse y se escuchó la voz del capitán que felicitaba a Ricardo y Nancy ¡e invitaba a todos los pasajeros a la boda! El avión completo se puso a aplaudir y reír, mientras que Nancy lloraba y reía al mismo tiempo.

Cada vez que relatan la historia de cómo se comprometieron en medio del cielo, Ricardo se ríe y dice que, desde ese momento, todo fue barranca abajo. Sin embargo, a medida que pasaron los años, el matrimonio se fortaleció cada vez más. De hecho, sólo fue igualado por el éxito de Ricardo en los negocios petroleros. Durante los años en que su negocio floreció, él continuó esforzándose por mantener el romance vivo en su pareja.

Después de contratar una niñera que se ocupara de los niños, él la «raptaba» a Nancy y la llevaba para celebrar toda fecha que fuera especial para ellos. O tomaba un osito de peluche, le colocaba una notita de «Te amo» y lo envolvía en papel aluminio. Luego lo colocaba bien adentro del congelador, junto con las sobras de comida y la carne, también envueltas en el mismo papel. A veces pasaban meses, pero tarde o temprano, Nancy escarbaba dentro del congelador, buscando algo para descongelar para la cena. Pero, en vez de encontrar un pollo o un trozo de carne, se encontraba con un osito congelado con la nota de amor de su esposo.

Ante los ojos de muchos de sus vecinos, eran la pareja perfecta. Luego, en un estado donde nunca cae el precio del petróleo, el mercado cayó de la noche a la mañana. En casi veinticinco años, Ricardo había acumulado una fortuna. Pero, en menos de veinticuatro meses, vio como los acreedores y las ejecuciones se llevaban todo el fruto de su trabajo.

Llegó un momento en que Ricardo, desesperado, hizo lo que nunca pensó que tendría que hacer jamás. Para poder realizar el pago mensual de su casa, tuvo que vender el añillo de brillantes de compromiso de Nancy para obtener dinero en efectivo.

Por fin, tuvo que dejar atrás el negocio del petróleo. Perdieron todo lo que tenían. Por primera vez desde que se habían casado, él dejó de hacer bromas. Con tanta presión y dolor debido a las pérdidas, sus actos románticos se redujeron prácticamente a la nada.

Sin embargo, cuando todo se veía horrible, le ofrecieron a Ricardo un prometedor empleo en otra industria. Poco a poco, a medida que la nueva compañía reconocía y apreciaba su talento, todo volvió a la normalidad. Pero pasaron dos años antes de que Nancy volviera a ver al Ricardo de antaño. Fue durante una cena en que estaban festejando su nuevo ascenso en la compañía.

Lo que hizo aquella noche fue tan romántico y significativo que a Nancy le pareció estar volando aún a mayor altura que aquella primera vez.

—Nancy, —le dijo Ricardo mientras que miraba por la ventana del restaurante las luces lejanas de la ciudad—, ¿no te parece que las luces se ven como diamantes esta noche?

Ella asintió y sonrió:

—Estoy contenta de estar de regreso aquí.

Cuando él estaba en el negocio petrolero, concurrían con frecuencia a ese restaurante. Varios años atrás, habían celebrado allí mismo la fiesta del aniversario de sus padres. Habían invitado a más de ochenta personas a una magnífica cena de celebración. Desde que habían perdido su negocio, ésta era la primera vez que habían vuelto allí.

Nancy absorbió la vista desde ese lugar tan alto sobre la ciudad. Era cierto, las luces titilaban como diamantes esplendorosos.

Justo en ese momento se acercó el mesero con el plato principal. Él y sus ayudantes habían estado tan atentos como en los años anteriores. Ella disfrutaba observando su talento. Siempre estaban cerca para llenar una copa o retirar un plato, pero nunca demasiado cerca como para interrumpir una conversación.

Ella había pedido su plato favorito. Se lo colocaron delante tal como lo recordaba: cubierto con una cúpula brillante de plata que el mesero retiraría con un rápido floreo. Pero, esta vez, cuando levantó la cubierta de plata para exponer su cena, todo lo que se encontraba allí era una pequeña caja negra de joyería.

Su mente tardó un instante en darse cuenta de lo que ocurría. Después de todo, ya habían pasado veinticinco años desde aquel día de su compromiso. Casi temerosa de tocar la caja, la tomó lentamente y con cuidado, la abrió. El añillo de compromiso que había recibido entonces había sido un hermoso diamante de un quilate. Ahora estaba contemplando un magnífico diamante de dos quilates, rodeado por una multitud de pequeños diamantes en miniatura.

Ricardo tomó la mano de su esposa. «Nancy», le dijo, con la voz llena de emoción, «tú eres como este diamante: bella, exquisita, preciosa. Tienes muchas facetas que adoro: tu calidez, tu fidelidad y tu bondad. En cada situación que enfrentamos, una de tus facetas captura un rayo de luz y lo envía de regreso para que me ilumine. Incluso durante los momentos más difíciles, tú buscas la luz, el bien, la palabra o acto de estímulo, tomas esa luz y la reflejas sobre mí, proyectando un hermoso arco iris. Eres el tesoro más preciado que me haya dado Dios.

«El día más feliz de mi vida fue cuando te regalé tu primer añillo de brillantes. El peor día de mi vida fue cuando lo tuve que vender. Cada vez que mires tu nuevo añillo, deseo que recuerdes que él representa lo que siento por ti. Feliz aniversario, mi querida, aunque un poco anticipado».

Faltaban todavía ocho meses para su aniversario, de modo que el obsequio la tomó completamente por sorpresa. Una vez más, las personas que llenaban el restaurante habían escuchado que se acababan de «comprometerse», de modo que comenzaron a aplaudir. Pero, en el mismo momento en que ella alcanzó el punto máximo de emoción, cayó en la cuenta del precio real de ese anillo.

—Ricardo, —le dijo algo temblorosa, como despertándose de un largo sueño—, todo esto me conmueve, pero… ¿de dónde sacaste el dinero para comprarlo?

—Sabía que me lo ibas a preguntar —le dijo con una sonrisa—. Vendí a uno de los niños.

—No, en serio, deseo saber, —le dijo Nancy con algo de temor.

Aun cuando ya no tenían lobos llamando a la puerta, sabía que él no podía incurrir en ninguna deuda para comprar semejante anillo tan hermoso.

—Bueno, le pedí el dinero a mi papá.

—¿Hiciste *qué*?

Ni siquiera en los peores momentos, Ricardo le había pedido ayuda a su padre. Su papá había sido un exitoso hombre de negocios y les habría dado todo lo que tenía. Pero Ricardo había preferido arreglárselas solo y había rehusado la ayuda de su papá.

«Viste el juego de pistolas que heredaría después de la muerte de Papá; ¿el que nunca usa? Bueno, tuvimos una larga charla el otro día, y como nadie sale más a cazar, lo vendí para tener el dinero para el anillo. Un buen trueque, ¿no crees?»

El padre de Ricardo había sido un ávido cazador y tenía una colección de escopetas que valían varios miles de dólares. Era un tesoro personal que pensaba dejarle a su hijo. En su mente, Nancy se los imaginaba comportándose como niños, conspirando para comprarle el anillo. Ricardo había heredado su jocosidad y romanticismo naturalmente: provenían directamente de su papá.

Saber que ambos habían sacrificado algo precioso para comprar el anillo, la abrumaba. No le quitaba los ojos de encima al diamante, sabiendo que simbolizaba un amor que sobrepasaba todo precio real.

Las palabras de Ricardo penetraron el corazón de Nancy, ya que él había utilizado un objeto y una imagen verbal para comunicarle su amor. Sus palabras, junto al símbolo visual de su amor, crearon una imagen duradera en la mente de Nancy. Cada vez que veía el arco iris que emanaba del diamante, escuchaba las palabras de afirmación de su esposo, las que le daban su calor, aumentando la confianza y fortaleza de su matrimonio. El anillo y las palabras de Ricardo serían un eterno recordatorio de cuánto la valoraba, y de su manera tan especial de añadir romanticismo y nuevas ideas al matrimonio.

Claro que la mayoría de nosotros no poseemos una colección de escopetas para cambiar por un anillo de brillantes que encienda una velada romántica. Pero existe un tesoro invalorable que podemos dar a nuestro cónyuge y que apenas nos cuesta el aire que respiramos. Tan sólo tenemos que extraer una imagen verbal de uno de los cuatro manantiales. Durante siglos, cuando se trata de generar romance en una relación, tanto hombres como mujeres han visto cómo sus palabras se convierten en oro puro.

Consideremos, por ejemplo, al Rey Salomón y su esposa. Escuchen las imágenes verbales que capturaron su corazón:

Tus ojos, tras el velo, son dos palomas…
Tus labios son cual cinta escarlata…
Tus mejillas… parecen dos mitades de granadas.[55]

Ella le ofrece una imagen verbal con un lenguaje de amor propio, diciéndole a su amado:
Cual manzano entre los árboles del bosque
Es mi amado entre los hombres.
Me encanta sentarme a su sombra;
Dulce a mi paladar es su fruto.[56]

O escuchen a Romeo y Julieta, creaciones de William Shakespeare. Sus palabras de amor, nuevamente captadas en imágenes verbales, han sido inmortalizadas durante generaciones. Romeo dice:
Pero suave, ¿qué luz irrumpe por aquellas ventanas?
Es el Este, y Julieta es el sol.[57]
(Versión libre)

Vean cómo apoya su mejilla sobre su mano.
¡O, quien pudiera ser un guante en esa mano,
Para poder tocar esa mejilla![58]
(Versión libre)

O consideren la imagen agridulce que tenía Julieta de su amor por Romeo; un amor que ella sentía que sobreviviría la muerte de él:
Dadme mi Romeo, y cuando yo muera
Tómenlo y córtenlo en pequeñas estrellas,
Y él hará que la faz de los cielos sea tan hermosa
Que todo el mundo se enamorará de la noche

¡Y no le pagarán ningún tributo al deslumbrante sol![59]
(Versión libre)

En una de las relaciones más románticas de la era moderna, Elizabeth Barret Browning y su esposo, Robert Browning, solían enviarse una imagen verbal tras otra. Un ejemplo perfecto de lo que ella escribía, comienza con las palabras citadas a menudo: «¿Cómo te amo? Déjame que cuente todas las maneras de hacerlo».[60]

En vez de contar todas las maneras de hacerlo, sabemos que algunos de ustedes, los hombres en particular, deben estar pensando: *¡Esperen un minuto! ¡Eso es poesía! ¿Me quieren decir que para poder ponerle romance a mi matrimonio tengo que lograr que mis imágenes verbales rimen? ¡Eso ya es demasiado!*

Si fuera eso lo que les estamos diciendo, ningún hombre tomaría este libro o crearía una imagen verbal jamás. Recuerden, la poesía y las bellas artes provienen del corazón y no de la mente. De modo que no les estamos pidiendo a los hombres con mentes prácticas que se conviertan en un Shakespeare para aportar romanticismo a la pareja.

*Los más grandes amantes de la historia fueron
aquellos que utilizaron imágenes verbales para
ganar el corazón de su pareja.*

Sin embargo, el tema permanece siendo válido. Los más grandes amantes de la historia fueron aquellos que utilizaron imágenes verbales para ganar el corazón de su pareja.[61] Así que no importa si lo que usan es una imagen verbal como Ricardo, con palabras directas, de todos los días, o un poema como Shakespeare, tanto en un caso como en el otro, estarán creando lazos de amor duraderos.

Recuerden, si Salomón fue lo suficientemente sabio como para darse cuenta de que una mujer se siente amada y segura cuando escucha palabras románticas, hagamos nosotros lo mismo. La seguridad, las comunicaciones significativas y los vínculos emocionales y románticos dan un fuerte respaldo a las relaciones íntimas, y la manera de lograrlo es con el lenguaje del amor.

Además de los tres pilares que hemos contemplado, existen aún dos más. Ambos pueden ayudar a sostener el puente de la intimidad, el cual permite a las parejas cruzar por encima de las aguas turbulentas y peligrosas de la inconsistencia y del desapego emocional.

El contacto físico: el lenguaje silencioso del amor

Todos los estudios realizados llegan a la misma conclusión. Una parte esencial de los matrimonios íntimos se encuentra al alcance de la mano. Entre muchos otros, un grupo de investigadores de la Universidad de California en Los Ángeles (UCLA) llegó a la conclusión que las caricias son de vital importancia para la formación y preservación de toda relación íntima. De hecho, las investigaciones han demostrado que la mujer, en particular, necesita recibir entre ocho y diez caricias todos los días para mantener su salud física y emocional.[62]

Como la mayoría de los esposos piensan con el hemisferio izquierdo del cerebro, y los contactos (como el romance y las comunicaciones significativas) son una actividad propia del hemisferio derecho, sería correcto decir que las necesidades de muchas mujeres quedan insatisfechas. Como resultado, fuera del dormitorio, las mujeres tienen que recurrir a sus hijos, parientes o amigas para que compensen la falta de caricias por parte del marido.

Muchos esposos no comprenden que cuando privan a su esposa de caricias no sexuales, abren la puerta para que venga otro hombre que satisfaga esa necesidad.[63] No es necesario dejar abierta esa puerta. Los hombres tienen que darse cuenta de que las caricias que más desea la mujer (más del ochenta por ciento) son las caricias sin connotaciones sexuales.[64]

Por ejemplo, tomarles la mano mientras se espera en fila para entrar al cine; frotarles la espalda sin que lo hayan solicitado; acariciarles el cabello (¡en la dirección correcta!) y abrazarlas con ternura son diferentes maneras de fortalecer la intimidad en una relación.

Las caricias suaves y constantes son una de las maneras más poderosas de incrementar los sentimientos de seguridad, mejorar la comunicación efectiva y preparar el escenario para fortalecer los vínculos afectivos y dar lugar al romance en la pareja. ¿Pero qué tienen que ver las caricias con las imágenes verbales? Mucho. Por ejemplo, un abrazo suave puede ser una de las *imágenes no verbales* de amor más poderosas.

Los estudios sobre las comunicaciones demuestran que los mensajes no verbales son en realidad más poderosos que los verbales.[65] Las caricias significativas tienen un increíble peso emocional, de modo que la imagen no verbal que deja un abrazo en la mente de una persona puede solidificar la relación; tal como le ocurrió a un hombre que nos llamó a nuestro programa radial.

Estábamos en uno de nuestros programas de radio favoritos en el sur de California. Se trataba de uno de esos programas donde los oyentes pueden llamar. Con su característica sensibilidad, el conductor del programa nos pidió que explicáramos un principio propio de las relaciones. Luego dijo a sus oyentes que llamaran para compartir sus problemas, realizar sus preguntas o añadir sus comentarios.

Acabábamos de explicar la importancia de las caricias cuando llamó un hombre al que llamaremos Jorge.

«Cuando tenía cincuenta y un años sufrí un severo ataque al corazón», dijo. «Me llevaron de urgencia al hospital, y como el ataque había sido tan grave, mi esposa llamó a mi padre para que viniera».

«Que yo supiera, mi papá nunca me había dicho que me amaba. Ni tampoco me había dicho que se sentía orgulloso de mí. Era un hombre callado, y siempre me había ayudado y respaldado en todo, pero me había ido de mi casa preguntándome si realmente me querría».

«Mientras yo estaba acostado en la cama del hospital, sin saber si podría sobrevivir el infarto, mi padre estaba volando para acudir a mi lado. Llegó al día siguiente, y cuando entró en mi habitación hizo algo que jamás, jamás olvidaré. Acercó una silla a mi cama, se sentó, y luego tomó mis manos en las suyas. Yo no me podía acordar si alguna vez me había abrazado o besado, pero mientras estuve allí acostado en la sala de terapia intensiva, con tubos por todos lados, él permaneció allí, sosteniendo mi mano».

Hasta ese momento, pensábamos que estábamos tan sólo escuchando otro ejemplo dramático de la imagen poderosa y simbólica del toque humano. No esperábamos escuchar lo que nos dijo a continuación.

«Aún me duele que mi padre no me haya dicho nunca que me amaba. Pero cuando estiró su mano para tomar la mía, expresó lo que nunca me pudo decir con palabras. Y era exactamente lo que yo necesitaba saber, porque dos días después de acudir a mi lado, tuvo un derrame cerebral y falleció».

Nos ajustamos los auriculares para estar seguros de que habíamos escuchado bien.

«Se suponía que yo era el que me moriría, pero me recuperé y fue mi padre quien falleció», nos dijo. «Cuando vino a mi cuarto de hospital, dejó atrás algo que siempre agradeceré. Cuando sostuvo mi mano, gritó las palabras que nunca había pronunciado: palabras de amor que vi reflejadas en sus ojos y sentí en sus manos».

Según su definición, las imágenes verbales involucran *palabras* reales.[66] Pero para este hombre, la caricia de su padre le dijo muchas cosas y dejo tras ella una imagen conmovedora de amor y aceptación. Esa imagen verbal sanó años y años de inseguridad y de dudas.

En un matrimonio podemos dejar también imágenes de amor duraderas. Nuestras suaves caricias, no importa cuán tenues sean, pueden impartir una imagen de compromiso y de aceptación incondicional que apoyen al matrimonio para toda la vida.

La seguridad, la comunicación, las experiencias románticas y emocionales, y las caricias son cuatro de los pilares sobre los que se construyen los matrimonios satisfactorios. Cuando los fortalecemos con imágenes verbales, podemos cubrir todas las diferencias y desacuerdos que arrasan con los votos matrimoniales de una pareja.

Existe un pilar del cual dependen todos los demás: el pilar de la intimidad espiritual. Sin él, las parejas pueden perderse el poder de Dios para transformar el corazón y la vida de las personas. Escuchen la hermosa imagen verbal, el coro musical que encontramos en la Biblia, la fuente de mayor inspiración de imágenes verbales:

> Dichosos todos los que temen al Señor,
> los que van por sus caminos…
> En el seno de tu hogar,
> tu esposa será como vid llena de uvas;
> alrededor de tu mesa,
> tus hijos serán como vástagos de olivo.[67]

¡Qué descripción increíble de las recompensas que aguardan a los esposos y las esposas que reciben fuerza de su fe en Dios! Nosotros estamos tan convencidos de la importancia de este apoyo matrimonial que hemos escrito un libro entero sobre ello. *Joy That Lasts*,[68] describe cómo encontrar una satisfacción sobreabundante. Dicha vida puede liberarnos de nuestro egoísmo y ayudarnos a construir un puente de intimidad que perdure para siempre.

Aquellos que disfrutan de un matrimonio íntimo, seguro y romántico han aprendido cómo construir puentes. Y, como hemos mencionado anteriormente, las imágenes verbales son las herramientas principales en el proceso. Son también cruciales para nuestros hijos. A partir de nuestra experiencia con nuestros propios hijos y con familias de todo el mundo, hemos aprendido que las imágenes verbales no son optativas: son un requisito. Para demostrar lo que queremos decir, dirijamos la atención a cómo pueden las imágenes verbales ayudar a las mamás y los papás. Sin duda, los padres que dominan el idioma del amor poseen la llave para abrir el corazón de sus hijos.

Nos hemos maravillado de la cantidad de veces que nuestros hijos han respondido a las imágenes verbales de alabanza, corrección y amor. Ésta es la razón por la cual, en el capítulo siguiente, compartimos la manera en que debemos utilizarlas para equilibrar dos prácticas cruciales propias de la crianza de los hijos.

CAPÍTULO TRECE

Cómo ascender como padres

En los últimos quince años, hemos visto que dos aspectos de la crianza de los hijos generan constante frustración y alteran la armonía del hogar. En lo que se refiere a consultas por carta, ellos ocupan el primer lugar. Además, nos mantienen ocupados durante los recreos en las conferencias.

¿Cuáles son estas dos preocupaciones de los padres? La primera es una palabra de diez letras que se ha convertido en una mala palabra en muchos hogares: disciplina. Los problemas de disciplina pueden crear una oscilación malsana entre los padres que todo lo permiten y los padres que imponen demasiadas restricciones. Pueden hacer que una madre se sienta como un agente de policía y que el padre suene como un disco rayado.

¿Acaso no existe una manera mejor de criar a nuestros hijos que alzando la voz? ¿No existe alguna alternativa a dar siempre la misma lección ya memorizada por ellos? ¡Hasta nos corrigen si salteamos alguna sección!

Nosotros les recomendamos con todo el corazón varios libros que tratan sobre el tema.[69] Sin embargo, cuando se trata de esta área tan importante de la crianza de los hijos, existe una herramienta que muchas veces pasamos por alto. Esta herramienta, una imagen verbal, atrapa las emociones de los niños y les transmite una perdurable convicción.

¿Les suena como algo demasiado sencillo? La próxima vez que se sientan tentados a aplicar sabiduría a las sentaderas de sus hijos, prueben primero una imagen verbal. Puede resultar una fuerte paliza emocional.

Eso es exactamente lo que descubrí yo (Gary) varios años atrás con mi hijo mayor: Greg. A pesar de que no me di cuenta en ese momento, el relato que compartí con él detuvo de inmediato su conducta indeseable y aún hoy nos ayuda a mantener una relación positiva entre los dos.

Cómo volver a ser parte del equipo

Cuando Greg tenía doce años, surgió entre nosotros un problema que no pude ignorar. Tenía que ver con su reacción cada vez que yo me iba de viaje para dar una charla.

El día del viaje, todos me ayudaban a empacar. Luego, desde la puerta me despedían con un «Te deseamos el mejor de los éxitos» o «¡Te vamos a extrañar!»

Sin embargo, cuando Greg entró a sexto grado, me di cuenta de que ya no se unía a la fiesta de despedida. En vez de permanecer junto a la puerta con el resto de la familia, él se alejaba. Al poco tiempo, su conducta ya no se limitaba al día de mi viaje. Cuando yo regresaba, tardaba horas en volverse a acercar a mí.

Con el pasar del tiempo, Greg hacía lo imposible para ignorarme. Aun cuando yo trataba de pescarlo para hablar un minuto con él, sus palabras eran heladas: «Más tarde, Papá», me decía cortante, «ahora me tengo que ir a lo de mi amigo».

Como consejero, me di cuenta de que sus acciones reflejaban mayormente lo que él sentía cuando yo viajaba. Me di cuenta también que yo no podía darme el lujo de abandonar mis viajes mensuales. Necesitaba el dinero para darle de comer a mi familia. Además, permitirle que me ignorara en casa y que aumentara su ira durante mis viajes no nos beneficiaba a ninguno de los dos.

Más aún, no deseaba que mi hijo adquiriera la costumbre de ignorar a las personas con las cuales estaba enfadado. Ni tampoco deseaba que perfeccionara un hábito negativo que podría fácilmente pasar a sus amistades y, más adelante, a su matrimonio. Pero, por sobre todas las cosas, extrañaba nuestra amistad y no deseaba que este problema se convirtiera en una brecha que nos separara.

De modo que decidí practicar lo que yo enseñaba. En mi próximo vuelo de regreso a casa, elaboré una imagen verbal para él. Sabía que sería algo efectivo, ya que las había visto funcionar durante años en la vida de los demás. Pero jamás había tratado de usarlas como una herramienta para corregir la conducta de mis propios hijos.

Después de la conversación que tuve con mi hijo, las imágenes verbales se convirtieron en algo permanente en nuestra relación. A lo largo de los años, las utilizaría con cada uno de mis hijos (aún lo hago). Con las imágenes verbales, pude observar cambios más positivos en menor tiempo.

Si ustedes son padres o madres que desean mejores elementos para lidiar con los problemas, las imágenes verbales los pueden ayudar. Yo lo sé, porque la historia ficticia de un campeón de básquetbol mantuvo la atención de mi hijo hasta el último segundo de juego.

Habían pasado dos días desde mi regreso de un viaje de negocios. Por supuesto, Greg estaba jugando a las escondidas conmigo, pero no deseaba que yo lo encontrara.

Como era mi costumbre, los sábados despertaba a uno de los niños temprano para llevarlo a desayunar. Esa mañana era el turno de Greg.

Cuando lo desperté, pude ver por su mirada y la manera en que se estremeció, que estaba aún molesto conmigo. Pero cuando le mencioné que íbamos a ir a desayunar a su lugar favorito, até todas las ideas que podía haber tenido para rehusar mi invitación.

Más tarde, mientras disfrutábamos de una pila de panqueques con almíbar, comencé a compartir mi imagen verbal.

—Greg, necesito explicarte algo y desearía comenzar relatándote una breve historia. ¿Deseas que lo haga?

—Seguro, Papá, dispara nomás, —respondió, mientras tragaba un gran trozo del panqueque.

—Supongamos que tú fueras un campeón de básquetbol del equipo de la escuela intermedia.

Era la época del año en que se jugaba el campeonato de básquetbol universitario. Como yo, Greg era un feroz hincha de básquetbol que permanecía pegado al televisor del principio al fin. Con un bol de palomitas de maíz en la mano, él miraba casi todos los partidos del torneo de la Asociación Nacional de Básquetbol Universitario.

Durante años, habíamos jugado juntos y yo lo había mirado cuando practicaba y practicaba y practicaba tirando la pelota al cesto que teníamos en casa. Yo sabía que su objetivo era ser lo suficientemente bueno algún día como para ser el campeón del equipo universitario.

Sabiendo todo esto, yo había escogido y practicado una imagen verbal que pensé que atraparía su interés. No hay duda de que di en el blanco.

«Durante la mitad de la temporada, tú has sido el delantero de tu equipo y el líder en asistencias a los demás jugadores. Tus compañeros y los hinchas te aman tanto que, cada vez que entras a la cancha, gritan tu nombre».

Cuando comencé a vitorear su nombre en el restaurante, se le dibujó una sonrisa en el rostro mientras engullía otro panqueque más.

«Luego, durante un partido, te tuerces el cuello atajando un rebote. Al día siguiente te duele aún más. De hecho, tu cuello comienza a ponerse tan tieso que Mamá te busca al colegio para llevarte al médico».

«Después de revisarte, el doctor te dice que uses un soporte plástico en el cuello y que no juegues o practiques básquetbol por tres semanas. El quedarte sentado durante los partidos es una de las cosas más difíciles que hayas tenido que hacer jamás. Tan sólo puedes mirar cómo juegan tus compañeros y soñar con volver a jugar».

«Después de veintiún días y sus noches, tú estás finalmente listo para tirar el soporte de plástico y volver a unirte a tu equipo. Pero, el primer día de práctica, ocurre algo extraño».

«En vez de rodearte, vitorearte y decirte lo contentos que están de volver a tenerte, ¡tus compañeros te ignoran! El muchacho que te ha reemplazado es especialmente bueno. Incluso el entrenador actúa como si no hubieras sido importante para el equipo y no vuelve a ponerte a jugar como antes».

Desde el momento en que había mencionado el básquetbol, podía ver en los ojos de Greg que yo había escogido el tema que atraía más su interés que los panqueques que tenía delante. Había logrado algo imposible. Hasta había dejado de comer para escucharme.

—Si te pasara algo parecido, Greg, ¿cómo te sentirías?

—Me sentiría muy mal, Papá. Querría vengarme del equipo.

Devolviendo su mirada, hice una pausa antes de proseguir: «Greg, ¿te das cuenta de que una vez al mes, por lo menos, me tratas como te trataba el entrenador en mi relato?»

—No, no es verdad, —dijo con énfasis—. Yo te amo, Papá. Jamás haría nada que te hiciera sentir mal.

«Greg, sé que no te das cuenta, pero cada vez que me voy de viaje, tú actúas como uno de esos muchachos en el equipo. A mi regreso, tú me rechazas y no me permites volver a unirme al equipo de nuestra familia».

«Si mi jefe me dice que tengo que irme de viaje por tres días, cuando regreso me impides reintegrarme al equipo. Como el muchacho de mi relato, me duele permanecer sentado durante el partido; sobre todo cuando no comprendo por qué no me permites regresar».

«Greg, deseo ser parte de tu vida. Cuando vuelvo a casa, me gusta ser parte nuevamente del equipo. Me duele que me rechaces, y no te hace bien estar tan enojado conmigo».

Esa mañana, tomando el desayuno, pude percibir cómo descendía la luz del convencimiento y de la comprensión sobre el rostro de mi hijo. Estaba tan envuelto en las emociones generadas por mi relato, que me dijo que sentía mucho haberme ignorado. Lo que fue aún más espectacular es que me aseguró que de allí en adelante, todo cambiaría. No le agradaba que yo viajara, pero me dijo que ya nunca me iba a ignorar a sabiendas.

Para ser honesto, mientras volvíamos a casa y yo escuchaba las promesas de mi hijo sobre el futuro, no pude evitar pensar: *Todo esto suena magnífico, ¡pero apenas tiene doce años! No creo que, el día de mañana, pueda recordar todo esto.*

Sin embargo, al poco tiempo pude confrontar mis dudas. A las pocas semanas, ya estaba nuevamente empacando para viajar. Pero esta vez, junto con el resto de la familia, Greg me ayudó con los preparativos. Y, como todos los demás, me abrazó al salir.

Me fui sorprendido, aliviado y agradecido por el cambio de actitud de Greg. Apenas había llegado al automóvil, cuando me llamó desde el porche. Con su clásica sonrisa me dijo: «Que tengas un buen viaje, Papá. ¡Y prepárate para el rechazo a tu regreso!»

Cuando regresé de mi viaje, no me ignoró. Y no lo volvió a hacer jamás. Como el resultado de un desayuno compartido y una imagen verbal que utilicé para endulzar la conversación, abordamos un problema que podría haberse convertido en una relación airada y distante entre padre e hijo. Una vez más pude comprobar el valor del uso de imágenes verbales con los niños.

Las imágenes verbales emotivas, al extender al máximo nuestras palabras, nos pueden ayudar a aguzar y extender nuestra capacidad como padres.

Las imágenes verbales emotivas, al extender al máximo nuestras palabras, nos pueden ayudar a aguzar y extender nuestra capacidad como padres. Nos ayuda también a reducir los problemas a su medida correcta.

Una segunda frustración en la crianza de los hijos: la pérdida de perspectiva en los momentos difíciles

El Dr. James Dobson, un notable psicólogo, ha escrito un libro excelente: *Ser padre no es para cobardes*.[70] Nos encanta el título y el libro, principalmente porque habla abiertamente sobre la valentía que se necesita para ser padres y madres eficaces (sobre todo en los momentos difíciles). En particular, el libro discute la clase de valentía que se necesita durante los arduos períodos con los niños de dos años y los adolescentes, y lo difícil que les resulta a los padres dejar libres a sus hijos a medida que estos crecen.

Si existe un tema sobre el que nos preguntan con la misma frecuencia que la disciplina es el tema de cómo afrontar esas dos etapas difíciles. En ese caso, ¿cómo pueden las imágenes verbales ayudar a los padres a tener la paciencia y el ánimo de enfrentar los problemas o de soportar los momentos difíciles?

Escuchemos la imagen verbal que utilizó una mujer joven para darnos una respuesta. Durante años, esta mujer había soñado con ser mamá. Sin embargo, el mismo día en que se concretó su sueño, éste se derrumbó. Cuando ella pudo finalmente expresar sus sentimientos mediante una imagen verbal, pudo por fin controlar sus emociones y expectativas.

Su imagen verbal le ha dado la esperanza y la valentía de continuar siendo la mejor madre posible, aun cuando sienta la tentación de no luchar más. Aquí está la conmovedora imagen verbal que nos expresó:

«Siempre había soñado con tener un hermoso jarrón: caro, hecho a mano tan sólo para mí, con exquisitas curvas e intricados detalles».

«Por fin llegó el día en que lo tenía que ir a buscar. Ni los años de espera ni el dolor de su alto precio podían acallar mi gozo: hasta que me dieron un jarrón hecho pedazos».

«En vez de recibir la obra de arte que había percibido en mi mente durante tanto tiempo, me dieron un jarrón que estaba roto en mil pedazos. Mi corazón se rompió en mil pedazos también y lloré hasta que no me quedaron ya lágrimas para derramar».

«Durante días, sentí que debía ser una equivocación. Seguro que otra persona merecía el vaso roto, no yo. Sin embargo, lentamente y con dolor, recobré mi compostura. El proceso comenzó el día que sostuve los pedazos rotos en mis manos y juré que los iba a volver a juntar. A pesar de darme cuenta de que el jarrón nunca sería perfecto, sabía que podría amarlo, aun con sus rajaduras y todo lo demás».

«Poco a poco, las piezas rotas comenzaron a cobrar forma. A medida que pasaban los días, sentía cada vez más amor y paciencia para pegarlas. Lentamente, comencé a ver que del desastre surgía una obra maestra».

«Eso no significa que haya sido sencillo. Existen dos grupos de personas que se me acercan vez tras vez. El primer grupo es el más grande y más ruidoso. Cada vez que pasan, estas personas hacen todo lo posible para pisar sobre alguno de los fragmentos rotos. Los muelen y trituran con sus palabras crueles y miradas de desprecio, hasta que los pedazos quedan en un estado casi imposible de reparar. Cuando desfilan junto a mí, me siento impotente y frustrada a la misma vez. Desearía que se fueran y no volvieran nunca jamás, pero siempre regresan. Cuando están presentes, me siento tentada a ver sólo fragmentos y goma de pegar, en vez de un valioso jarrón».

«El segundo grupo es mucho más pequeño, pero con un corazón dos veces más grande que el del grupo anterior. Cuando ven los pedazos rotos, ellos se arrodillan junto a mí y me ayudan a recogerlos con dulzura. Uno a uno, me ayudan a calzar una pieza con la otra. A veces pareciera que el jarrón fuera de ellos. A diferencia del otro grupo, cuando ellos se van, me quedo llena de esperanza y de amor».

«Por supuesto, el jarrón al que me refiero es mi preciosa niña discapacitada».

«Siempre quise un bebé, pero quedé deshecha cuando el médico me dijo que ella nunca sería 'normal'. Mi esposo y yo le pedimos a Dios que nos diera un amor especial por nuestra hija, y así ocurrió. Por supuesto, hay días en que me canso de levantar los fragmentos rotos. Pero, por alguna razón, ahora me resulta más sencillo hacerlo. Hemos puesto tanto cariño y dedicación para unir con cemento su vida que no me puedo imaginar amando a nada ni nadie de esa manera jamás».

Para esta mujer joven, imaginarse que su preciosa hija era como un valioso jarrón, le ayudó a procesar sus sentimientos de amor, esperanza, enojo, confusión y dolor. Nos dio también una imagen gráfica de lo que ocurría en su vida.

Cuando se nos hace penosa la tarea de crianza de nuestros hijos, las imágenes verbales pueden darle cuerpo a nuestros sentimientos ocultos y proporcionarnos una nueva perspectiva. Podemos ver más allá de las circunstancias y controlar mejor nuestros sentimientos.

Los dos obstáculos que nos hacen tropezar como padres son la disciplina y mantener una actitud positiva durante los momentos difíciles. Como un entrenador capacitado, las imágenes verbales nos pueden ayudar a saltar estas vallas con éxito. Además, nos pueden ayudar de cuatro maneras más.

No sólo nos ayudan a superar los obstáculos, sino que nos pueden ayudar a criar un campeón. Proporcionan un legado de amor que nuestros niños lleva-

CAPÍTULO CATORCE

Los componentes básicos para tener éxito como padres

Durante muchos años, hemos investigado y escrito un libro sobre cómo pueden los padres y madres comunicar con mayor eficacia su amor y alto valor a sus niños. Al escribir el libro titulado *The Blessing* (La bendición), aprendimos mucho sobre el talento para amar y dar ánimo incondicionalmente a nuestros hijos.[71] Desgraciadamente, sacamos más a la luz de lo deseado en lo referente a los niños que se han criado con mucha desaprobación.

Cuando escribimos el libro, sabíamos que la falta de comunicación de amor y aceptación en muchos hogares era un problema. Sin embargo, no teníamos idea de su magnitud. Desde que se publicó *La bendición* hemos escuchado a centenares de personas que, como niños, nunca se sintieron amados o valorados por sus padres. Como resultado, abandonaron a menudo el hogar y cayeron directamente en el alcoholismo, la drogadicción, la depresión crónica, la adicción al trabajo y las relaciones matrimoniales y con los hijos hechos añicos.[72] Todos estos problemas son ecos de su desdicha como niños.

En su intento por huir de una familia en donde no se sienten amados, muchos adolescentes caen directamente en los brazos de miembros de sectas y en relaciones sexuales dañinas. Dejan muy atrás los valores morales, espirituales y religiosos de sus padres.[73]

Sabemos que como buenos padres, ustedes nunca querrían ver surgir uno de estos problemas en la vida de sus hijos. Tampoco lo deseaban aquellos padres que nos enviaron las cartas: cada uno de ellos sufre ahora dolor emocional.

Muchos padres creían que estaban depositando amor en la vida de sus hijos. Pero luego, los hijos dejaron el hogar como si su cuenta bancaria de cariño hubiera estado en cero. De hecho, la mayoría de las cartas que hemos recibido no provienen de hogares donde haya abuso o alcoholismo. Muy a menudo, las historias más trágicas son las de muchachos y muchachas que se criaron en familias que los amaban, pero que nunca supieron cómo comunicar efectivamente ese amor.

Las imágenes verbales nos pueden ayudar como padres a decir «te quiero» de una manera imposible de ignorar.

¿Cómo es posible? ¿Cuál es la diferencia entre los hogares que envían a sus hijos al mundo sabiendo que son valorados, amados y bendecidos y los que no? Por lo general depende de lo que los padres les hayan dicho, o no.

Los hijos necesitan saber y escuchar de manera comprensible que Mamá y Papá los aman y valoran. ¿Cómo les podemos comunicar de manera especial a nuestros hijos que los amamos y aceptamos? ¿Cómo podemos compartir con ellos palabras que los protejan y les den lo que necesitan? ¿Cómo podemos comprenderlos mejor y lograr que ellos nos comprendan?

Repetimos nuevamente lo mismo: no existe mejor manera de dejar un legado de amor a nuestros hijos que mediante el uso de las imágenes verbales.

Cómo brindar a nuestros hijos un legado de amor

Como lo hemos mencionado en capítulos anteriores, la razón por la que muchas personas no tienen intimidad en su matrimonio se debe a la falta de conocimientos y técnicas para lograrlo. Lo mismo ocurre en la crianza efectiva de nuestros hijos. Exige conocimientos y técnicas también: tenemos que saber qué es lo que destruye las relaciones y cómo componerlas.

Ya hemos visto como las imágenes verbales nos pueden ayudar en las áreas de la disciplina y las actitudes positivas. En las páginas siguientes, deseamos compartir con ustedes las cuatro maneras adicionales en que las imágenes verbales pueden ayudarnos como padres a decir «te quiero» de una manera imposible de ignorar. Son un reflejo de los pilares que sostienen al matrimonio íntimo, tema que ya hemos abordado en los capítulos once y doce.

Pero antes de lanzarnos a las diferentes maneras en que las imágenes verbales nos pueden ayudar como padres, debemos enfrentar un problema más. En muchos hogares no es la falta de talento lo que crea el problema, sino la falta de tiempo.

«Tengo toda la vida por delante…»

El clamor común de muchos niños es: «Por favor dime que me quieres». Muchas veces, la respuesta es: «Tengo toda la vida por delante para decírtelo». ¿Ah sí? ¡Como querríamos que eso fuera así!

¿Qué harían si entraran en el consultorio del médico un día y éste les dijera que tienen una enfermedad mortal? ¿Cómo reaccionarían frente a las palabras categóricas que les anuncian que apenas les quedan veinte meses de vida?

Si se han pasado la mayor parte del día capacitándose para alguna carrera, ¿cómo corregirían el rumbo y comenzarían a construir una relación íntima con su esposa e hijos? Si supieran que en poco tiempo lo único que tendrá su familia es un recuerdo de ustedes, ¿cómo les podrían dejar un legado de amor? Sobre todo, ¿cómo le dejarían a su esposa e hijos palabras que abrigaran su corazón, aun cuando ustedes ya no estuvieran cerca para abrazarlos?

Si ustedes fueran un amigo de nosotros, al que llamaremos Esteban, tendrían que responder realmente a todas esas preguntas. Se trata de cosas que él ya había escuchado y pensando anteriormente. Sin embargo, ahora son preguntas de la vida real y las tiene delante de él, en este mismo instante.

Esteban tiene tres hijos y una esposa que lo ama. Y se está muriendo de esclerosis lateral amiotrófica, una rara enfermedad mortal, conocida por haber derribado a Lou Gehrig, el «hombre de acero» del béisbol.[74]

Yo (John) lo conocí a Esteban en un campamento para familias donde me encontraba dando unas charlas. Él no había venido para pasar sus vacaciones: tenía muy en claro lo que quería hacer. Le quedaba poco tiempo de vida y deseaba que cada día, y cada una de sus palabras, tuviera un significado especial.

Cuando di una charla sobre maneras prácticas de dar valor a las relaciones, él anotó todo con mucho cuidado. Después de mi presentación, nos sentamos y conversamos sobre una idea que se le había ocurrido para capturar el amor y las oraciones por su familia mediante imágenes verbales.

Él ya no estaría más allí para mirar a sus hijos en los ojos y hablarles. Sin embargo, a través de los años, sus ojos podrían leer y volver a leer una serie de cartas que él estaba escribiendo: una colección de imágenes verbales que estarían esperándolos en las diferentes etapas de su vida.

Él no tendría la oportunidad de ser uno de los padres orgullosos presentes en la graduación de sus hijos, pero sus palabras estarían allí.

Él no estaría allí para ayudar a sus hijos a empacar sus cosas antes de partir rumbo a la universidad, pero su mensaje de estímulo estaría allí.

Él no podría estar allí para caminar hacia el altar junto con su hija el día de su boda o recibir la llamada telefónica anunciándole que acababa de ser abuelo, pero sus imágenes de amor y apoyo estarían allí.

Todo eso gracias a que hoy está escribiendo imágenes verbales que llevarán sus oraciones, deseos y esperanzas para sus hijos en el futuro: palabras que les lleguen a sus hijos cuando su voz ya no esté.

Cuando ustedes lean este libro, quizás Esteban ya esté en las manos de Dios. Sin embargo su familia tendrá siempre su legado personal de amor: imágenes verbales que sean tan vívidas y reales que a su familia le parecerá que cobran vida y los abraza. A través de esas palabras, su presencia bendecirá y animará a su familia durante toda la vida.

Mamás y papás, ¿qué es lo que les impide pronunciar las palabras que sus niños necesitan escuchar? ¿Acaso todo lo demás es tan importante que no tienen tiempo para escribir o pronunciar las palabras que sus hijos siempre atesorarán? Quizás no nos queden unos pocos meses de vida, pero para muchos de nosotros, ya es más tarde de lo que pensamos.

A la velocidad que crecen los niños y con lo incierta que es la vida, no es momento de retener las palabras de amor y de afecto que ellos necesitan escuchar. Hay demasiadas cosas en juego como para dilatar el aprendizaje de aquellas cosas que pueden cambiar de manera significativa su vida.

Sea cual sea la razón, no dejemos las cosas para más tarde y comencemos a estudiar las cuatro maneras en que las imágenes verbales pueden llevar nuestro amor directamente a su corazón. Comencemos con el pilar de la seguridad.

Las imágenes verbales y la crianza de los hijos

1. Los niños necesitan seguridad de palabra y acción.

Hace algunos años atrás, aconsejé a una pareja que estaba siempre riñendo. No conseguíamos de ninguna manera ponerle fin a sus acaloradas peleas.

Cada vez que pensamos que no conseguimos ayudar a una pareja, hacemos algo que siempre pone las cosas en perspectiva. Les pedimos que, en la siguiente sesión, traigan con ellos a sus hijos.

A lo largo de los años, ¡hemos descubierto que los hijos son los pequeños espías de Dios! Es posible que Mamá y Papá nos engañen y eviten hablar de ciertos temas. Pero cuando invitamos a los niños, en un momento de descuido nos llevan exactamente a lo que necesitamos saber.

Cuando nos sentamos con esta pareja la siguiente sesión, allí estaban su apuesto hijo de once años y su dulce niña de seis. Y, a pesar de que no lo sabíamos en ese momento, estábamos a punto de recibir una increíble lección sobre la importancia de la seguridad en el hogar.

—¿Qué es lo que más te molesta cuando tus padres pelean? —le preguntamos a la niña.

Ella miró rápidamente a sus padres. Cuando su mamá asintió, la pequeña nos dijo: «Cada vez que Papi se pelea con Mami o con nosotros, se saca el anillo de casamiento y lo tira».

Rápidamente, su padre nos explicó que él no estaba literalmente tirando su alianza de matrimonio. Tan sólo estaba «descargando» su ira. Cuando algo lo alteraba, se sacaba el anillo y lo tiraba contra la pared. Luego trató de darnos una explicación convincente diciendo que ésa era una «manera sana» de expresar su enojo. Después de todo, nos dijo, nosotros éramos consejeros y tendríamos que saber lo dañino que era reprimir la ira.

Lo que no percibimos en ese momento es que sus acciones se habían convertido en una imagen verbal de inseguridad instantánea para su hija. Al arrancarse el anillo, le transmitía a su hija un símbolo que se proyectaba en technicolor® en una pantalla de cuarenta pies en su cabeza. Su acción representaba el temor de esta pequeña niña de que su papá los lastimaría o abandonaría.

Cada vez que esta preciosa criatura veía cómo volaba el anillo de bodas de su papá por la habitación, sentía que su futuro se iba navegando con él. En vez de construir la seguridad que ella tanto necesitaba, su padre creaba un mundo de constante temor. Este miedo aparejado a la falta de seguridad le carcomía el estómago. Tanto es así, que los médicos ya le habían diagnosticado una úlcera infantil.[75]

Durante más de un año antes de comenzar la consejería, el anillo de casamiento de su papá había sido una imagen verbal de abandono, soledad, miedo y ansiedad. Eso comenzó a cambiar únicamente cuando él entendió el daño que estaba haciendo.

Comenzamos entonces a «ordeñar» la imagen verbal de la niña (una técnica que compartimos anteriormente en este libro)[76] haciendo preguntas tales como éstas a su papá:

«¿Qué le causa tanta frustración en casa que usted se quita el anillo y lo tira?»

«Cuando usted era niño, vio alguna vez que su padre, literal o metafóricamente, se quitara el anillo de casamiento?»

«¿Cuán cerca le parece que está su esposa de quitarse su propio anillo también?»

«¿Cómo piensa que se sienten los niños cuando ven que sale el anillo volando?» y

«¿Qué sería necesario, a partir de este momento, para que usted se pusiera nuevamente el anillo en el dedo y lo mantuviera siempre allí?»

Mediante la imagen verbal del anillo, le hablamos a toda la familia sobre el tema de la seguridad. Como nos relacionamos con una imagen verbal propia de su hogar, nuestras palabras atraparon las emociones del padre mejor que todo lo demás que le habíamos dicho anteriormente.

A pesar de que no todas las historias tengan un final feliz, ésta lo tuvo. Unos meses más tarde, cuando la consejería llegó a su fin, esta familia realizó dos cosas.

Primero, tomaron el tiempo para compartir una imagen verbal con sus hijos relacionada a un anillo de casamiento que estaba rayado y abollado, pero que ahora lo habían reparado y lustrado bien. Y les aseguraron a los niños que el anillo se quedaría en los dedos de Mamá y de Papá, pasara lo que pasara en el futuro.

Esta sabia pareja sabía que no habían construido una base de seguridad para sus hijos, así que admitieron de todo corazón que les habían causado un gran daño físico y emocional a los niños. Eso fue lo que los trajo a nuestro consultorio. Allí, en el momento en que su hija les señaló una imagen verbal, decidieron que debían realizar ciertos cambios.

La niña tiene ahora una imagen muy diferente del anillo de su padre. Ya no simboliza ira, frustración y miedo. En cambio, brilla con el amor, la valentía y la determinación necesarios para resolver los problemas. Sus palabras, junto con sus acciones, volvieron a pintar la imagen marchita de un hogar inestable convirtiéndola en una obra maestra de seguridad.

En una escala del uno al diez, ¿a qué nivel se encuentra la seguridad en sus hogares hoy día? Si bajó a un tres o cuatro, les están comunicando una imagen de inseguridad a los niños.

Cuando se trata de la crianza de los niños, ellos no crecen ni florecen si les estamos constantemente arrancando las raíces. La inseguridad en el hogar les remueve las raíces; la seguridad les da la profundidad y el refugio que necesitan para crecer con fuerza y triunfar.

Si algunos de ustedes están criando solos a sus hijos es muy importante que les aseguren de que no los abandonaran. Las imágenes verbales los pueden ayudar. En toda separación o divorcio, los niños reciben dosis masivas de inseguridad. Para combatir el daño negativos de tales sentimientos, debemos proporcionarles una fuente constante de seguridad. En un capítulo posterior, compartiremos con ustedes un tesoro de más de 100 imágenes verbales que los ayudarán a realizarlo.

Hemos visto cuán importante es la seguridad, tanto para los niños como para el matrimonio. Observemos ahora cómo podemos utilizar las imágenes verbales para formar el carácter de nuestros hijos e hijas.

2. Los niños necesitan enseñanza y amistad.

No hay duda de que la mejor manera de ocasionar un cambio en los niños pequeños es mediante una enseñanza que les forje el carácter. Los educadores lo han sabido durante años. Ésta es una de las razones por las que el lenguaje metafórico y las imágenes verbales son tan importantes para enseñar a los más pequeños.

Desde el jardín de infantes, los niños aprenden y recuerdan mejor las lecciones cuando se les enseña utilizando una historia u objeto.[77] De hecho, una de las señales más tempranas de problemas del aprendizaje en un niño de edad escolar primaria es su incapacidad de comprender figuras retóricas.[78] La investigación moderna no es la única que apoya el uso de las imágenes verbales para instruir a los niños.

Desde la antigüedad, los objetivos de los padres giraban alrededor del concepto: «Instruye al niño en el camino correcto».[79] Como las principales personas a cargo de formar el carácter de un niño, los padres hacen bien en pasar tiempo instruyendo a los niños de manera tal que les proporcionen una plataforma sana de vida para el futuro.[80]

¿Cuál es la mejor manera de ayudar a un niño a comprender conceptos abstractos tales como la honestidad, la sinceridad, la disciplina y el amor? Ya sea un concepto educativo o una verdad espiritual, los niños (o adultos) aprenden mejor cuando se incluye una imagen verbal en la enseñanza provista.

Los padres de niños pequeños pueden encontrar una aplicación ya preparada de los estudios de investigación y la historia ya mencionados en este libro. O sea, las imágenes verbales son la clave para forjar el carácter y para ayudarnos a comunicar nuestro punto. En gran parte, esto se debe a que los relatos emotivos asumen las cualidades de la vida real, en especial con los niños.

Ésta es la razón por la cual debemos controlar de cerca los programas de televisión que vean. Es también una de las razones por la cual las imágenes verbales, tomadas de uno de los cuatro manantiales, pueden ser tan poderosas.

Supimos de una madre que utilizó su horno de microondas para enseñarle a su hijo una lección muy necesaria sobre la ira. Tomó una taza de plástico transparente, la llenó con agua, y la puso durante tres minutos en el microondas. Mientras ella y su hijo contemplaban cómo la superficie calma del agua se transformaba en burbujas furiosas, hablaron sobre la manera en que él podía controlar su frustración.

Ella le preguntó a su hijo qué era lo que sentía que lo hacía desbordarse por dentro y perder el control. Luego conversaron sobre la manera en que él podría oprimir el botón de «pausa» para hablar con ella si las cosas lo comenzaban a frustrar. De esa manera, su mamá podría ayudarlo a manejar su frustración dentro de sus primeras etapas, en vez de escucharlo cuando ya no podía controlarse más.

Otra madre recurrió a un proverbio bíblico, una clase de imagen verbal, para hablar con su hijo que carecía de toda motivación. El proverbio dice:

«¡Anda, perezoso, fíjate en la hormiga! ¡Fíjate en lo que hace, y adquiere sabiduría!»[81]

Después de pensarlo mucho, esta sabia mujer hizo que su hijo llevara a cabo exactamente esa acción. Le compró una granja de hormigas y lo animó a capturar, darle de comer y contemplar la incesante actividad de una colonia de hormigas. Todos los días, su hijo observaba cómo trabajaban juntas las hormigas sin cesar. Al hacerlo, pudo observar un ejemplo viviente de los rasgos de carácter que su madre deseaba inculcar en él.

De una manera apropiada y en el momento indicado, ella utilizó una imagen verbal con él. Le habló de cómo ser una mejor «hormiga» en el desempeño de las tareas del hogar y de la escuela, y cómo lo que hiciera o no hiciera en la casa los afectaba a todos. Ante su inmensa sorpresa, él comenzó a modificar su conducta de manera tangible.

En estos hogares, como en centenares de otros, los padres han utilizado imágenes verbales para dar lecciones de vida a sus hijos. Ellos saben que cuando un niño tiene la imagen de la conducta deseada, y no sólo las palabras, aprende con mayor rapidez y recuerda por mayor tiempo lo que ellos les enseñen.[82]

Es importante llegar a dominar las imágenes verbales con los niños pequeños. La razón es que sus pequeñas mentes están aún en la etapa de «entrada de información», momento en el cual se encuentran más abiertos que nunca al cambio mediante la instrucción. Pero pronto, cuando entren en la pubertad, los niños pasarán a la etapa de «ya tengo todas las respuestas». La adolescencia exige un enfoque diferente para lograr cambios.

El uso de imágenes verbales con los adolescentes

Por lo general, alrededor de la época en que los padres pasan por la «crisis de identidad» de los 40, los adolescentes pasan por una «crisis de individualidad». ¿Cuál es el resultado? Como dijo cierta vez un hombre: «¡Lo que aquí tenemos es la imposibilidad absoluta de comunicarse!»

Así como la meta de los padres con niños pequeños es forjar su carácter mediante la instrucción, la meta con los adolescentes es lograrlo mediante la amistad.

Cuando nuestro hijo o hija son más altos que nosotros, la disciplina cobra una nueva dimensión. Y cuando todos los amigos de nuestra hija manejan un automóvil, se torna difícil mantenerla en casa lo suficiente como para que escuche nuestras extensas charlas. Cuando un hijo llega a la adolescencia, con frecuencia los padres cosechan los resultados, tanto buenos como malos, de lo que hayan sembrado anteriormente. Si de eso se trata, ¿cómo modificamos la conducta de un adolescente? Una vez más, las imágenes verbales son la clave.

Los investigadores señalan que para los adultos (los adolescentes son adultos en su forma de pensar, aunque no siempre lo sean en su juicio), la mejor manera de cambiar a alguien es mediante algún importante acontecimiento emotivo.[83] Piensen en ellos por un momento.

¿Cuál es el momento en que los adultos aprenden con mayor facilidad? Cuando un evento significativo afecta a una relación importante.

Hemos visto a un esposo que jamás leía libros para enriquecer su matrimonio, devorar docenas de ellos cuando su esposa lo dejó.

Hemos visto a una mujer que nunca escribía cartas a casa, escribir notas sin cesar después de recibir la noticia de que su madre se estaba muriendo.

Y hemos visto a adolescentes escuchar palabras de alabanza, instrucción y corrección con grandes resultados cuando fueron expresadas por padres que eran también amigos. Son sabios los padres que, en vez de fiarse de un castigo o de sacarle a su hijo las llaves del coche, atrapan las emociones de sus hijos en una conversación íntima y franca con ellos.

Si ustedes son como muchos padres que les han declarado la guerra a sus hijos, les podemos asegurar que no habrá ganadores: sólo prisioneros. Y si un adolescente es un cautivo en su propio hogar, tengan cuidado el día en que rompa las cadenas y se vaya a la universidad o comience a trabajar.

Si les interesa más la conducta de sus hijos que su carácter, ellos percibirán la contradicción. Si su hija presiente que ustedes están más preocupados por asegurarse de que su conducta no los avergüence, en vez de asegurarse de que ella haga lo que es mejor para ella, obtendrán su oposición. Y si no saben cómo desarrollar una amistad significativa con sus hijos, la máxima prioridad tendría que ser obtener los conocimientos y técnicas necesarias para lograrlo.[84]

Podemos obligar a un niño de dos años a sentarse por fuera… ¡aun cuando por dentro esté de pie! Pero no podemos forzar a nuestros hijos adolescentes a que se traguen palabras e ideas, sin saber que más adelante reaccionarán a ellas y las vomitarán.

En los hogares donde los padres no son amigos de sus hijos, estos recurren a sus amigos. Si ustedes desean ser los que hablen con sus hijos, traten entonces de aprender su idioma. Traten de hablar el lenguaje del amor. La música que escuchan lo hace. Sus amigos lo hacen también. Incluso la Biblia que leen lo hace. Si desean hacerse amigos de sus hijos, ustedes también lo harán.

Ya sea que nuestros niños estén en la etapa de la enseñanza o de la posible amistad, las imágenes verbales nos ayudan como padres. Una breve ojeada a las dos reflexiones restantes de los pilares del matrimonio, nos pueden ayudar también.

3. Los niños necesitan el amor que sólo las caricias pueden aportar.

En el capítulo que trataba sobre la intimidad en el matrimonio, notamos que las caricias pueden afectar mucho la relación. En un sentido muy real, deja en la mente de la otra persona una imagen verbal de dedicación y preocupación por ella. ¿Ocurre acaso lo mismo con los niños?

Hace poco nos contaron sobre una madre que estaba criando sola a su hijo y que había leído uno de nuestros libros sobre el tema. En uno de los capítulos, enfatizamos la imagen simbólica que le confieren las caricias a los niños. Ese concepto la sacudió hasta la médula.

Esta joven mamá, a quien llamaremos Julia, había quedado embarazada fuera del matrimonio. Convencida de que la vida es algo sagrado, decidió llevar adelante su embarazo en vez de ponerle fin. Al principio deseaba dar a su hijo en adopción, pero al final decidió quedarse con él. Le puso el nombre de Jasón.

Después del entusiasmo inicial, comenzaron a surgir los problemas. A medida que el bebé crecía, aumentaba su resentimiento hacia él. En vez de ser una alegría, se convirtió en una carga. En vez de ser el objeto de su amor, el niño se convirtió en el símbolo de su frustración con la vida.

Cuando ella comenzó a asistir a la iglesia que quedaba cerca de su apartamento, las cosas comenzaron a cambiar. Ella fue acogida por los miembros de esa iglesia, quienes la protegían y ayudaban en todo. Sin embargo, aún sentía un profundo resentimiento hacia su hijo del cual no podía desprenderse. Esa emoción se manifestó de un modo peculiar: ella no quería tocar a su bebé.

La manera en que los bebés saben que son amados es mediante las caricias. Mucho antes de comprender las palabras, ellos leen claramente el lenguaje tácito del amor expresado a través del contacto físico. Ese lenguaje se encontraba ausente en la pequeña vida de Jasón.

¿Qué fue lo que la cambió a Julia? ¿Qué fue lo que la ayudó a abrirse y vencer lo que sentía para poder acercarse así a su hijo?

A medida que el niño crecía, ella comenzó a notar problemas en la vida de él imposibles de ignorar. Después de leer nuestro libro sobre el increíble poder de las caricias, ella habló con un grupo de amigos íntimos sobre el rechazo que sentía hacia su hijo. Con sabiduría, ellos la animaron a que hablara con un consejero con mayor profundidad.

Al poco tiempo de comenzar las sesiones, Julia comprendió las muchas razones por las cuales había evitado el contacto físico: culpas del pasado; falta de caricias en su propio hogar; el hecho de que Jasón se parecía mucho a su padre, el hombre que la había dejado embarazada y que se había reído de sus planes de no dar al niño en adopción.

Por último, ella decidió darle a su hijo una imagen del amor que ella sentía por él: mediante una caricia. Pero sus primeros intentos no resultaron como lo había pensado. Cuando ella trató de abrazarlo, ¡él se alejó corriendo! En el pasado, solamente lo tocaba cuando estaba enojada. De modo que cuando ella lo rodeó con sus brazos, él se escapó llorando, confuso y atemorizado.

Sin embargo, después de varias semanas, la decisión de Julia de ofrecer su poderosa imagen de amor triunfó. Y la transformación en la actitud y las acciones de Jasón fue espectacular. ¡No sólo comenzó a ser más sociable y más tranquilo con la gente, sino que mejoraron su desempeño en la escuela y su concentración en clase! Todo esto gracias a que su madre decidió darle una poderosa imagen tácita de su amor por él.

En una escala del uno al diez, ¿qué puntaje le darían sus hijos en lo concerniente al contacto físico con ellos? ¿Les han preguntado alguna vez? ¿Le han hecho a su esposo o esposa esa pregunta alguna vez?

Aun los adolescentes, quienes se encogen cuando su mamá o papá los abrazan (¡Ay, mamá, deja ya de abrazarme! ¡Te van a ver mis amigos!), necesitan una imagen de amor. Quizás tengamos que ser un poco más creativos (quizás lucha libre o algo parecido). Pero cuando no tenemos miedo y acariciamos a nuestros hijos, ellos se sienten amados y apreciados.

4. Los niños necesitan momentos para establecer lazos afectivos.

Nos damos cuenta de que los momentos para «establecer vínculos románticos y emocionales» en el matrimonio tienen un límite categórico con los niños. Sin embargo, si dejamos de lado la palabra «romántico», ¡tendríamos que tener el máximo acercamiento con nuestro hijo o hija posible!

La mejor manera de vincularnos afectivamente como familia es yendo de campamento. No es el acto de acampar lo que crea el acercamiento, sino lo que ocurre cuando acampamos con los niños. Sí, lo han adivinado: ¡catástrofes!

Por alguna razón, los recuerdos de un viaje de campamento (los malvaviscos; la tienda de campaña desmoronada dos veces; el apagón a la ida y la explosión a la vuelta) son todas experiencias que nos ayudan a unirnos aún más.

¡Jamás podremos olvidar aquella vez que fuimos a tomar un helado y nuestro pequeño dejó caer su cucurucho sobre su zapato! ¿Y cómo podemos olvidar la primera vez que llevamos a nuestro hijo mayor a hacer surf? Todo terminó en el hospital, donde le tuvieron que coser la herida que había dejado la tabla en su mejilla. Tales experiencias no sólo nos unen (después de que se hayan sanado las heridas, por supuesto), sino que van directamente al corazón de nuestros hijos.

A esta altura del libro, ustedes ya han visto los «por qué» y los «cómo» del uso de las imágenes verbales en las relaciones más importantes de su vida. Pronto cerraremos el libre dándoles 101 imágenes verbales que podrán comenzar a aplicar de inmediato. Sin embargo, antes de llegar a ese tesoro de imágenes verbales, existe algo que no podemos ignorar.

El uso incorrecto de las imágenes verbales es un peligro que preferiríamos ignorar, pero que no podemos. A lo largo de los años hemos visto asombrosos ejemplos del bien que proviene del uso del lenguaje del amor. Pero hemos visto también la enorme destrucción emocional que resulta cuando lo utilizamos o convertimos en un lenguaje de odio.

No nos gusta hablar de esto. Pero sentimos que es importante correr las cortinas y exponer a aquellas personas que explotan el lado oculto de las imágenes verbales. Son personas que emocional o físicamente lastiman a los demás. Ellos rechazan todas las imágenes verbales que les entreguemos, y nos atacan con sus imágenes como si fueran un bullterrier feroz. Son la clase de personas que no parecen tener la capacidad de amar a quienes los aman.

¿CÓMO PUEDEN LAS IMÁGENES VERBALES AYUDARNOS A CAMINAR CON DIOS?

CAPÍTULO QUINCE

Cómo utilizar imágenes verbales emotivas para fortalecer nuestra vida espiritual

Desde que publicamos este libro por primera vez, una de las alegrías más grandes ha sido recibir cartas de personas que nos relatan cómo las han beneficiado las imágenes verbales. Hace algún tiempo, recibimos un informe especialmente alentador: describía uno de los usos más inusuales de una imagen verbal que hayamos escuchado en la vida.

Botellas rotas... vidas destrozadas

Imagínense que estén ministrando a aquellos que se encuentran en lo más bajo de la escala social. Sentados en frente de ustedes hay varias hileras de alcohólicos de los barrios bajos, sucios y abatidos. A pesar de que algunos de ellos estén en la misión por el simple deseo de escuchar un mensaje sobre el don de la gracia de Dios, la mayoría está allí porque saben que una vez que terminemos de predicar el sermón, tendrán una comida gratis.

Como muchas de las personas sin techo, esos hombres han escuchado el mensaje del evangelio más de una vez, de boca de varios predicadores, en numerosos refugios de todo el país. Y, a pesar de que la familiaridad con el evangelio pueda poner palabras de fe en su boca, sus mentes están fijas en el alimento físico, no en el espiritual.

¿Están interesados en ponerse de pie y tratar de motivar a *este* público?

Ésa fue la situación a la que se enfrentó el capellán Guillermo una noche fría de noviembre. Sabía que tenía un desafío por delante, y eso lo frustraba.

¿Cómo podía llegar al corazón endurecido de esos hombres con la luz del amor de Dios? ¿Cómo podía relatarles antigua historia de un modo que aportara una nueva respuesta de fe?

El capellán siempre trataba de que sus charlas fueran buenas. Pero, preparándose para hablar a su congregación de desamparados esa semana, encontró una nueva herramienta de comunicación que ansiaba probar.

Recién acababa de leer la primera edición del libro que ustedes tienen en sus manos. Con un fuerte convencimiento interior, creyó que una imagen verbal era exactamente lo que necesitaba para derribar las barreras que la dureza de la vida había instalado en las vidas de sus «feligreses». De modo que se preparó para hacer algo que jamás había hecho en un sermón.

De pie frente a los hombres, Guillermo sacó algo de detrás del podio en el momento en que comenzaba a hablar.

Una imagen increíble de amor incondicional

—Bueno, muchachos, ¿qué es lo que estoy sosteniendo? —preguntó Guillermo con una sonrisa pícara.

Lentamente, sacó algo de una bolsa de papel madera. Cuando el objeto oculto salió a la luz, estalló un coro de carcajadas por toda la sala.

—Oiga, Reverendo, ¡se consiguió una botella! —gritó un hombre.

—¡He visto algunas de esas! —dijo otro riéndose al ver la familiar botella de vino barato que Guillermo acababa de sacar.

—Así es, muchachos, —les dijo Guillermo, mirando a su audiencia risueña—. Aquí tengo una botella. Y ahora, permítanme contarles un poco de mí, y luego deseo contarles una historia sobre esta botella, y qué fue lo que le ocurrió.

El grupo de hombres estaba inusualmente atento a las palabras de Guillermo. Éste continuó: «Cuando tenía diecisiete años, en vez de terminar el colegio secundario, me uní a la Marina. Después de diez años de servicio, llegué a suboficial de marina y me iba muy bien. Tenía una buena esposa, un buen trabajo y una familia. Hasta me estaba comprando una casa a plazos. Pero luego, mi esposa falleció en un accidente, y me quedé solo a cargo de los dos niños pequeños».

«Cuando ella se murió, mi corazón se fue con ella. Comencé a beber mucho. En menos de dos años, me convertí en un problema tan grande que la Marina me tuvo que dar de baja. Luego el estado me quitó los niños porque yo los había descuidado debido al alcohol. De ahí en adelante, todo fue de mal en peor».

«Mi vida era muy parecida a esta botella que aquí tengo. Siempre pensé que yo sería algo especial. Quizás me utilizarían para contener algún medicamento especial, o me convertirían en una fina pieza de porcelana para colocar en la casa de alguna persona adinerada. Pero en realidad, terminé siendo una simple botella de color verde, producida en masa y conteniendo un vino barato».

«Me empaquetaron con otras botellas y me enviaron a una gran ciudad. Allí estuve sentada en un estante oscuro y polvoriento durante mucho tiempo. A pesar de lo malo de todo eso, me faltaba pasar todavía por algo peor: un viejo borrachín me tomó del estante y me llevó a un oscuro callejón».

«Allí se encontró con tres de sus compañeros de bebida. Me pasaron de mano en mano hasta que no quedó una gota en mí. Por fin, ese viejo borrachín se pudo de pie tambaleante. Balanceándose de un lado al otro, se inclinó hacia atrás y me tiró contra una pared de ladrillos, rompiéndome en mil pedazos».

—Así era mi vida, muchachos, —dijo el capellán—. Y, por mucho tiempo, estuve allí en ese callejón, tan destrozado y mezclado con todas las otras botellas rotas que sabía que no habría manera de juntar nuevamente todas las partes de mi vida que se habían roto».

Pasando su peso de una pierna a la otra y mirando a esos hombres a los ojos, él continuó: «Pero estaba equivocado».

El capellán Guillermo nos dijo que cuando llegaba a ese punto del sermón semanal, generalmente predicaba a unos pocos que asentían con la cabeza, con sonrisas congeladas en sus labios, o escuchaba maliciosos comentarios de que ya era hora de ir a cenar. Pero esa noche fue diferente. «Nadie decía nada», nos dijo, «y los ojos de todos estaban clavados en mí». Luego prosiguió con el relato:

«Sin ninguna esperanza, estuve allí tirado durante mucho tiempo en el callejón. Luego, de repente, se acercó una silueta oscura. Fuera quien fuera se me arrodilló en ese callejón sucio y maloliente y comenzó a sortear todos los pedazos rotos».

«Cómo lo hizo, no lo sé, pero ese Hombre encontró, uno por uno, todos los trozos hechos añicos. Y comenzando por el corazón, me armó completamente. Ya han pasado cinco años desde que Él me encontró en ese callejón, y desde entonces me ha estado puliendo las rajaduras».

Con su voz ahogada por la emoción de los recuerdos, Guillermo terminó su charla con una invitación.

—Yo sé como son ustedes, muchachos, por dentro, —les dijo—. Yo estaba tan quebrantado como ustedes, tan desesperanzado, tan repleto de dudas de que algo o alguien pudieran reconstruir mi vida, pedazo a pedazo, alguna vez. Pero existe alguien que nos puede devolver nuestra integridad: el mismo Hombre que me buscó y me encontró en ese oscuro callejón.

Sosteniendo la botella, Guillermo continuó:

—Su nombre es Jesús, y ustedes pueden conocerlo como su Señor y Salvador personal. Ustedes le pueden permitir que Él arme nuevamente vuestra vida, como lo hizo por mí; y Él lo puede hacer esta misma noche.

El sermón de Guillermo había concluido, y la respuesta que obtuvo lo dejó pasmado. A pesar del olor a comida que venía de la cocina que se encontraba más abajo, nadie se movía de su asiento. El grupo de hombres generalmente bullicioso estaba en silencio, mientras pensaban en lo que acababan de escuchar. Y aunque los servicios por lo general no daban ningún resultado, esa noche hubo regocijo en los cielos: dos hombres conocieron a Aquél que los creó y que es el único que puede restituir nuestras vidas. Varios otros volvieron a dedicar su vida al Restaurador de sus almas.

¿Por qué funcionó una imagen verbal tan bien para comunicar una verdad espiritual a aquellos hombres? En realidad, no debería sorprendernos que las imágenes verbales sean una herramienta tan poderosa. Las páginas de la Biblia están repletas de ellas, y las imágenes verbales emocionales pueden ayudar a fortalecer nuestras vidas espirituales de cuatro maneras muy importantes.

1. Las imágenes verbales nos pueden acercar a Dios

Hagamos de cuenta que vivimos en un pequeño pueblo rural, y que jamás nos hemos alejado más de unas pocas millas de él. Si nos pidieran que nos pusiéramos en el lugar del presidente de los Estados Unidos, con todos sus viajes y conexiones a nivel internacional, comprender quién es y lo que hace nos parecería un imposible. Pero leemos el periódico, encendemos el televisor, o nos suscribimos a una revista de noticias y, de golpe, todo el mundo de los acontecimientos públicos está al alcance de la mano. Hasta podemos ver fotografías de los viajes del presidente y, como resultado, nos sentimos más cerca de él.

Las palabras y las imágenes pueden ayudarnos a cubrir la distancia entre un político y un ciudadano común y corriente. Sin embargo, la gente ha luchado aún más por tratar de salvar la distancia entre nosotros y un Dios todopoderoso y omnisciente.

El salmista escribió sobre Dios: «El SEÑOR ha establecido su trono en el cielo»,[85] y a través del profeta, Dios mismo proclamó: «Porque mis pensamientos no son los de ustedes, ni sus caminos son los míos».[86]

¿Cómo nos atrevemos a acercarnos a un Dios tan poderoso? Afortunadamente, Él ha tomado la iniciativa de revelarnos su presencia. En la expresión visible de su Hijo, vemos al Dios invisible con la mayor claridad. Y, a lo largo de las Escrituras, las imágenes verbales nos proporcionan la mejor manera de conocerlo y de comunicar su amor a los demás.

Pensemos en los padres que desean presentar el amor de Dios a sus niños. ¿A qué recurrirán muchos de ellos? Al Salmo 23, donde pueden leer a sus pequeñas ovejitas: «El Señor es mi pastor, nada me falta; en verdes pastos me hace descansar».[87]

Esos mismos padres y madres, cuando enfrenten las inevitables tragedias de la vida, recurrirán al mismo pasaje para echar una mirada a su amado Pastor: «Aun si voy por valles tenebrosos, no temo peligro alguno porque tú estás a mi lado; tu vara de pastor me reconforta».[88]

Las imágenes verbales han logrado siempre que Dios sea más accesible, más real y más comprensible para nuestra mente finita. Quizás sea ésa una de las razones por las cuales las utilizó tanto Jesús.

El principal estilo de enseñanza de nuestro Señor eran las *parábolas*. Las imágenes verbales colmaban los mensajes que les daba a las multitudes y discípulos por igual. Cualquier día se podían escuchar relatos sobre el buen samaritano, la higuera, la moneda perdida y la oveja perdida. Otras veces, Él lanzaba grandes desafíos hablando sobre las diversas clases de suelo, los talentos enterrados y los que habían sido invertidos, y la necesidad de que sus seguidores tomaran su propia cruz y lo siguieran.

Jesús se describía a sí mismo como el Buen Pastor, la Puerta, el Camino y la Verdad. Lo llamaban la Piedra Angular, el Pan y el Agua Viva para citar unos pocos ejemplos nada más.

La imagen tras el versículo

A pesar de que muchas de las imágenes verbales de Jesús sean muy conocidas, existen muchas que pasan desapercibidas. Y quizás la imagen verbal más ignorada que haya utilizado Cristo para describirse a sí mismo se encuentre justo antes de uno de los versículos más conocidos de toda la Biblia.

El primer versículo que muchas personas memorizan después de convertirse al cristianismo es Juan 3.16: «Porque tanto amó Dios al mundo, que dio a su Hijo unigénito, para que todo el que cree en él no se pierda, sino que tenga vida eterna».

¿Pero saben lo que dice Juan *3.14-15*?

Jesús le había estado hablando a Nicodemo de noche, respondiendo las preguntas del atemorizado fariseo con respecto a la salvación. Jesús le decía que tendría que volver a nacer de nuevo. Cuando Nicodemo no pudo comprender la necesidad de nacer física y espiritualmente, Jesús le presentó una imagen verbal cargada de significado para este erudito maestro de la ley.

«Como levantó Moisés la serpiente en el desierto», dijo Jesús en 3.14-15, «así también tiene que ser levantado el Hijo del hombre, para que todo el que crea en él tenga vida eterna». Luego, para explicar aún más esa imagen verbal, Jesús prosiguió diciendo las muy citadas palabras: «Porque tanto amó Dios al mundo...»

¿Una serpiente levantada en alto en el desierto? ¿A qué se refería Cristo? ¿Cómo podría esa imagen verbal ayudar a Nicodemo a comprender quién era Jesús y qué tarea tenía que cumplir?

A pesar de que nos cueste conectar los dos versículos, Nicodemo debe haber visto la alusión de Cristo como una imagen clarísima de quién decía ser. Eso se debía a que este líder religioso tenía que haber estudiado Números 21.4-9 y la historia de cómo se salvaron muchas personas mirando hacia una serpiente que colgaba de un asta.

Cuando la nación de Israel estaba deambulando por el desierto, la gente comenzó a protestar en contra del liderazgo de Moisés. Incluso cuestionaron la sabiduría de Dios que los había conducido al desierto; ése fue el límite.

Dios juzgó a los críticos hebreos enviando serpientes venenosas entre ellos. Una vez que fuera mordido por una de ellas, el individuo moría, y eso llevó a un clamor masivo de la gente para que Moisés le suplicara a Dios para que les diera una vía de escape. Moisés intercedió por ellos, y Dios les dio un remedio muy inusual para su dilema de vida y muerte.

Moisés recibió la orden de fabricar en bronce una imagen de la serpiente letal. Luego esa serpiente de bronce tenía que ser colocada en una de las astas que se utilizaban para llevar los estandartes tribales: un poste largo con una viga horizontal unida a él. Entonces, cuando alguno de ellos fuera mordido por una de las serpientes mortales, todo lo que tenían que hacer era mirar a la serpiente (que estaba sobre una cruz), y se sanarían.

¿Mirar a la serpiente sobre una cruz y sanarse? A pesar de lo simple que suene, estoy seguro de que muchas de las personas que fueron mordidas por las serpientes pensaron que era un pedido demasiado tonto, o no lo suficientemente complicado, o que no involucraba suficiente esfuerzo de parte de ellos. Pero como bien comprendieron después, aquellos que pusieron su fe en lo que Dios decía y miraron hacia arriba vivieron, y todos lo que no lo hicieron, murieron.

¿Pueden entender ahora la imagen verbal que se encuentra detrás del versículo más conocido en el Nuevo Testamento? Jesús le estaba diciendo a Nicodemo: «Yo soy como la serpiente que levantó Moisés en el desierto. Todas las personas han sido mordidas por el pecado y morirán. Sin embargo, Dios ha provisto la vía de escape. Porque cuando yo tome los pecados del mundo, y sea como esa serpiente sobre la cruz, aquellos que me miren serán salvos».

¿Qué imagen más clara podría haber dado Cristo sobre nuestra necesidad de salvación y la única vía de escape posible? Aun hoy día, existen aquellos que piensan que el plan de Dios es demasiado simple, imposible de demostrar de manera científica, sin suficiente esfuerzo por parte de los seres humanos. Y todas esas personas permanecen envenenadas por el pecado y encadenadas a las terribles consecuencias del mismo, porque se niegan a mirar con fe a Cristo en la cruz.

Ya sea la famosa imagen verbal del Buen Pastor o la poderosa imagen de una serpiente de bronce, Dios siempre ha compartido partes de su carácter y de su personalidad mediante imágenes verbales. Y esas mismas imágenes pueden ayudarnos también a recordar las verdades de las Escrituras.

2. LAS IMÁGENES VERBALES NOS PUEDEN AYUDAR A ENTENDER Y RECORDAR LAS VERDADES DE LAS ESCRITURAS

¿Cómo puede lo Infinito comunicar sus verdades a seres humanos finitos? El problema es similar, aunque a una escala mucho mayor, a reunirnos con un médico (quizás un especialista) para que él nos explique, en términos técnicos, nuestra enfermedad. Nos parecería que está hablando, literalmente, en latín. Sin embargo, cuando nos pregunta si entendemos, asentimos con la cabeza y decimos que sí. Por dentro, pensamos: *¿Qué es todo esto? ¿Significa que voy a vivir ocho años más o que me queda apenas un día de vida?*

En lo referente a las grandes verdades de la Biblia, nos podemos sentir exactamente de la misma manera. Sabemos qué es lo que tendríamos que comprender, de modo que nos miramos los unos a los otros y decimos, por ejemplo: «¡Qué maravilla! ¿No les parece que la justificación es algo magnífico?» Por dentro, nos sentimos tan confundidos como si estuviéramos en el consultorio de ese médico que ama el latín.

Sin embargo, Dios sabía que las imágenes verbales pueden aclarar las cosas y ayudarnos a entender su Palabra de una manera más profunda e íntima. De hecho, *Dios utiliza las imágenes verbales para comunicar casi todas sus verdades más importantes.*

Dios utiliza constantemente imágenes verbales
para comunicar sus verdades más importantes.

Quizás hayan escuchado a su maestro de escuela dominical o a un profesor del instituto bíblico diciendo la palabra *reconciliación* para describir uno de los aspectos de nuestra relación con Cristo. Pero si ustedes son como la mayoría de nosotros, esa palabra no parece tener demasiado impacto a nivel personal.

Sin embargo, observen cómo logra el pasaje de Efesios 2.14-15 que esa verdad cobre vida. Hablando sobre el hecho de que ahora los gentiles tienen la capacidad de compartir una relación con Dios que solía estar reservada para los judíos, Pablo dice: «Porque Cristo es nuestra paz: de los dos pueblos ha hecho uno solo, *derribando mediante su sacrificio el muro de enemistad que nos separa-*

ba… Esto lo hizo para crear en sí mismo de los dos pueblos una nueva humanidad al hacer la paz» (cursivas de los autores).

¡Qué imagen poderosa! Durante siglos, los judíos habían gozado del privilegio de ser el pueblo elegido de Dios, situados a un lado del «muro» que los separaba del resto de la humanidad. Para simbolizar esa separación, los judíos construyeron un muro de verdad alrededor de los atrios internos y externos del Templo, permitiendo que sólo los judíos tuvieran acceso al atrio interior, donde la presencia de Dios moraba en el Lugar Santísimo.

Por más que lo intentaran, las naciones gentiles no podían jamás encontrar un ariete lo suficientemente grande como para derribar ese muro y convertirse en participantes, junto con los judíos, de las bendiciones de Dios. Pero cuando vino Cristo, mediante su muerte y su resurrección, Él derribó el muro divisor de modo que *todos* pudieran tener una relación de amor con el Padre.

Como los alemanes del este y del oeste que celebraron la caída del Muro de Berlín, gracias a la imagen espectacular de Pablo nos damos cuenta de que algo que nos era posible de alcanzar (la paz con Dios) se encuentra ahora a nuestro alcance. Eso es reconciliación, en términos mucho más sencillos que cualquier definición teológica.

Otra imagen verbal nos aclara en qué reside nuestra seguridad como creyentes. En Efesios 1.13, leemos: «En él también ustedes, cuando oyeron el mensaje de la verdad, el evangelio que les trajo la salvación, y lo creyeron, *fueron marcados con el sello* que es el Espíritu Santo prometido» (cursivas de los autores).

En las épocas bíblicas, cuando algún rey deseaba estar seguro de que su carta llegara sin disturbios a su destino final, volcaba cera líquida al final del rollo, para luego sellarla con su anillo. La única manera de abrir la carta era rompiendo ese sello. Por tanto, la carta estaba segura, porque todo intento de alterarla hubiera sido obvio, suscitando la ira del rey.

¡Qué imagen de cómo Dios ha provisto un «salvoconducto» para los que creemos en Él! Como creyentes del Nuevo Testamento, sabemos ahora que estamos sellados con el Espíritu Santo y no tenemos que orar como el David de antaño: «No me alejes de tu presencia ni me quites tu santo Espíritu».[89]

Hasta la carta a los Romanos, considerada por muchos como la joya de la enseñanza teológica de Pablo, está repleta de imágenes verbales. Para explicar cómo estamos todos sujetos al pecado, tanto judíos como gentiles, él cita una serie de imágenes verbales del Antiguo Testamento: «'No hay nadie que haga lo bueno, no hay ni siquiera uno'. 'Su garganta es un sepulcro abierto…' 'Hay veneno de víbora en sus labios'».[90] En lo referente a nuestra dedicación a Cristo, Pablo escribió que cada uno de nosotros: «ofrezca su cuerpo como sacrificio vivo, santo y agradable a Dios»,[91] o sea, que depositemos nuestra vida y talentos sobre el altar de Dios.

A través de las Escrituras encontramos conmovedoras imágenes verbales que nos ayudan a comprender las verdades de Dios y recordar lo que se nos enseña. Por ejemplo, tratemos de leer Isaías 53 (la emocionante imagen del Mesías sufriente) sin experimentar, y recordar, las emociones que envuelven las diversas imágenes verbales que allí se encuentran.

«Como cordero, fue llevado al matadero; como oveja, enmudeció ante su esquilador; y ni siquiera abrió su boca».[92] «Todos andábamos perdidos, como ovejas; cada uno seguía su propio camino; pero el SEÑOR hizo recaer sobre él la iniquidad de todos nosotros».[93]

Las imágenes verbales nos pueden acercar a Dios y traer más claridad a nuestro conocimiento de Él. Sin embargo, además de todas las emociones positivas que acarrean las imágenes verbales, son una herramienta poderosa que Dios utiliza para darnos consuelo y aliento.

3. LAS IMÁGENES VERBALES SON UNA DE LAS PRINCIPALES MANERAS EN QUE DIOS NOS DA ESPERANZA Y ALIENTO

Para comprender cómo pueden las imágenes verbales profundizar nuestro amor por Dios y ayudarnos a experimentar su amor, no existe mejor lugar que las muchas oraciones que se encuentran en el libro de los Salmos.

Por ejemplo, Cuando David estaba huyendo de su hijo Absalón, él oró: «Muchos son, Señor, mis enemigos; muchos son los que se me oponen… Pero tú, Señor, me rodeas cual escudo».[94]

En otra ocasión, David estaba celebrando su liberación de Saúl y alaba a Dios utilizando una imagen verbal: «¡Cuánto te amo, Señor, fuerza mía! El Señor es mi roca, mi amparo, mi libertador; es mi Dios, el peñasco en que me refugio. Es mi escudo, el poder que me salva, ¡mi más alto escondite!»[95]

En nuestra propia vida, hemos visto que utilizar una imagen verbal puede ayudarnos a convertir los momentos áridos de oración en una valiosa conversación con Dios. Por ejemplo, yo (John) he recurrido muchas veces al Salmo 1 y he utilizado la imagen verbal que allí se encuentra como un modelo para mi oración.

El salmo dice: Dichoso el hombre que no sigue el consejo de los malvados, ni se detiene en la senda de los pecadores… sino que en la ley del Señor se deleita… Es como el árbol plantado a la orilla de un río que, cuando llega su tiempo, da fruto y sus hojas jamás se marchitan».[96] Esa imagen puede convertirse en una oración claramente guiada: «Ah Señor, te pido que mantengas hoy mis pies en el sendero de la sabiduría, y que mis raíces se aferren más que nunca a ti».

En cuanto a mí (Gary), toda mi vida y mi forma de orar han cambiado al experimentar las imágenes verbales que Cristo dio sobre la viuda que buscaba protección y el hombre que despertó a su vecino de noche para que le diera comida para un huésped inesperado.[97]

Aparte de ser la herramienta que tanto David como Salomón utilizaron para expresar sus temores, dudas, alabanzas y dolor, las imágenes verbales son también la manera en que Dios nos ministra con su amor.

Imágenes de amor, esperanza y apoyo

¿Han pasado alguna vez por un momento difícil en el que dudaron de que Dios los estuviera cuidando o protegiendo? Escuchen las imágenes verbales que Dios escogió cierta vez para reafirmarnos su amor:

«El que habita al abrigo del Altísimo se acoge a la sombra del Todopoderoso. Yo le digo al Señor: 'Tú eres mi refugio, mi fortaleza, el Dios en quien confío'. Sólo él puede librarte de las trampas del cazador y de mortíferas plagas, pues te cubrirá con sus plumas y bajo sus alas hallarás refugio. ¡Su verdad será tu escudo y tu baluarte!»

Como un niño pequeño que está parado a la sombra de su papá, un soldado que se refugia en una fortaleza armada o un joven aguilucho que busca la calidez de las alas de su madre, en estas alentadoras palabras del Salmo 91.1-4 vemos imágenes del amor y el cuidado de Dios por cada uno de nosotros.

¿Han estado alguna vez tan solos que han dudado de que Dios estuviera allí? Miremos una foto instantánea de un viaje que alguien realizó cientos de años atrás por la senda tenebrosa de las dudas.

«¿A dónde podría alejarme de tu Espíritu? ¿A dónde podría huir de tu presencia? Si subiera al cielo, allí estás tú; si tendiera mi lecho en el fondo del abismo, también estás allí. Si me elevara sobre las alas del alba, o me estableciera en los extremos del mar, aun allí tu mano me guiaría».

Estas reconfortantes palabras del Salmo 139.7-10 nos muestran que no importa dónde vayamos ni cuán solos nos sintamos, no podemos jamás perder la presencia de Dios ni su habilidad de ayudarnos a superar cualquier situación.

¿Se han preguntado alguna vez si Dios realmente lidia con los Castro, Khadafi y Saddam Hussein del mundo? Miremos una imagen escrita por el profeta Isaías: «¿Acaso no lo sabían ustedes? ¿No se habían enterado?... Él anula a los poderosos, y a nada reduce a los gobernantes de este mundo. Escasamente han sido plantados, apenas han sido sembrados, apenas echan raíces en la tierra, cuando él sopla sobre ellos y se marchitan; ¡y el huracán los arrasa como paja!»[98]

Ya sea la profundidad de nuestras plegarias, ayudar nuestras dudas o calmar nuestros temores, las Escrituras utilizan imágenes verbales una y otra vez para consolarnos y fortalecernos.

Incluso durante la última noche de la vida terrenal de Cristo, Él empleó imágenes verbales para estar seguro de que sus discípulos supieran que el

Padre los cuidaba y le proporcionaba lo necesario. Cuando se encontraban en el Aposento Alto, Jesús les prometió la presencia de un gran Consolador que los acompañaría, pero además les dijo: «En el hogar de mi Padre hay muchas viviendas; si no fuera así, ya se lo habría dicho a ustedes. Voy a prepararles un lugar»[99]

Hasta aquí, hemos visto que las imágenes verbales nos pueden acercar a Cristo, ayudarnos a entender y recordar verdades bíblicas importantes y darnos esperanza y estímulo. Pero existe un hecho más que destaca la importancia de su uso. Como Jesús, tenemos que poder traducir el evangelio a imágenes que puedan cubrir toda clase de diferencias.

4. LAS IMÁGENES VERBALES NOS DAN UNA HERRAMIENTA PODEROSA PARA LA EVANGELIZACIÓN

Un soldador utilizó sus herramientas como medios visuales que le ayudaron a hablar con un compañero de trabajo sobre Cristo. Ambos hombres comprendieron qué importante es una buena soldadura en los puntos de presión de un edificio. Explicando cómo Cristo es el único que puede soldar nuestras vidas para que no nos derrumbemos, el soldador acercó a su amigo al Señor.

Un mecánico aeronáutico utilizo el ejemplo de un «avión inseguro» para confrontar a un compañero, señalándole sus pecados y llevándolo a su Salvador. Una y otra vez, la gente ha utilizado objetos diarios, historias y recuerdos tomados de los manantiales descritos en los capítulos 7 a 10 para comunicarse a un nivel más profundo; y para comunicarse con Dios.

Y si no, pregunten a los que se encuentran en campos misioneros cuán importante es el uso de las imágenes verbales para comunicar verdades espirituales. Les relatarán historias como la de Don Richardson, captada en su libro excepcional: *Peace Child.*[100]

Don estaba trabajando entre la tribu de los Sawi en Indonesia, luchando por comunicar el evangelio. Sin embargo, para este grupo de salvajes, conocidos por sus sacrificios humanos e incluso canibalismo, él parecía retroceder en vez de avanzar.

A duras penas lo habían aceptado por sus herramientas, medicamentos y talento para cultivar la tierra. Pero no estaban interesados en lo que decía sobre Jesús; hasta que les habló de Judas.

Una noche, sentados alrededor de la fogata tribal, les contó la historia de cómo Judas había traicionado a Jesús. De repente, los miembros de la tribu se agitaron y aun vitorearon y sacudieron sus lanzas. Don no sabía que en esa cultura se admiraba la traición. ¡Uno de las mayores destrezas de un guerrero era lograr que el enemigo pensara que era su amigo, para luego matarlo!

Así que Don se sintió totalmente frustrado de que en tantos meses de esfuerzo, la única reacción que había obtenido de esos hombres eran aplausos para Judas, y no alabanzas para Jesús. Fue entonces cuando Dios le abrió los ojos para que percibiera una tremendamente efectiva imagen verbal.

Esta cultura tenía una costumbre, que Don ya conocía. Si estallaba una guerra entre las tribus vecinas, ellos sabían cómo restaurar la paz. El jefe de una de las tribus tenía que llevar a un niño pequeño de entre los suyos para dárselo al jefe de la tribu opositora. Luego, mientras ese niño viviera—*ese niño de paz*—reinaría una tregua entre las tribus.

Por fin, Don había encontrado la manera de ingresar en esa cultura que tanto necesitaba a Cristo. Esa noche, alrededor de la fogata, les contó a los nativos cómo Dios y toda la gente luchaban a causa del pecado, y sobre la guerra interior resultante. Luego les contó que Dios tenía un Niño de Paz: Jesucristo, quien vive para siempre para que haya paz entre Dios y toda la humanidad.

En el conmovedor libro de Don, podemos leer sobre el fervor evangelizador que irrumpió en la tribu, y en las tribus vecinas, cuando la gente recibió una imagen del amor de Dios que podían por fin comprender.

Los campos misioneros no son el único lugar donde las imágenes verbales nos pueden ayudar a propagar las buenas nuevas. Durante años, Cruzada Estudiantil para Cristo ha utilizado su folleto de las «Cuatro Leyes Espirituales» como una herramienta de evangelización. Éste folleto contiene dibujos e incluso una explicación de la vida cristiana como una locomotora de hechos ciertos que jala el vagón de nuestros sentimientos. Este pequeño tratado, el cual es básicamente una imagen verbal extendida, ha ayudado a miles de personas a conocer a Cristo.

Desde la evangelización al discipulado; del estímulo a la corrección, las imágenes verbales nos pueden ayudar a fortalecer nuestra vida espiritual. Y quizás, como un beneficio más, nos pueden ayudar a transmitir esa vida a los demás.

Al cerrar este capítulo, desearíamos contarles acerca de una imagen verbal que utilizó uno de los más grandes predicadores de todos los tiempos. Charles Haddon Spurgeon falleció en el año 1892, pero aún hoy día, uno de los mayores halagos que pueda recibir un predicador es que alguien diga que predica como Spurgeon.

Mientras que los mensajes impresos de otros grandes oradores están juntando polvo en algún estante, los sermones de Spurgeon siguen vigentes aún. No sólo se los lee, sino que se los predica hoy día. No debería sorprendernos que sus sermones estén repletos de imágenes verbales dirigidas al corazón de sus oyentes.

Aún permanecen impresos varios de sus libros, pero una historia que contó Paul Harvey en su programa radial justo antes de la Pascua sigue siendo nuestra favorita.

Cierta vez, parece que Spurgeon estaba luchando con el sermón para Pascua. Ya era sábado, así que decidió salir a caminar por las calles de Londres para tratar de capturar las frases y los ejemplos correctos.

Entonces pasó un niño que era uno de los tantos niños sin hogar de la ciudad. Este jovencito tosco y mal vestido llevaba una vieja jaula toda retorcida con un triste gorrión en su interior.

Intrigado por lo que estaba viendo, Spurgeon detuvo al niño y le preguntó acerca del pájaro dentro de la jaula.

—Ah, ¿esto? —respondió el niño—. Es tan solo un gorrión, y es *mi* pájaro. Yo lo encontré.

—¿Qué piensas hacer con él? —le preguntó el gran clérigo.

—Bueno... —dijo el muchacho—. Pienso que jugaré un rato con él, y luego, cuando me canse, pienso que lo mataré.

Este último comentario fue acompañado de una sonrisa malvada.

Movido por la compasión, Spurgeon le preguntó:

—¿Por cuánto me venderías ese pájaro?

—Señor, usted no quiere este pájaro, —acotó el niño riéndose—. Se trata tan sólo de un simple gorrión de campo.

Pero cuando se dio cuenta de que el caballero estaba hablando en serio, de repente su mente se inclinó hacia la extorsión.

—Se lo vendo por dos libras.

En esa época, dos libras sería el equivalente a cien dólares: un precio astronómico por un ave que no debería costar más de unos pocos centavos.

—Ése es mi precio. Lo toma o lo deja, —le dijo el niño con desafío en su voz.

Spurgeon le pagó el precio que pedía, y luego, yendo a un terreno cercano, lo soltó... Pero aún no había terminado con la jaula.

A la mañana siguiente, en el gran Tabernáculo Metropolitano donde predicaba, cuando la gente se sentó pudo ver una jaula vacía sobre el púlpito.

«Permítanme contarles una historia sobre esta jaula», dijo Spurgeon al comenzar el sermón que había vuelto a escribir la noche anterior. Luego les relató la historia sobre el niño y cómo él había comprado el pájaro a un alto precio.

«Les cuento esta historia», les dijo, «porque eso es exactamente lo que Jesús hizo por nosotros. Porque vean, un espectro maligno llamado Pecado nos tiene atrapados en una jaula de la que no podemos escapar. Pero luego, vino Jesús y le dijo al Pecado: '¿Qué piensas hacer con todas estas personas en esta jaula?' '¿Estas personas?' respondió el Pecado con una carcajada. Les voy a enseñar a odiarse el uno al otro. Luego jugaré un poco con ellos hasta que me canse, y luego los mataré'. '¿Cuánto dinero deseas para devolvérmelas?' le preguntó Jesús. Con una sonrisa, el Pecado le dijo: 'Tú no deseas estas personas, Jesús. Ellos te odiarán y te escupirán en la cara. Hasta te clavarán en una cruz. Pero si deseas comprarlas, te costará todas tus lágrimas y toda tu sangre: ¡tu vida entera!'»

Luego, Spurgeon finalizó diciendo: «Damas y caballeros, eso es exactamente lo que Jesús hizo por nosotros en la cruz. Él pagó el máximo precio inconmensurable para todos los que creyeran, para que pudiéramos vernos libres de la inexorable pena de muerte».

¿Y ustedes? ¿Hubo un momento en la vida de ustedes en que respondieron a lo que Jesús hizo por nosotros en la cruz? ¿Hubo un momento específico en el que confiaron en Cristo como la única manera de escapar de la jaula de la muerte?

Nuestra oración es que todos aquellos que tomen este libro descubran que las imágenes verbales de las Escrituras pueden ser una luz para el sendero: una luz que nos guíe fuera de la jaula de la muerte hacia la maravillosa libertad y vida eterna de una relación profunda y personal con Cristo Jesús.

¿SE PUEDEN UTILIZAR LAS IMÁGENES VERBALES DE MANERA EQUIVOCADA?

CAPÍTULO DIECISÉIS

El lado oscuro de las imágenes verbales emotivas

Hemos dedicado casi todo este libro a los beneficios propios del uso de las imágenes verbales emotivas. Francamente, el deseo de nuestro corazón sería el de ponerle fin aquí mismo, sin mirar más allá de lo positivo. Sin embargo, por más poderosas que sean las flechas emocionales que lanzan las imágenes verbales al corazón, existen ciertos individuos que parecen tener una coraza de hierro de tres pulgadas de grosor.

Estas personas no sólo desvían las imágenes verbales, incluso las que ofrezcan alabanza y estímulo, sino que con frecuencia toman la misma flecha, la convierten en un dardo candente, y lo lanzan de regreso al que la envió.

Con todo el poder que tienen las imágenes verbales para el bien, tienen un hermano mellizo que no podemos ignorar. El dominar las imágenes verbales puede ser extremadamente beneficioso para una relación. Pero cuando caen en las manos equivocadas, pueden convertirse en algo peligroso.

Cuando comenzamos la investigación histórica de las imágenes verbales, notamos un inquietante patrón. Nos dimos cuenta de que las personas más destructivas de la historia han logrado su cometido utilizando imágenes verbales.

Dichos individuos tienen una triste fama por la carnicería que han ocasionado. Sin embargo, las personas más nocivas que conozcamos no han disparado jamás un arma ni incitado una rebelión. Simplemente utilizaron el poder de las palabras para derribar y destruir matrimonios, familias, amistades y empresas. Esas personas quizás no hayan nunca disparado el gatillo, pero sus palabras han colocado una pistola cargada en la mano de los demás, apuntándola hacia la sien.

Sin ninguna duda, el uso y mal uso de las imágenes verbales nos ha demostrado la absoluta verdad de la afirmación: «La muerte y la vida están en poder de la lengua».[101]

Un médico fiel le comunica a su paciente las ventajas de tomar un medicamento, pero además le explica los peligros y los posibles efectos secundarios del mismo. De la misma manera, sería negligente de nuestra parte no advertirles los peligros potenciales de la transformación del lenguaje del amor en un lenguaje de odio.

El dominio de las imágenes verbales puede ser extremadamente beneficioso para una relación. Pero en las manos equivocadas, puede ser terriblemente peligroso.

En el mejor de los casos, las imágenes verbales comparten alabanzas y corrección, mejoran el entendimiento, y desarrollan una intimidad duradera y una mejor comprensión. En el peor de los casos, las personas las utilizan para controlar, reprimir, dañar o manipular a los demás. Nos hemos esforzado por comunicarles las herramientas vitales de las imágenes verbales. Pero ahora deseamos hacerles una advertencia. Pueden existir personas que utilicen estas herramientas en contra de ustedes como un arma.

El hecho de que algunas personas puedan utilizar el poder innato de las imágenes verbales para afectar nuestra vida no debería disuadirnos de su uso. Un esposo preocupado por su esposa embarazada, puede manejar velozmente su automóvil para llevarla al hospital, mientras que una persona embriagada y enojada detrás del volante se convierte en un arma mortal.

Seguimos manejando automóviles, dado su poder para el bien. Pero estamos concientes y prestamos atención a su poder para dañar y herir. Lo mismo ocurre con las imágenes verbales emotivas. Tendríamos que estar encantados de haber encontrado una herramienta que les pueda dar vida a nuestras comunicaciones y relaciones. Pero en las manos equivocadas, como las del *Führer*, Adolf Hitler, esta herramienta puede transmitir palabras de muerte.

Palabras de vida, palabras de muerte

Los años anteriores a la Segunda Guerra Mundial encontraron a Alemania sumida en problemas políticos y económicos. Paralizado económicamente, el gobierno electo se veía enfrentado al creciente descontento de las clases obreras.

Durante esa época de inestabilidad, un hombre vio su oportunidad de llegar al poder. Hitler tenía ideas grandiosas, pero necesitaba un punto de reunión de las masas para reclutar seguidores. Su mente inquieta tenía que encontrar algún símbolo que lo llevara a convertirse en el centro de atención que tanto anhelaba.

Un hombre oscuro y propenso a picos de depresión, no pudo ingresar por la puerta delantera del poder político. Pero, utilizando una imagen verbal, consiguió abrir las puertas traseras de par en par, atrayendo a sus compatriotas a sí mismo y sus ideas radicales.

La imagen retorcida que pintó fue la de los judíos, una raza que describía como «malvada y calumniosa»; un pueblo «corrupto» que había «penetrado sigilosamente en la tierra del Rin» para robar el poder y las riquezas de los obreros alemanes.[102] Las imágenes verbales que fabricó de manera tan insidiosa y que tan a menudo utilizó, las vendía luego a la clase obrera que luchaba a diario para comprar pan en las extensas filas de la depresión. Al hacerlo, propagó una ira infundada y un gran resentimiento en las masas de obreros desocupados o subempleados. Los temores y frustraciones que estos sentían fueron como chispas en paja seca. Con regocijo, Hitler avivó las llamas hasta convertirlas en odio. Escuchemos a una de las muchas denuncias mordaces que utilizó para incitar y encender a toda una nación:

> La raza judía es un parásito que vive en el cuerpo y en el obrero provechoso de nuestra nación… Únicamente cuando eliminemos el virus judío que infecta la vida del pueblo alemán, podremos tener la esperanza de establecer una cooperación entre las naciones, establecida sobre una comprensión duradera.

> A los judíos les gusta decir: «¡Únanse obreros del mundo!» *¡Obreros de todas las clases y de todas las naciones, yo les digo, despierten y reconozcan a nuestro enemigo común!*[103]

Con este símbolo de odio en la mano, Hitler estaba rodeado de una creciente legión de seguidores que hacían callar a gritos a cualquier líder político o religioso que se le opusiera. La clase obrera alemana en apuros se engulló las razones que daba para explicar el por qué de las dificultades económicas y sociales. Y la imagen corrupta que pintó de los judíos se convirtió en el cordero expiatorio para todos los problemas de Alemania.

La habilidad de Hitler para torcer la mente y el alma del pueblo alemán, en especial la mente de los jóvenes, obedecía, en gran parte, a su talento para comunicarse. Por desgracia, él no fue el único en ejercer un poder negativo sobre la vida de los demás. Sus clones malignos y sus homólogos han estropeado todas las generaciones antes y después. Tomemos como ejemplo a Jim Jones.

Ecos del mal

¿Se preguntaron alguna vez que fue lo que dijo Jones para lograr que cientos de personas dejaran su país de origen y se unieran a la marcha de la muerte a Guayana?

En sus principios en la iglesia de Los Ángeles, su púlpito se sacudía con una imagen verbal tras otra.[104] Las utilizó como cadenas para sujetar y esclavizar a cientos de hombres y mujeres a sus enseñanzas. Escuchen el sermón repleto de imágenes verbales que dio, el cual resultó trágicamente profético:

En mi mente, estamos en guerra. Somos una masa de gente, tantos que hasta oscurecemos la salida del sol.

Y esta masa está marchando y cantando. Tienen enemigos con la orden de dispararles. Sus cuerpos son como astillas que se alzan al cielo. Pero la gente sigue viniendo y nada los detendrá.[105]

El control que tenía sobre sus seguidores era tan poderoso que más de novecientas personas siguieron sus palabras hasta la muerte y la oscuridad. Ellos no fueron los únicos en morir. Los seguidores de Charles Manson llevaron a cabo parte de la matanza. Como Jones, él también lideró una banda de seguidores fanáticos en una diatriba de muerte. Y él, también, era un maestro en el uso de las imágenes verbales.[106]

En todas las épocas, los líderes de sectas han hecho uso de imágenes mentales y símbolos místicos, tales como la cruz invertida de los seguidores de Satanás, los que son en realidad imágenes verbales para sus enseñanzas ocultas. Lo mismo ocurre con las sectas contemporáneas, las que han adoptado símbolos religiosos tales como la cruz, el arco iris y un oasis para promover su propia marca de cristianismo falso.[107]

Los líderes políticos y de sectas han utilizado durante mucho tiempo las imágenes verbales para sofocar la vida física y espiritual de las personas. Trágicamente, existe un grupo mucho menos evidente que ocasiona el mismo daño: hombres y mujeres que practican su arte destructiva en hogares comunes y corrientes situados en vecindarios normales. Esas personas destruyen, aniquilan y controlan emocionalmente a sus esposos y niños. Cuanto más leemos sobre ello y hablamos con ellos y con sus víctimas, tanto más vemos que ellos también son maestros en el arte de las imágenes verbales.

Se trata de personas que, de muchas maneras, no saben cómo amar. Y mediante sus palabras, realmente ponen en peligro la vida física, mental, emocional y espiritual de los demás. El padre de Josefina es un ejemplo perfecto.

Estudio de un caso práctico sobre palabras que controlan

Josefina se crió en un hogar que podríamos describir como una pesadilla. Debido al hecho de que sus antecedentes familiares fueran tan nocivos, no debería sorprendernos que ella haya terminado en una sala de psiquiatría.

Yo (John) la conocí allí cuando estaba en la facultad. En esa época, había algo acerca de ella que no podía entender. Pasé de largo entonces, pero en el núcleo mismo de sus miedos había dos imágenes verbales emocionales. Cada una de ellas era una imagen vívida de crueldad y de temor que fueron la causa de su colapso mental y finalmente la empujaron a las tinieblas.

Con un padre alcohólico, el miedo y la incertidumbre eran sus eternos compañeros. Cuando su papá estaba ebrio y enojado, utilizaba siempre un apodo para ella: Niña demonio. Y como pintor vacilante, su padre era adicto a las películas y libros de terror, así como al alcohol. Cuanto más caía, tanto más se aferraba a su imagen de «hombre» asustando a su hija sensible e impresionable con historias terribles.

La mayoría de las noches, ella permanecía despierta durante horas, escuchando en sus oídos la cruel risa de su padre persiguiéndola por el pasillo hasta su habitación. Tenía miedo de irse a dormir, por temor a que las cosas horribles que él decía que ella tenía dentro de su cuerpo decidieran salir. Aun cuando creció y declaró que no creía en los demonios, aún así no podía sacarse de encima las cicatrices negativas que las imágenes verbales de su padre habían dejado en su imagen personal. A través de los años, cuando creció y se transformó en una mujer, sus palabras le quemaban como ácido sulfúrico sobre su alma. Y luego, una noche, ese dolor se multiplicó por cien.

En un ataque de ebriedad, entró abruptamente en el dormitorio de su hija y le arrebató lo poco que le quedaba de inocencia e infancia. Como si el incesto no fuera suficiente, le dejó una segunda imagen verbal aterradora al salir.

Mientras ella estaba allí tirada sobre la cama, luchando por contener el llanto de la vergüenza y el dolor, él le dijo que si ella le contaba alguna vez a alguien lo ocurrido, pesaría sobre ella una maldición. Le dijo que si revelaba su secreto, las cosas más horribles le sucederían una semana o un año después. Pero una noche, se despertó con los pasos y los arañazos de alguien fuera de su ventana, que se acercaba para agarrarla: alguien que la mataría de la manera más espantosa.

Como niña, nunca se le había ocurrido pensar a Josefina que su padre estaba loco. De modo que, como tantas otras veces antes, ella ahogó su última dosis de miedo y de vergüenza. Pero no volvió a cerrar los ojos hasta que los rayos del sol penetraron e invadieron cada rincón de su habitación.

Ella hizo todo lo posible para continuar viviendo, y para que nadie notara su angustia. Por fuera, ella se veía tan tranquila como un cementerio, pero por dentro, la batalla era feroz. No encontraba ningún lugar donde descansar, ningún rincón donde esconderse. Sin ninguna fuente terrenal de consuelo, hasta intentó orar. Sin embargo, cuando se arrodilló junto a la cama, derramando la terrible carga de su corazón, la invadió de repente el miedo.

Al contarle sus problemas a Dios, ¿habría revelado el secreto y desatado la maldición de su padre? ¿La mataría algún extraño? Durante la noche la asolaba el pensamiento de que alguien estuviera parado junto a su ventana con un cuchillo; de día, la invadían las palabras: «Niña demonio».

Al borde de la locura, le contó a su madre por fin el secreto que había estado ocultando. Durante un momento sintió el alivió de compartir esa horrible carga con otra persona. Pero, de repente, su madre la abofeteó y la acusó de mentirosa. Eso la destruyó. Engullendo un puñado de somníferos, buscó amparo en la oscuridad de la muerte.

Ella sobrevivió ese primer intento de suicidio y permaneció en una sala de psiquiatría durante dos meses antes de regresar a la casa de sus padres. A los seis meses, escuché que ella se había suicidado. Josefina era una niña asustada; más asustada del lado oscuro de su padre que de la muerte misma.

Sabemos que la historia de Josefina es un caso extremo. Es probable que sea el ejemplo más gráfico que conozcamos sobre el poder destructivo de la lengua. A pesar de que el daño en muchos hogares no sea tan amenazante, existen, no obstante, graves consecuencias emocionales y físicas.

Ejemplos cotidianos del lado oscuro de las imágenes verbales

Conocemos a un vendedor que no puede mantener un empleo. En gran parte, se debe a que no puede superar las palabras pronunciadas por su padre en el pasado. Las pronunció después del primer y único partido de béisbol al que asistió para mirar cómo jugaba su hijo. Quizás tenía la intención de «motivar» a su hijo para que mejorara, pero los resultados fueron todo lo opuesto.

«Eres un despreciable», le dijo, después de que su hijo había errado tres veces a la pelota y realizado dos errores en sus dos turnos de lanzamiento. «Eres tan sólo un jugador de cuarta. No te molestes en pedirme que no vaya a trabajar para venir a verte jugar hasta que te conviertas en un jugador de primera. De hecho, no me molestes más. *Siempre serás un jugador de cuarta categoría*».

Por supuesto, éste no fue el único comentario cortante que le dijo su padre. Era todo un profesional en lo referente a las palabras dañinas. Pero la imagen de ser una persona de «cuarta categoría» permaneció con su hijo durante años, como suele siempre ocurrir con las imágenes verbales. Y ahora, este hombre adulto no puede ser un «jugador de primera» en nada, ni siquiera como esposo y padre.

Sin embargo, no está solo. Conocemos un ama de casa cuya madre le expresó, vez tras vez, la siguiente imagen verbal:

«Diana, cuando estén bajando mi féretro en la tumba, te arrepentirás de no haber venido más seguido para llevarme a la tienda o para contarme lo que hace ese marido que tienes. Te arrepentirás de haberme abandonado como un perro en la perrera».

Cada exigencia de su madre venía acompañada de una sentencia que la hacía sentirse culpable: «Un día te arrepentirás, Diana, cuando me pongan en la tumba». Su madre la tironeaba de un lado para otro cual barrilete.

Aun cuando Diana tratara de ponerse firme y defender lo suyo, siempre caía en períodos de ira y depresión. Si no corría a hacer algún mandado caprichoso para su madre, comenzaba a experimentar una culpa terrible por no «amar» a su madre como correspondía.

«¡Eres un vago!» «¡Siempre andas con la cabeza en las nubes!» «Si tu cerebro fuera pólvora, ni siquiera podrías explotarte la nariz!» En ocasiones, todos somos capaces de decir cosas negativas a nuestros hijos o cónyuges, de las cuales nos arrepentimos luego.

Tales palabras, dichas en el calor de una discusión, pueden lastimar y castigar. Pero, a lo largo de los años, las palabras más dañinas que hayamos visto no son necesariamente aquellas que se dicen sin pensar. Más bien, las más perniciosas acarrean a menudo un propósito frío y calculado y se las utiliza para manipular, castigar y controlar a los demás.

¿Qué clase de personas se inclinan al lado oscuro de las imágenes verbales? ¿Por qué?

Antes de expresar lo que sentimos al respecto, observemos el perfil de las personas que están involucradas en esto: esas personas que no pueden amar a aquellos que las aman y que nunca parecen *escuchar* las imágenes verbales que compartimos con ellos. Nuestro temor es que esa clase de hombres o mujeres tomen las herramientas de comunicación que se encuentran en este libro y las utilicen para destruir emocionalmente a los demás.

No pretendemos que lo que sigue sea una imagen exhaustiva de tales personas. Pero siempre hemos visto que emerge un modelo similar. Si les puede ayudar a detectar el mal uso de las imágenes verbales, nuestra advertencia habrá cumplido con su propósito.

Perfil de las personas que utilizan constantemente el lado oscuro de las imágenes verbales

Al conversar con muchas de las víctimas que provienen de hogares hirientes, comenzamos a ver un perfil común de las personas que comparten, vez tras vez, sufrimiento y no amor. A menudo nos puede parecer que esas personas son socialmente aceptables pero, emocionalmente, ellas pueden ser fatales para los que vivan con ellas.

En total, hemos visto cinco características propias de aquellos que tuercen las imágenes verbales para convertirlas en armas de destrucción. Antes de mirar esta lista, permítanos volver a mencionar que todos somos capaces de decir cosas hirientes. De vez en cuando, todos caemos periódicamente en alguna de estas categorías. Pero si nos damos cuenta de que nosotros (o alguna otra persona) las practicamos como un estilo de vida, o si negamos vehementemente su aplicación a nuestro caso, tendríamos que izar la bandera de peligro como advertencia.

Las personas que utilizan constantemente el lado oscuro de las imágenes verbales se abalanzan sobre nuestros defectos pero rechazan toda corrección que les demos.

En el centro de todas las personas que utilizan palabras para castigar a los demás existe una terrible necesidad de desviar la luz de la corrección hacia los defectos ajenos para que no ilumine los propios. Las personas que tienden a ser destructivas con sus palabras perciben velozmente los defectos de los demás. Pero, cuando se trata de aceptar sus faltas personales o problemas en su propia vida, caminan a paso de burro.

Estas personas rara vez demuestran su talento destructivo con personas ajenas. Su talento está reservado para las personas que compartan su hogar. Como resultado, la imagen casi perfecta que presentan a los visitantes de paso puede confundir y atormentar a los que vivan allí. Estos pueden comenzar a pensar que quizás su hogar sea realmente «normal» y que ellos tendrían que sentirse más felices y seguro.

Tales personas utilizan imágenes verbales como armas para constantemente corregir a los demás, pero nunca las utilizan para alabarlos. Si nos atreviéramos a corregirlos, nos enfrentaríamos a la furia de una serpiente acorralada en un rincón. Si cedieran un milímetro, y aceptaran una de nuestras imágenes verbales como corrección, se abrirían kilómetros y kilómetros de senderos con basura desparramada por todos lados en su vida.

Las personas que utilizan constantemente el lado oscuro de las imágenes verbales nos hacen sentir con frecuencia mal y, de alguna manera, nos convencen de que se trata de nuestra culpa

Existe una constante en las personas que utilizan mal las imágenes verbales. Tienen la habilidad de cortarnos con sus palabras hirientes sin dejar ninguna evidencia que los incrimine.

Por ejemplo, tomemos el ejemplo del padre que le dijo a su hijo que era una persona de «cuarta categoría». Cuando lo confrontamos con su imagen verbal persistente y negativa, él se justificó diciendo que era un factor positivo y de motivación en la vida de su hijo.

«Hace muchos años atrás, ¡el mejor entrenador de mi vida me dijo lo mismo! Me dijo que nunca sería nada más que un jugador de cuarta, así que yo fui y le demostré que se había equivocado. Eso es todo lo que deseo para mi hijo. Sé que lo puede hacer. ¡Deseo que demuestre por fin a su familia y amigos que es todo un éxito!»

Suena muy bien. Pero no lo es si presionamos sus palabras. Mientras que su apariencia luciera tan sólida como un roble, las espinas que había enterrado en su hijo habían hecho su trabajo de erosión. De algún modo, sus constantes discursos sobre la «cuarta categoría» no contenían el significado generoso que él afirmaba. En cambio, sus palabras hicieron un corte tan rápido y prolijo, que su hijo no comprendía por qué tenía tantas cicatricen emocionales en él.

Su mísera explicación ocasionó aún más daño a su hijo. Éste se odiaba a sí mismo por ser tan sensible, mientras que todo lo que su padre deseaba era ayudarlo. Este pobre hijo de «cuarta» nunca vio el fuego que yacía detrás de las palabras de su padre, a pesar de que el humo le hacía arder los ojos. El padre no sólo se negaba a aceptar ninguna culpa, sino que era además un experto agresor, logrando además que su hijo sintiera que toda la culpa era de él.

Las personas que usan las imágenes verbales de modo incorrecto, desean muchas veces lograr algo bueno de manera equivocada. Pero, como tienen presente lo «mejor» para los demás, las incisiones emocionales que dejan en sus víctimas encuentran siempre una excusa.

Las personas que utilizan constantemente el lado oscuro de las imágenes verbales cubren a menudo un trío de problemas personales con palabras sombrías.

En el centro de la mayoría de las adicciones: sexo, alcohol, drogas o herir verbalmente a los demás, se encuentra un trío de problemas personales.[108] Éste está compuesto por miedo, enojo y soledad. Es muy difícil lograr que una persona destructiva acepte consejería. Porque, después de todo, ellos no perciben la necesidad.

Las personas adictas a dañar a los demás incluyen a hombres y mujeres que tienen tantos problemas personales que se sienten incómodos con la calidez de una relación de intimidad. Como prisioneros encerrados en un calabozo durante meses que cierran los ojos ante la luz del sol, ellos permanecen en las sombras. Están más acostumbrados a pronunciar y escuchar palabras de oscuridad que palabras de luz que los hagan sentirse fuera de lugar.

Las personas que están llenas de imágenes de miedo y enojo, sumidas en una profunda soledad, son los candidatos perfectos para el mal uso de las imágenes verbales. Con sus palabras, ellos recrean su terrible mundo tenebroso para los demás.

Las personas que utilizan constantemente el lado oscuro de las imágenes verbales carecen a menudo de toda capacidad de empatía y estímulo.

La madre del ama de casa que utilizaba constantemente la culpa para motivar a su hija, tenía otra característica común a aquellos que hacen mal uso de las imágenes verbales. Exigía empatía, comprensión y estímulo al instante por parte de su hija, pero no era capaz de devolverle esas mismas cosas.

Ella quería que su hija satisficiera sus necesidades: ¡ahora mismo! Pero ni siquiera se fijó una sola vez en el daño que le ocasionaba al matrimonio de su hija tener que dejar todo para satisfacer cada uno de sus mezquinas necesidades. Tales necesidades incluían ir a comprar un galón extra de leche justo antes de que su hija se fuera de viaje por el fin de semana. («Después de todo, viene el fin de semana, y tú sabes que yo no puedo ir sola a la tienda, y todos están tan ocupados, y tú no vas a estar por aquí durante días, y…»)

Presten atención a aquellos que exigen empatía pero nunca ven las visibles necesidades de consuelo y estímulo en nuestra vida. Como ocurre con esta dura madre, ellos se aferran a una imagen verbal y la usan para controlar, manipular y esclavizar a los demás.

Las personas que utilizan constantemente el lado oscuro de las imágenes verbales no respetan los límites legítimos de nuestra vida.

Como ocurre con todos aquellos que cometen incesto, el padre de Josefina derribó los límites sanos que existen entre padres e hijos. No sólo entraba al cuarto de ella sin golpear o interrumpía sus conversaciones en todo momento, sino que no respetaba los límites de su persona.

Este padre es un ejemplo extremo (a pesar de que no sea poco común, por desgracia) de aquellos que destruyen las vallas de protección. Tales personas utilizan las imágenes verbales para tirar abajo todo aquello que les impida sofocar a los demás.

La madre del ama de casa deseaba destruir el matrimonio de su hija porque éste se interponía entre ellas e impedía que su hija satisficiera todas sus necesidades egoístas. Y el padre de Josefina ni siquiera permitía que existiera una barrera natural de protección sexual en su casa.

Si de repente se dan cuenta de que han sido golpeados por una imagen verbal, verán que, a menudo, el golpe ha sido asestado por alguien que desea destruir un límite percibido entre ustedes y ellos, no importa cuán saludable sea.

Estas cinco características son las maneras más comunes y destructivas de utilizar las imágenes verbales de manera incorrecta. Por favor, tómenlo como una advertencia. Porque el daño que podemos causar en los demás puede durar toda una vida.

Nuestro temor es que la gente tome esta lista y salga a cazar brujas. Ésa no es nuestra intención. Todos podemos ser menos alentadores de lo que deberíamos ser; menos abiertos a que nos corrijan; menos sensibles. Sin embargo, si una persona tiene todas estas características y las manifiestan una y otra vez, no esperen lograr mucho cuando las enfrenten. Lo más probable es que utilicen el poder de las imágenes verbales para atacarlos y que busquen asumir un control pernicioso sobre la vida de ustedes y la vida de los demás.

Después de la oscuridad viene el día

En la sociedad y mundo en que vivimos, llegará el día en que nos toparemos con personas malas. Si este capítulo logra advertirles sobre el peligro del poder negativo de sus palabras e imágenes verbales, habremos logrado nuestro propósito. Si lo único que logra es asustarlos de tal manera que jamás utilizarán una imagen verbal más, habremos fracasado.

En la excelente serie de libros para niños de C. S. Lewis: *Las Crónicas de Narnia*, el personaje principal es un magnífico león llamado Aslan. En una de las historias, este poderoso león se hace amigo de varios niños.

Dos de ellos ya lo han conocido a Aslan, y el tercero está por conocerlo, pero teme los resultados:

—¿Acaso es él… bastante seguro? —preguntó Susana.

—Por supuesto que no es seguro. Pero él es bueno —dijo el Sr. Castor.[109]

Ésa es la manera en que nos sentimos con respecto a las imágenes verbales. La historia y la experiencia nos han demostrado que ellas son demasiado poderosas como para que sean mansas o seguras. Pero las podemos utilizar para realizar el bien.

No deseamos cerrar el libro de manera negativa; y no lo haremos. Porque de nuestras palabras y de nuestras imágenes verbales pueden emanar calidez, amor y vida. En el siguiente capítulo, hemos escogido personalmente más de cien de las imágenes verbales más poderosas que hayamos jamás escuchado. Y deseamos compartirlas con ustedes. Las podrán utilizar en su casa, su trabajo o con amigos… o les servirán de estímulo para crear sus propias imágenes verbales de aquí en más.

Gary Smalley y Dr. John Trent

UN TESORO DE IMÁGENES VERBALES AL ALCANCE DE SU MANO

CAPÍTULO DIECISIETE

101 Imágenes verbales
probadas por la experiencia de vida

La investigación para realizar este libro ha sido una gran alegría. En gran parte se debe al hecho de que esa investigación ha implicado muchas horas de conversación con diversas parejas o largas charlas con personas después de alguna de nuestras conferencias. En muchos encuentros cotidianos y por carta, la gente nos ha expresado que las imágenes verbales han causado un verdadero impacto en su vida.

Desearíamos incluir las miles y miles de imágenes verbales que hemos tenido la suerte de recoger durante los años. Son una colección de alegría incontenible y de desconsolada tristeza. Son las palabras de un padre que está envejeciendo y que les escribe una «bendición» a cada uno de sus hijos y es el dolor expresado por una abuela que estaba demasiado ocupada para atender a sus hijos cuando era joven. Provienen de un esposo que, por primera vez, encuentra las palabras para alabar a su esposa, y de una esposa que escribió un libro sobre cómo alentar a los demás.

Hemos recogido además cientos de imágenes verbales provenientes de la vida laboral, familiar, social y espiritual que pueden lograr que una persona medite profundamente en sus relaciones. Hemos llorado al leer una imagen verbal, y nos hemos largado a reír con otra. Muestran las mejores cualidades del carácter del ser humano y, al mismo tiempo, todas sus debilidades.

Esperamos que hayan disfrutado del aprendizaje de este concepto de todos los días con su extraordinaria capacidad para cambiarnos la vida. Y esperamos que se sientan aún más alentados por la selección de imágenes verbales que hemos elegido para las páginas siguientes.

Como el mejor manzano del lugar, deseamos que todas sus relaciones crezcan y prosperen y den buen fruto. Deseamos también que permanezcan plantados junto a manantiales de agua de vida, y que sus floren den una fragancia de amor y estímulo para los demás. Que Dios los proteja de las tormentas y los mantenga para siempre en su luz.

Cómo capturar las alegrías y las luchas del matrimonio

Las alegrías...

1. Mi esposo me trata como una habitación repleta de valiosas antigüedades. Entra, me levanta, y me sostiene con mucho cuidado y ternura. A veces siento como que soy el objeto más precioso del hogar. Él me reserva los mejores momentos y sus mejores esfuerzos, en vez de dedicárselos a la televisión.

2. Con la clase de empleo que tengo, a menudo siento que estoy caminando por el desierto en un día veraniego de mucho calor. Después de luchar con el calor y los cactus todo el día, llego al final del sendero y me encuentro con una hermosa laguna de agua fresca. Por fin me encuentro en un lugar donde puedo beber agua y refrescarme. Así es como me siento cuando estoy con mi esposa. En cuarenta y cuatro años de matrimonio, aún siento que estar con ella es como haberme topado con un oasis.

3. Soy un barco con banderas pintadas de todos los colores que navega en la cálida y suave brisa caribeña del amor de mi esposo. Durante mi infancia me obligaron a navegar en un barco inestable a través del océano Atlántico Norte. Más de una vez, estuve a punto de encallar. Pero con el amor de mi esposo, siento que he cambiado de navío y le he dado la vuelta al mundo navegando sin cesar. En vez de las feroces tormentas del Atlántico, siento la presencia de un constante viento cálido que me empuja a puerto seguro.

4. Me siento como una bellota que fue tirada a una pila de rocas. Nunca tuve la cantidad necesaria de luz ni el suelo apropiado, de modo que crecí y me convertí en un roble chueco y torcido. Pero en nueve años de matrimonio, siento que tú has hecho algo imposible. Me has transplantado a un lugar en el sol donde puedo por fin crecer derecha y erguida.

5. A lo largo de los años hubo momentos en que me enfrenté a tormentas de granizo que pensé que se convertirían en tornados. Pero, como un refugio para capear el temporal, siempre puedo recurrir a mi esposo para que me proteja de todo mal. Él es sólido como una roca, y yo sé que siempre estará allí cuando aparezcan los nubarrones de tormenta en mi vida.

6. Siento como que los niños y yo somos una valiosa parcela de tierra de cultivo con un suelo oscuro y rico. Si alguien no nos cuidara correctamente, no tardaríamos en llenarnos de zarzas y espinos. Afortunadamente, mi esposa es como un maestro jardinero. Todos los días, de mil maneras diferentes, nos alimenta y nos cuida con amor. Gracias a su talento para plantar y cultivar una relación íntima, tenemos un jardín que es la envidia de todos nuestros vecinos.

7. Amo a mi esposo porque él siempre hace todo lo posible para que yo sepa que soy la mujer más importante de su vida. Me hace pensar en un hermoso setter inglés. Su pelaje color ámbar brilla mientras corre alegre por las praderas junto a nuestro hogar. Sé que hay otros perros en la pradera: son hermosas perras de exposición, mucho más bellas que yo. Sin embargo, él las ignora y siempre regresa a mí. Todas las noches, sus hermosos ojos pardos me dicen: «No existe nadie más que tú».

8. Cuando cumplí los treinta años, comencé a sentirme muy insegura. Entonces, mi esposo me dio la imagen verbal exacta que necesitaba en ese momento. Cuando me encontró haciendo mohines y sintiendo miedo de que me dejaría por otra mujer, él me dijo: «Cariño, cuando uno vive con un Cadillac blanco, convertible, nuevo y reluciente, no existe el deseo de correr y manejar un Volkswagen».

9. Para mí, la vida es a veces como el esquí acuático. La soga de arrastre tira de repente, y me caigo precipitadamente al agua. Pruebo otra vez, y me vuelvo a caer. Me quedo en el agua temblando, exhausto y solo. Cuando estoy decidido a abandonar la lucha, mi esposa corre con cariño a rescatarme. En un instante, me tira una soga, y yo salgo del agua helada. Con ella, estoy abrigado, seguro y amado. ¡Mi maravillosa esposa me ha rescatado una vez más!

10. Antes de perder mi pierna en un accidente, me sentía como una manzana más en un barril. Pero durante mucho tiempo después de la cirugía, me sentía como podrido, por dentro y por fuera, y sin ningún valor. Sin embargo, mi esposa nunca me vio de manera diferente. Sabe que luzco diferente por fuera, pero que mi interior nunca cambió. Para ella, soy único y estoy entero.

11. El amor de mi esposa es como un enorme vaso de té helado en un caluroso día de verano. Es fresca y vigorizante. Su frescura restaura mi fuerza y apaga la sed de mi alma seca y polvorienta.

12. Mi esposa y yo somos como un equipo estelar de béisbol. Puedo interceptar y devolver algunas de las pelotas que han sido golpeadas con más fuerza, y a veces las tiro por encima de la cerca. Pero si no fuera por la constancia de mi esposa para ingresar día tras día al home plate, jamás ganaríamos.

13. El día que te conocí, sentí una ola de entusiasmo diez veces mayor a la que sentí cuando entró mi primer cliente a mi oficina. Ya hemos estado casados

durante ocho años, y tengo muchos clientes con los cuales comparto mi tiempo. Pero estar contigo sigue siendo aún la cita más valiosa de toda mi agenda.

14. Me siento como una pequeña zorra feliz que, correteando un día por el bosque, conoce a un hermoso zorro. Nos enamoramos, y él se convierte en mi compañero más íntimo. A pesar de algunos roces de vez en cuando con cazadores y animales más grandes, él siempre me protege. Aun cuando se trate de defenderme y luchar por mí, él se enfrenta a todo. En unos pocos meses tendremos un bebé zorro a quien cuidar. Mi oración es que ese pequeño zorro o zorra amen a su papá tanto como yo.

15. Los problemas de la vida me hacen a veces sentir como el capitán de un barco que se está hundiendo. A menudo, cuanto más cercano está a hundirse, tanto más se zambullen las personas que me rodean y me dejan solo para salvar el barco. Estoy agradecido de tener un primer oficial que permanece a mi lado, pase lo que pase. Si no fuera por ella y su fortaleza, suave y calma, con la que me alienta, ya me habría dado por vencido y habría saltado por la borda hace mucho tiempo.

16. Cuando regreso a casa del trabajo, muchas veces me siento como un piloto de caza cuyo avión ha sido acribillado a balazos. ¡Es tan maravilloso volver a casa para estar con mi esposa! Como un eficiente tripulante de tierra, ella se esfuerza por restaurar mis fuerzas y prepararme para regresar al calor de la batalla. No podría lograrlo sin ella.

LAS LUCHAS...

17. A veces me siento como nuestro pequeño caniche. Ella solía ser el objeto de nuestro más profundo cariño, pero ahora la echamos de nuestro lado. Busca continuamente nuestro amor, pero no lo encuentra. Tan sólo sentarse a nuestro lado, la haría feliz. Pero siempre termina sola en la otra habitación. Continuamente busco el amor de mi esposo, sin embargo el me echa. Cuánto desearía un poco de atención, aunque más no fuera un esporádico abrazo.

18. Cuando me acababa de casar, me sentía como un hermoso libro de cuero, confeccionado a mano, con ribetes dorados, que había recibido mi esposo de manos de Dios. Al principio me recibió con gran entusiasmo y pasión. Me celebraba, hablaba de mí, me compartía con los demás y me trataba con cuidado. Con el pasar del tiempo, me ha colocado en un estante donde lo único que hago es recolectar polvo. De vez en cuando recuerda que estoy allí. ¡Si tan sólo me sacara del estante y me abriera! ¡Si tan sólo viera cuánto más tengo para ofrecerle!

19. Me siento como el perro amado de un niño pequeño. Durante siete meses al año, me cuida maravillosamente bien. Jugamos, hacemos largas caminatas y nos brindamos mucho afecto. Pero cuando comienza la temporada de béisbol, me deja y se va a jugar con sus amigos. A veces se olvida de darme de comer y casi nunca tiene tiempo para mí. Está tan ocupado que apenas me da la comida, agua y atención que tanto necesito. Se me va el brillo de mi pelo y mi ágil andar, y sueño con lo maravilloso que sería que él regresara. Espero poder aguardar.

20. Sé que podría ser una feroz llama de entusiasmo, pero mi esposa suele apagarme con sus palabras y mi fuego se reduce a unas pocas brasas en extinción. Si tan sólo avivara el fuego con algunas palabras de aliento o un abrazo tierno cuando llego a casa del trabajo, mis llamas volverían a arder con más fragor que nunca.

Cómo expresar las alegrías y los desafíos de la crianza de los hijos

LAS ALEGRÍAS...

21. Cuando veo a mis hijas y lo bien que les va en la vida, el orgullo que llena mi pecho es como los picos nevados de las montañas Rocallosas sobre un hermoso valle. Me siento como si estuviera en la cima del mundo. Mis hijas ya se han ido de casa, y la mayor parte del tiempo, las montañas permanecen algo alejadas. Sin embargo, desde lejos, cuando las miro me lleno de asombro y agradecimiento.

22. Cuando nació mi hija sentí como que Dios me llevaba a una hermosa playa y me mostraba un océano lleno de bendiciones futuras que ella aportaría a nuestra vida. Es demasiado maravilloso como para comprenderlo; demasiado hermoso de creer.

23. Mis hijos son como estrellas en un cielo sobre el desierto. Cada uno brilla de manera diferente y tiene un lugar exclusivo en la creación. Como esas estrellas, mis hijos titilan de manera especial y arden de amor por los demás. Mi esperanza es que mientras vivan, brillen con ese mismo amor que percibo hoy.

24. Cuando mis hijos hacen el esfuerzo de llamarme o pasan a visitarme, me parece que recibo un regalo especial. Todos esperamos recibir un regalo para Navidad. Pero casi todas las semanas, recibo una tarjeta, una llamada, o una visita de uno de mis hijos. Es como si recibiera obsequios de Navidad el año entero.

25. Me siento como un halcón en el nido, alimentando con cuidado y protegiendo a mis polluelos. Con mi vista aguda y todos los sentidos en estado de alerta,

recojo alimentos y presto cuidadosa atención a los depredadores que desean robar-los. ¿Es una tarea agotadora? Ya lo creo. Sin embargo, jamás me sentí más impor-tante y útil en mi vida. Me encantan las exigencias de cuidarlos y amarlos.

26. Cuando regreso a casa después de un día de duro trajín, me siento a menudo como una mujer abandonada en la mitad de un desierto. Exhausta y sedienta, anhelo la quietud y frescura de un oasis de paz. Mi esposo y mi hijo me dan ese lugar de descanso y tranquilidad que tanto necesito, brindándome su placentera compañía y su sacrificio para ayudarme a realizar las tareas del hogar. Siento que tengo dos ángeles que son también mis mejores amigos, buenos ayudantes, que me dan ánimo con amor.

27. Amo a mi familia. Cuando la vida me hace sentir como que estoy tratando de achicar un trasatlántico que se está hundiendo con un vaso de papel, con todo amor se acercan y me ayudan. A pesar de que eso no disminuye la cantidad de agua que inunda el barco, ¡sin duda me ayuda a hacerlo con mayor rapidez! ¡No entiendo como pude vivir sin ellos!

28. Mi familia es como un sillón reclinable bien suave y mullido, completo con todas las opciones y extras que pueda tener. Sus palabras son cálidas y reconfortantes como un elemento para dar calor; sus abrazos son como un masaje que calma los dolores y molestias de la vida. Con ellos alrededor de mí, me puedo inclinar hacia atrás y nunca caerme al piso. Después de pasar un rato en mi sillón reclinable, obtengo el descanso y apoyo amoroso que necesito para seguir adelante. Mi familia es como un suave almohadón de amor.

29. Gracias a la constante afirmación de mis hijos, me siento como un caballo de exposición hermoso y bien cuidado. Mi pelo brilla y mis bellas cri-nes bailotean mientras me paseo por allí. A menudo salgo a correr con otros caballos de exposición, y muchos de ellos se sienten abusados y forzados por sus hijos. Estoy tan feliz de tener los hijos que tengo y de la manera en que me devuelven más amor del que yo les doy.

Los desafíos...

30. Durante años, cuando mi hijo era pequeño, mi vida era como pasar un rato maravilloso junto a las aguas tranquilas de una playa cercana. Pero última-mente, siento como que ha habido una tormenta que ha hecho que las olas golpeen la arena con todo su furor. He estado buscando desesperadamente el suave oleaje y un lugar seguro donde poder nadar. Pero si no tengo cuidado, no importa cuál sea el tema que comparta con él o lo que diga, me golpean las olas y me arrastran mar adentro. Estoy tan confundida. Deseo que se vaya la tor-menta y que podamos regresar a las tranquilas aguas de la amistad y respeto que solíamos tener.

31. Cuando comienzo un día difícil de trabajo, siento como que estuviera construyendo una pirámide de dominós. A la mañana temprano, puedo apilar la base con seguridad y comenzar a construir. A medida que pasa el día, la pirámide crece y es más difícil construirla. Sin embargo, puedo evitar que se caiga. Por fin, llego al final del día sin tirar ninguno de ellos. Pero el momento en que llego a casa, un pequeño problema con los niños parece derribar toda la pila. Siento vergüenza de admitirlo, pero cuando veo que se derrumba todo mi día, siento deseos de no volver a casa jamás.

32. Me siento como un libro en la biblioteca de la oficina de mi padre. Siempre nos admiran pero nunca nos leen. De vez en cuando nos utilizan para que no se vuelen los papeles o para mantener abierta una puerta. Pero día tras día, estoy aquí sentado sobre el estante, con mis páginas cada vez más amarillas y arruinadas, y mis tapas estropeadas. Necesito que mi padre haga más que admirarme a la distancia. Necesito que me quite del estante y que vea lo que hay dentro de mí. Nunca se tomó el tiempo de dar vuelta las páginas para realmente conocerme. Y eso me duele mucho.

33. A veces me siento como un osito de peluche. Mi familia me abraza, me dicen que me quieren y comentan lo divertido que es pellizcarme (estoy un poco excedido de peso). Me encanta que me abracen, pero no sé como verbalizar mi amor por ellos. Me he criado rodeado de críticas. Quizás sea mi personalidad o las presiones en el trabajo las que me impiden decirles que los amo. Quizás haya llegado el momento de realizar algunos cambios.

34. Me siento como una osa que hace un mes que tendría que haber entrado en estado de hibernación. Bostezo y lucho con las oleadas de sueño que me asaltan. Deseo arrastrarme y meterme en un cubil, lindo y abrigado, para dormir por el resto de la temporada. Pero no puedo, porque mis cachorros recién nacidos no están listos para hibernar, y debo cuidarlos. ¡Si tan sólo se echaran y durmieran durante una semana, o unas pocas horas, para que yo pudiera descansar!

Cómo decirle a alguien cómo me siento hoy

ME SIENTO MAGNÍFICAMENTE BIEN…

35. Hoy, me siento como un sendero que se está enderezando. El sol brillante cae sobre él, haciendo que el camino sea nítido, claro y fácil de seguir. Hay más dirección y definición en el sendero que nunca, y menos rocas que escalar.

36. Me siento como un árbol cuyas ramas se extienden para todos lados, a veces fuera de control y otras veces, con gracia y elegancia. A pesar de que mis ramas se comben, están repletas de un follaje denso y brillante. Hasta he aprendido a alegrarme cuando me tienen que podar. Me he dado cuenta de que a

pesar de que pueda ser doloroso, Dios es siempre un jardinero tierno y piadoso. No lo hace por maldad, sino que lo hace para que yo crezca y vea cuánto puedo contar con él. ¡Estoy encantada, ya que me doy cuenta de que las raíces de mi fe se ahondan cada vez más!

37. Me siento como un árbol verde que avanza a través de las estaciones. El invierno trae a veces personas frías y severas que me lastiman. Pero siempre regresa la primavera, y con ella brotan las nuevas hojas verdes. ¡Sigo creciendo!

38. Últimamente en el trabajo, me siento como un árbol de Navidad esplendorosamente decorado que recibe montones de elogios y comentarios alentadores el día de Navidad. ¡Perder las cuarenta libras valió el esfuerzo!

39. Antes me sentía como una valiosa silla antigua, rayada y pintada una y otra vez, para luego ser abandonada en un garaje. Pero, de manera maravillosa, Dios me ha quitado todas esas manos de pintura, me ha pulido y cuidado, y me ha colocado en un lugar especial de su sala. ¡Me ha devuelto la vida!

40. Me siento como un salmón luchando contra la corriente, que se detiene de vez en cuando en un calmo remolino de amistad. Esas aguas frescas siempre me renuevan para el siguiente tramo de mi viaje hacia la corriente dominante de la vida. Con esas lagunas de amistad por el camino, sé que puedo continuar nadando hasta que sea necesario.

41. Siento como que estoy viviendo en el campo durante la primavera. El aire está fresco, los pimpollos están floreciendo, los jilgueros cantan, ¡y yo me siento magníficamente bien!

42. Me siento como una oruga desamparada, lastimada y cortada por los embates de la vida, pero finalmente envuelta en un tierno capullo de amor. Puedo ya darme cuenta de que mis alas de mariposa están comenzando a emerger. Pronto estaré curada y seré más hermosa que nunca. ¡Ya no puedo esperar más!

43. Me siento como un automóvil. Soy un buen modelo básico, pero sin demasiados elementos adicionales. Sé que algunos otros automóviles tienen mayores atractivos, pero yo no necesito todo eso. Soy sólido y confiable, ¡y me parece magnífico saber que soy único!

44. Siento que soy un hermoso coche antiguo que necesitaba un arreglo. Un mecánico experto ha estado trabajando para corregir los problemas. A pesar de que su labor ha sido dolorosa, ¡ya puedo decir que el automóvil anda mejor! Los cambios no son nunca sencillos. Sin embargo, siento que la terapia que he recibido ha ayudado a reconstruir mi motor y echarme de nuevo a andar.

45. Esta conferencia me ha hecho sentir como un barril vacío que ahora contiene agua pura y cristalina después de una lluvia primaveral. Muchas de las personas que me rodean necesitan esa agua para refrescarse. ¡Por fin estoy listo para brindársela!

46. Cuando pienso en mi septuagésimo cumpleaños, mi trayecto por la vida ha sido como un viaje a tierras lejanas. Ha estado repleto de emociones e incertidumbres; a veces, temible, pero jamás aburrido. En él he conocido a muchas personas muy interesantes y he visto la fidelidad de Dios desplegada de muchas maneras que no consideraba posibles. ¡He tenido una vida maravillosa!

47. Acabo de presenciar un asombroso milagro en la vida de mi papá. Durante años, él ha estado demasiado ocupado como para dedicar tiempo a sus hijos o nietos. Pero ahora, todo eso ha cambiado. Cada vez que lo veo sosteniendo a mi hijo, ¡siento que estoy en la Montaña Rusa del parque de diversiones! Me da un poco de miedo, ¡pero es tan apasionante que deseo que la vuelta nunca llegue a su fin!

48. Me siento como un hermoso caballo Clydesdale: fuerte y poderoso. Desde mi nacimiento, me han cuidado y alimentado con dedicación, y ahora he crecido y estoy listo para engancharme a los desafíos de la vida. Sé que mis padres me han equipado para manejar las pesadas cargas que vendrán en la universidad, pero estoy preparado para hacerlo.

49. Nací con un defecto físico y, cuando la gente expresa dudas sobre mi capacidad para hacer algo, me siento como un abejorro. Me miran y dicen: «Aerodinámicamente, ¡te es imposible volar!» Sin embargo, mis padres me miran y dicen: «De la manera que has sido creado, ¡no puedes dejar de volar!» ¡Desde entonces que ando zumbando por todas partes!

50. Me siento como una pintoresca cabaña enclavada plácidamente en medio de un bosque cubierto por un manto de nieve silenciosa y virgen. Por los bosques corre un arroyo suavemente burbujeante, guiado por los delicados rayos plateados de la luna de un cielo invernal repleto de estrellas. Dentro de mí arde un cálido fuego, cuya columna de humo asciende al calmo silencio del aire nocturno. Me siento contento y en paz con todo lo que me rodea.

51. Una maestra muy especial me convirtió de un patito feo en un cisne elegante. Ella vio en mí un potencial que yo desconocía, y con paciencia me alentó cuando todos los demás se habían dado por vencidos. Ahora me deslizo por las aguas de la vida sin temor. Gracias a ella, no pierdo lo alcanzado aun cuando las aguas se pongan algo turbulentas.

52. Hoy me siento como un amanecer. Al alzarme por el horizonte y echar mi luz sobre la tierra, estoy entusiasmado por ver lo que el día traerá. Al avanzar por los cielos, la vida explota en un sinfín de actividades, y yo brillo con los desafíos que tengo por delante. ¡Estoy tan cansado a la noche que permito que la luna se apodere de todo para que yo pueda dormir!

53. Me siento como un lago liso como un espejo, que refleja la gloria matutina. A mi alrededor, la vida continúa como corresponde. Cientos de pájaros

se levantan de sus perchas, llamándose el uno a otro para alzarse en vuelo un día más. Un castor comienza su día ajetreado, preparándose para el invierno venidero. Y una hembra de gamo con su cervato larguirucho se inclina suavemente a la orilla del agua para beber. Toda mi vida he estado demasiado ocupada como para disfrutar de todas estas cosas bellas que me rodean. Por fin, tengo paz conmigo misma y puedo disfrutar de la belleza de la vida.

54. Me siento como el muchacho del anuncio publicitario de las rosquillas. En medio del trabajo y del cuidado de mis tres niños, es siempre un buen momento para comer unas rosquillas. ¡Pero no hay nada más dulce que hacer lo que hago!

55. Acabo de llegar de mis vacaciones y, en vez de sentirme como un caballo que tira de un carro, me siento como un elegante jet: como los de la película *Top Gun*. Mis motores están rugiendo, y escalo a nuevas alturas y desafíos. Cuando atravieso las nubes, la vida me parece de golpe más sencilla y nítida. Tengo una visibilidad de cientos de millas. Después de dos semanas de descanso, siento que puedo superar aquellas cosas que me parecían imposibles cuando estaba sujeto al piso, tirando del carro. ¡Pienso que me he convencido a mí mismo que es importante que tome unos días de descanso más!

Estoy luchando...

56. Me siento como un hámster en un laberinto de colinas y hoyos oscuros, cansado de dar vuelta en el lugar equivocado y de llegar a callejones sin salida. Tengo miedo de pensar que nunca llegaré a la luz. La gente a veces me mira para ver qué estoy haciendo. Algunos me alientan; otros se ríen de mí. A menudo realizo piruetas para divertirlos, pero tengo siempre temor al rechazo. Y jamás siento que soy uno de ellos.

57. Siento que mi vida es tan aburrida como una cinta de video que se está constantemente rebobinando: muestra las mismas cosas una y otra vez. En momentos como esos, deseo avanzar rápidamente al final y poner una cinta con un trabajo nuevo, una casa nueva y un coche nuevo también.

58. Un día, siento como que estoy sola en un camino desértico, sin nada a la vista. Al día siguiente, estoy en un sendero precioso bordeado de árboles, flores y césped. El sol brilla. ¡Es hermoso! Me siento tironeada por ambos sentimientos: contenta de estar soltera y sin embargo, aún deseando casarme. A veces, me siento realmente satisfecha y disfruto de mi vida de soltera. Pero al día siguiente, me siento como en un inmenso desierto sin ninguna esperanza de que alguien me rescate.

59. Como soltero, siento a veces que estoy parado afuera de una casa cálida y acogedora llena de mis amigos casados que se están riendo y divirtiendo. Siento frío y soledad. No es que no me dejen pasar. Sé que soy yo quien ha puesto el cerrojo a la puerta, no ellos.

Cómo decirles a los demás lo mucho que significan para mí

60. El volver a ti después de un viaje es como tomar un viaje tranquilo por el campo después de haber manejado un taxi durante toda la semana en Nueva York. Nadie me corta el paso o me grita. No hay semáforos en rojo que me frustren ni malos conductores que hagan un viraje brusco delante de mí. Cuando regreso a casa es como manejar por un camino campestre donde las personas me saludan con la mano porque les agrado y están contentas de verme.

61. Cuando me casé contigo fue como haber sido liberado de la prisión de la soledad. Durante treinta y seis años, pasé las noches en reclusión solitaria. Ahora paso cada noche en un jardín de amor, con la persona que amo durmiendo junto a mí.

62, Para mí, tú eres tan bella y delicada como una pieza del cristal más caro del mundo. Cuando te miro, me parece que estoy contemplando una obra de arte, talentosamente creada por maestros artesanales. Cada una de tus facetas es única y perfecta. Brillas como un arco iris de luz, y cada día veo un nuevo reflejo de la razón por la que te amo tanto.

63. Estar contigo es tan satisfactorio como la primera y única vez que recibí una ovación de pie de mis alumnos. Como maestro, trabajo arduamente sin recibir demasiados elogios. Pero cuando la clase me mostró su verdadero aprecio poniéndose de pie para aplaudir, todo el esfuerzo y horas de trabajo valieron la pena. Cariño, tu aliento y palabras de amor me hacen sentir como que llego a casa a una ovación de pie. Aun cuando no te haya dedicado el tiempo necesario y no me lo merezca, tú me apoyas como la mejor clase que haya tenido jamás.

64. Para mí, tu amor es como lo que sienten los niños cuando los llevamos a McDonald's, ¡sobre todo cuando piden todos los batidos de chocolate y patatas fritas que desean!

65. Tu espíritu tranquilo y dulce es como una flor hermosa y delicada. A veces me frustro cuando no te abres y compartes tus sentimientos conmigo. Pero he aprendido que si tengo paciencia y espero a que estés lista, tú floreces y compartes conmigo de manera maravillosa.

66. Mi matrimonio es como un viaje en una balsa. A veces lo llevo río abajo por zonas desconocidas, y nos damos vuelta y nos ensopamos. Pero tú nunca te quejas. Sé que tengo la tendencia de ir tras nuevas ideas sin mirar el mapa, pero tú jamás me lo recriminas. Sé que eres una bendición para mí.

67. A pesar de ser como millones de otras mujeres, cuando estoy contigo me siento como un cuadro premiado que está colgado en un lugar de honor en una hermosa mansión. Soy el objeto de tu completa atención y de la admira-

ción de todos los que ingresen a la habitación; eso se debe a que me tratas como una obra de arte invalorable.

68. Tu amor, tan sólido y duradero, es como una montaña que se alza en la planicie. Siempre puedo mirarla, recibir consuelo de ella y saber que siempre estará allí. Su belleza me conmueve. ¡Y es un monumento de mi amor por ti!

69. Cuando me desperté esta mañana, comencé a pensar que tu amor es como un copo de nieve. Es dulce, suave y único en cuanto a su expresión. Y como la nieve nocturna, tu amor me cubre cuando me despierto.

70. Cuando pienso en nuestro matrimonio, me siento como Cenicienta. Jamás me habría imaginado que tú me querrías. Sin embargo, la zapatilla calza bien. Y mi vida contigo, mi Príncipe Encantado, ¡es todo lo que jamás imaginé en mis sueños de niña!

71. El amor de mi esposo es como un enorme sundae helado, ¡*sin las calorías*! Es dulce y placentero, y no importa cuánto deseo comer, ¡siempre hay más de lo suficiente!

Cómo expresar pensamientos sobre amigos y las relaciones

72. Cuando estoy con mis amigos, pienso en la vez que escalé el Monte McKinley. Sin la ayuda de los demás alpinistas, jamás hubiera podido alcanzar la cumbre. De la misma manera, le doy gracias a Dios por todas las magníficas amistades que tengo. ¡Todos me han ayudado muchísimo!

73. Cuando estoy contigo, me parece como que estuviera durmiendo en una cálida y confortable cama de agua. A la noche puedo descansar, sabiendo que tú estás a mi lado. Tu comprensión me acuna hasta que me duermo, y los momentos que paso contigo me ayudan a levantarme fresco y listo para enfrentar el nuevo día.

74. Mi amiga es como un precioso sillón con almohadones muy grandes y mullidos. Cuando estoy con ella, me siento cómoda y segura. Siempre está disponible cuando la necesito. Sé que puedo relajarme, quitarme los zapatos, recostarme sobre el respaldo y disfrutar de su presencia. ¡Estoy tan agradecida de tener una amiga tan maravillosa!

75. Que seas mi novia es como lucir unos vaqueros de la marca más prestigiosa. Tu etiqueta me hace sentir orgulloso de estar contigo. ¡Eres una persona de tanta calidad! ¡Y ni siquiera tengo que llevarte a la tintorería!

76. La fiesta sorpresa que me ofreciste hizo que me sintiera como una estrella de cine reconocida por un grupo de admiradores en la calle. Es un poco incómodo recibir una sorpresa y convertirnos en el centro de tanta atención. ¡Pero qué magnífica sensación!

77. El otro día, me sentí como un cachorro en una tienda de venta de mascotas: admirado por todos, pero sin nadie que se ocupara de mí. Lo que más deseaba era que alguien me sostuviera en sus brazos y jugara conmigo un rato. Y luego tú te detuviste y te sentaste conmigo, aun cuando estabas con mucho trabajo. Gracias por tomarte el tiempo de amarme y cuidarme.

78. Mis amigos y yo somos como un circo de payasos felices. ¡Hacemos algunas de las cosas más alocadas del mundo! Actuamos para que la gente pueda reír. Lo que es diferente es que cuando terminamos la actuación, nos podemos quitar las máscaras y aceptarnos por quienes somos en realidad. Estos muchachos son verdaderos amigos; ¡espero que permanezcamos toda la vida juntos!

79. Tengo un amigo especial que actúa como una linterna en mi vida. Cuando me siento perdida en la oscuridad, no tengo dudas de que veré su luz, atravesando la oscuridad, avanzando hacia mí. Luego me lleva a casa para que esté segura. Incluso, a veces, apunta su luz hacia algún área de mi vida con problemas que yo había tratado de mantener ocultos. He aprendido a apreciar ese gesto.

80. Tengo una amiga especial que tiene la asombrosa capacidad de ayudarme a superar mis errores. Es como un talentoso cirujano con un buen ojo para dar un diagnóstico y una mente sabia para resolver los problemas de la mejor manera posible. Cuando llega el momento de realizar la operación, ella me calma el dolor con la anestesia de su verdadero amor y preocupación. Luego, cuando terminó la cirugía, cierra mi herida con tiernas suturas de compasión. Sin embargo, lo que más aprecio en ella es que, como todo buen cirujano, verifica constantemente mi progreso y me asegura de que todo va a ser mejor después de la operación.

81. Nosotros cuatro somos como un hermoso vestuario. Cada uno, por sí solo, no es demasiado atractivo. Sin embargo, Dios nos ha creado de manera tal que, cuando estamos juntos, la gente admira nuestra belleza y estilo.

82. Cuando estoy con mis amigos, siento como si estuviéramos parados en una enorme tabla de surf, surcando las olas de la costa norte de la isla de Oahu. En ocasiones, es muy difícil tomar las olas, pero nos ayudamos los unos a los otros a permanecer sobre la tabla sin caernos. Con frecuencia agarramos una ola grande y disfrutamos juntos la experiencia. Cuando uno de nosotros se cae, todos nos zambullimos tras él. Realmente nos cuidamos el uno al otro, y es maravilloso saber que aun cuando nos ataquen los tiburones, alguien nos saldrá al rescate.

83. Me siento como una semilla que contiene todos los ingredientes que le ha dado Dios para crecer. Sin embargo, necesito que los demás me den riego, un buen suelo y la luz del sol para que pueda germinar y crecer. He pasado mucho tiempo sin la ayuda de nadie. Por lo tanto, me cuesta confiar en los demás. Pero no abandonaré la lucha. Sé que un día encontraré algunos amigos acá en la escuela que me ayuden a crecer.

84. Me siento como una vieja máquina de coser. He funcionado fielmente durante años, pero ya no soy tan rápida como solía ser. Por esa razón me bendice tener amigos que me den el aceite de su apoyo y aliento. Con ellos, ¡tengo para rato!

85. Soy como un espejo, tratando de reflejar la imagen de Dios a los demás. A veces me cuesta mucho hacerlo. ¡Es maravilloso tener amigos que me amen a pesar de mis defectos!

Cómo decirles a los demás que estoy sufriendo

86. Me siento como una alfombra ignorada. Desearía que la gente se quitara los zapatos y se diera cuenta de lo mullida que soy. Pero no lo hacen. En cambio, me pisan y me ignoran.

87. Me siento como un operador de computadora que se ha pasado meses y meses creando un programa especial. Pero luego viene la persona que limpia las oficinas durante la noche y accidentalmente desenchufa la computadora y yo pierdo todo mi trabajo. Me he pasado seis meses tratando de diseñar una fantástica relación con mi novia. Pero he descubierto que alguien se la ha llevado y nos ha desconectado a los dos. Va a llevarme mucho tiempo sanar las heridas y volver a programar nuevas amistades.

88. Me siento como una margarita transplantada a un extenso campo de jacintos silvestres. Aquellos que admiran el campo no se dan cuenta de que soy diferente. Antes de esto, me habían quitado de la tierra, colocado en una maceta por unos días, y luego me volvieron a plantar. Ahora estoy marchita por falta de agua y cuidados, y nadie escucha mis gritos de ayuda. Las raíces de las demás flores están ahogando las posibilidades que tengo de volver a crecer. ¿Me podrían ayudar?

Cómo expresar la manera en que me siento con respecto a mi trabajo

Me encanta lo que estoy haciendo…

89. Nuestra compañía es como el campeón mundial de peso pesado. Cientos de rivales están tratando de eliminarnos. Somos un poco como Rocky Marciano. Entre asaltos, nos quedamos en la esquina del cuadrilátero. Estamos golpeados, lastimados y sangrando. Pero permaneceremos allí. No nos daremos por vencidos. Cuando todo termine, seguiremos siendo campeones. Sea lo que sea que enfrentemos, ¡nunca jamás nos dejaremos vencer!

90. Me siento como un halcón de caza. Mi compañía me ha capacitado muy bien. Mis talentos han sido aguzados. Tengo total confianza de poder hacer un buen trabajo. ¡Déjenme que salga a la caza!

91. Soy como un equipo de béisbol a fines de septiembre que tiene muy buenas oportunidades de llegar a las finales. He tenido mis altibajos durante la temporada, pero ahora todo pinta bien. Siento un nuevo ímpetu, ¡así que me largo a triunfar!

92. Mi jefe me hizo sentir muy bien ayer. Me comparó al centro de un equipo de fútbol americano. No es la posición más atractiva, pero es tan importante como las demás. De hecho, gran parte del éxito de la compañía depende de que el centro le haga llegar la pelota al mariscal de campo. Nunca lo había pensado antes, pero como gerente estoy en la mitad de la acción. Todas las jugadas comienzan conmigo. ¡Él me dijo que tengo el mismo mérito que el mariscal de campo por el éxito del equipo!

93. Como el supervisor más nuevo, me siento como que he estado en uno de los barcos de Cristóbal Colón durante meses. Me he enfrentado al desaliento, a la fatiga y la frustración, y a un posible motín. Hubo momentos en que hubiera querido saltar por la borda. Pero, por fin siento como que después de una noche de terribles tormentas, veo tierra en el horizonte bajo el brillo del sol matinal. Por fin veo que los cambios que he realizado fueron los correctos.

94. Me siento como un perro Labrador con unos cazadores de patos que están teniendo un magnífico día de caza. Gracias a que he trabajado con empeño, me cubren de elogios y aprecio. ¡Me encanta! ¡Bajen algunos patos más!

95. Soy como un viejo guante de béisbol. A pesar de estar gastado, aún puedo agarrar la pelota. Con un poco de ayuda, puedo conseguirlo todo, ¡aun cuando me lancen una pelota feroz!

96. Mi jefe me dijo que nuestra compañía solía ser como un balde con un agujero a dos pulgadas de la parte superior. A pesar del esfuerzo de sus empleados, jamás podían llenarlo de agua. Pero desde que me han añadido al personal, se ha remendado el hoyo y nos va muy bien. Por primera vez en años, ¡el balde está a punto de rebalsar con ganancias!

97. Soy un mecánico. Hace unos días atrás, mi jefe me hizo un cumplido que me hizo sentir muy bien. Me dijo que la tarea que hago en el taller es como el aceite en un motor. Hace que todo funcione de manera perfecta con un mínimo de fricción. Sin el aceite, todo se trabaría. ¡Es maravilloso trabajar para alguien que me aprecia tanto!

98. Nuestra compañía me acaba de dar una gran bonificación por haber conseguido un cliente importante. Me siento como que estoy jugando un videojuego maravillosamente bien. Cuanto mejor me va, tanto más juegos gratis consigo y tanto más entusiasmado estoy por lo que hago. ¡Es magnífico!

Siento que mi trabajo puede ser una pesadez...

99. Me siento como un hermoso caballo árabe de carrera que sólo lo utilizan para dar unas vueltas a los niños. Camino constantemente en un círculo. Los niños me patean al subirse y bajarse. Tiran helado sobre mi lomo. Mi pelo está polvoriento y sucio, y a mi dueño no le importa. Me golpea el sol. Mis crines que solían ser tan hermosas, están ahora enredadas. Mi cabeza cuelga con vergüenza. Sé que la sangre noble y veloz de un caballo de carrera corre por mis venas. Si tuviera la oportunidad de verme libre de esta pesadez, les podría demostrar lo que soy capaz de hacer.

100. Me siento como un tubo de pasta dentífrica. Al final del día, la gente ha exprimido hasta la última gota de mí. Mi trabajo ha ayudado a la compañía, y sé que lo aprecian. Sin embargo, a nadie parece importarle que esté vacío y retorcido por dentro.

101. Se ha terminado el campeonato de la liga de fútbol americano y los jugadores entran en fila a los vestuarios. Tiran los uniformes sucios al piso, junto con las medias y zapatos embarrados. Los jugadores toman una ducha y salen uno a uno de allí, dejándome atrás. No sólo tengo que limpiar todo el desastre, sino que ni siquiera saben que estoy aquí haciéndolo.

Notas

Capítulo uno

[1] A pesar de que algunas personas estén más familiarizadas con la expresión «metáforas extendidas» o simplemente «lenguaje figurado», a nosotros nos gusta «imágenes verbales» ya que es un término más descriptivo. La expresión «imágenes verbales» se encuentra en artículos tales como "The Logical Art of Writing Word Pictures" de Carol Huber, IEEE Transactions on Professional Communication, marzo de 1985, 27-28.

Capítulo dos

[2] Para poder entender el daño que puede causar los padres enojados, véase el libro tan perceptivo de William S. Appleton: Fathers and Daughters (New Cork: Berkeley Books, 1981).

[3] «Cuando la gente utiliza una figura retórica hoy día, se encuentra a menudo con la exclamación: 'ah, eso es en sentido figurado', lo cual quiere decir que su significado es débil, o que tiene un significado muy diferente, ¡o que carece completamente de todo significado! Pero se trata de lo opuesto. Porque jamás se utiliza una figura a menos que se desee añadir fuerza a la verdad expresada, énfasis a su declaración, y profundidad a su significado». E. W. Bullinger: Figures of Speech (Grand Rapids: Baker Book House, 1968), 5-6.

Capítulo tres

⁴ Hunting Licenses and Federal Deer Stamp Sales as Reported by the Information Bureau of the Department of Interior July 15, 1941 through 1942 (Washington, D. C.: U.S. Fish and Wildlife Bureau, Federal Aid Office, 1942). El estreno de Bambi causó tal furor que las dos principales revistas de actividades al aire libre de ese momento le dedicaron artículos editoriales completos al asunto. Para ver el efecto negativo de la película en la industria de caza de ciervos, véase Donald C. Pettie: "The Nature of Things" Audubon Magazine, septiembre de 1942, 266-71. Para un punto de vista a favor de la caza, véase: "Outdoor Life Condemns Walt Disney's Film Bambi as Insult to American Sportsmen", Outdoor Life, septiembre de 1942, 17.

⁵ Cicerón: De oratore, traducción al inglés de H. Ranckham, The Loeb Classical Library, 1942 (Cambridge: Harvard University Press, 1977).

⁶ Cicerón: De inventione, traducción al inglés de H. M. Hubbell, The Loeb Classical Library, 1949 (Cambridge: Harvard University Press, 1976).

⁷ Aristóteles: El "arte" de la Retórica, traducción al inglés de J. H. Freese, The Loeb Classical Library, 1926 (Cambridge: Harvard University Press, 1975).

⁸ Charles Lewis: The Autobiography of Benjamin Franklin (New York: Collin Books, 1962).

⁹ Cuando Lincoln la conoció por primera vez a Harriet Beecher Stowe, dicen que sus palabras fueron: «¡Así que ésta es la pequeña dama cuyo libro ocasionó esta gran guerra!» James Ford Rhodes, History of the United Status, volumen I (1893); Lectures on the American Civil War (1913).

¹⁰ Winston S. Churchill: The Unrelenting Struggle (Boston: Little, Brown and Company, 1942), 95. Para otros ejemplos de las múltiples formas en que Churchill utilizaba imágenes verbales, véase Charles Eade (editor): Winston Churchill's Secret Session Speeches (New York: Simon and Schuster, 1946), o The End of the Beginning: War Speeches by the Right Honorable Winston S. Churchill (Cassell and Company, 1943).

¹¹ Véase el capítulo 16: «El lado oculto de las imágenes verbales emotivas»

¹² John F. Kennedy: "Inaugural Address", New York Times, 21 de enero de 1961, 8.

¹³ Dr. Martin Luther King, Jr.: Letter from a Birmingham Jail & I Have a Dream (Atlanta: The Southern Christian Leadership Conference, 1963).

¹⁴ Alfred A. Balitzer (editor): A Time for Choosing: The Speeches of Ronald Reagan, 1961-82 (Chicago: Regnery Gateway, 1983). Véase también T. Marganthau: "Reagan Leaves the Democrats Mumbling", Newsweek, 27 de

octubre de 1986, 29-30, o P. McGrath: "Never Underestimate Him!" Newsweek, 19 de abril de 1982, 28-9.

[15] S. L. Greenslade: The Cambridge History of the Bible (Cambridge: Cambridge University Press, 1973), 479. «La Biblia ha sido leída por mayor cantidad de gente y publicada en más idiomas que cualquier otro libro».

[16] John P. Eaton: Titanic: Triumph and Tragedy (New York: W. W. Norton & Co., 1986).

[17] James y William Belote: Typhoon of Steel: The Battle for Okinawa (New York: Harper and Row, 1970), y el Comandante Herbert L. Bergsma: Chaplains with Marines in Vietnam 1962-71 (Washington, D.C.: History and Museum's Division, Headquarters Marine Corp, 1985).

[18] "Men of the Year", Time, 3 de enero de 1969. Los astronautas Frank Borman, Jim Lovell y Bill Anders leen Génesis 1.1-10 la víspera de la Navidad de 1968, durante la misión de Apollo 8.

[19] Para la parábola del buen samaritano, véase Lucas 10.29-37. Para la referencia a las muchas viviendas, véase Juan 14.1-3. Para la alusión a la fe como un grano de mostaza, véase Mateo 17.20. Y el relato sobre el hijo pródigo se encuentra en Lucas 15.11-32.

[20] Estas imágenes verbales se encuentran, en orden de aparición, en Isaías 9.6; Juan 1.1; Juan 8.12; Juan 15.5; Apocalipsis 5.5 y Apocalipsis 22.16. En el Salmo 5.11-12, Dios el Padre está retratado como el que defiende a los justos con un escudo de protección; en el Salmo 28.1, una roca; en el Salmo 91.4, un ave que extiende sus alas de protección sobre los suyos; y en el Salmo 119.114, un escondite y escudo.

[21] Robert Hoffman: "Recent Research on Figurative Language", Annals of the New York Academy of Sciences, diciembre de 1984, 137-66.

[22] Leonard Zunin. Contact: The First Four Minutes (New York: Ballantine Books, 1975).

[23] L. D. Groninger: "Physiological Function of Images in the Encoding-Retrieval Process", Journal of Experimental Psychology: Learning, Memory, and Cognition, julio de 1985, 353-58.

[24] G. R. Potts: "Storing and Retrieving Information about Spatial Images", Psychological Review, volumen 75 (1978): 550-60, y Z. W. Pylyshyn: "What the Mind's Eye Tells the Mind's Brain: A Critique of Mental Images", Psychological Bulletin, volumen 80, número 6 (1973): 1-24.

[25] Ibídem, Pylyshyn, 22.

[26] Entre otros estudios, véase A. Mehrablan: "The Silent Messages We Send", Journal of Communication, julio de 1982.

[27] Louie S. Karpress y Ming Singer: "Communicative Competence", Psychology Reports, volumen 59 (1986): 1299-1306.

[28] Para un excelente recurso de cómo manejar las diferencias en un matrimonio, les recomendamos mucho el libro de Chuck y Barb Zinder: Incompatibility: Grounds for a Great Marriage (Phoenix: Questar Publishers, Inc., 1988).

Capítulo cuatro

[29] S. F. Witelson: "Sex and the Single Hemisphere: Specialization of the Right Hemisphere for Spatial Processing", Science, 193: 425-7, y Milton Diamond: "Human Sexual Development: Biological Foundations for Social Development", Human Sexuality (Baltimore: John Hopkins Press, 1981).

[30] J. E. Bogen: "Cerebral Commissurotomy in Man: Minor Hemisphere Dominance for Certain Visuospatial Functions", Journal of Neurosurgery, 1965, 135-62; y John Levy: "A Model for the Genetics of Handedness", Genetics, 72: 117-28.

[31] E. Zaidel: "Auditory Language Comprehension in the Right Hemisphere: A Comparison with Child Language", Language Acquisition and Language Breakdown (Baltimore: John Hopkins Press, 1978).

[32] D. Kimura: "Early Motor Functions of the Left and Right Hemisphere", Brain, 97: 337-50.

[33] Robert Kohn: "Patterns of Hemispheric Specialization in Pre-Schoolers", Neuropsychologia, volumen 12: 505-12.

[34] J. Levy: "The Adaptive Advantages of Cerebral Asymmetry and Communication", Annals of the New York Academy of Sciences, volumen 229: 264-72.

[35] Véase el capítulo 16: «El lado oculto de las imágenes verbales emotivas».

Capítulo cinco

[36] Para el verdadero relato bíblico de esta fascinante imagen verbal, véase 2 Samuel 11-12.

[37] 1 Samuel 16.1-12.

[38] 1 Samuel 17; 2 Samuel 3.1; 5.1-25.

[39] Los famosos eruditos del Antiguo Testamento Keil y Delitzsch comentan sobre la situación de David: «Esas palabras fueron directamente al corazón de David y quitaron la dureza que allí existía. No pide disculpas; no busca una salida; no pone pretextos; no alude a su debilidad. Abiertamente, él reconoce

su culpa, con honestidad y sin evasivas». C. F. Keil y F. Delitzsch: Commentary on the Old Testament in Ten Volumes: Vol. II: Joshua, Judges, Ruth, 1 and 2 Samuel (Grand Rapids: William B. Eerdmans Publishing, 1975), 391.

Capítulo seis

[40] Francis Brown; S. R. Driver y Charles A. Briggs: A Hebrew and English Lexicon of the Old Testament (Oxford: Clarendon Press, edición reimpresa, 1974), «aph» 60, y The Compact Edition of the Oxford English Dictionary (New York: Oxford University Press, 1971), «anger» (ira), 82.

[41] Ibídem, Brown, «kilyah», 480; y Oxford, «fear» (miedo), 973.

[42] 2 Samuel 12.1 y siguientes.

[43] Gary Smalley y John Trent, Ph.D., The Blessing (Nashville: Thomas Nelson Publishers, 1986), 172-73.

[44] Por ejemplo, Cristo utiliza imágenes verbales con ciertos grupos de personas que «por mucho que oigan, no entenderán; por mucho que vean, no percibirán», Mateo 13.14 y siguientes.

Capítulo siete

[45] Si usted acaba de abrir el libro aquí, para comprender los pasos que tomó Jaime, tiene que regresar y leer porciones de los capítulos 5 y 6, los cuales dan los siete pasos para crear las imágenes verbales emotivas.

Capítulo ocho

[46] Richard F. Newcomb: Iwo Jima (New York: Holt, Rinehart & Winston, 1965), 35.

[47] Ibídem: 229

Capítulo diez

[48] Wilder Penfield: The Mystery of the Mind (Princeton: Princeton University Press, 1984), 148.

[49] Para unas vacaciones familiares con propósito, por qué no escriben a uno de nuestros lugares favoritos para obtener mayor información sobre sus

magníficos retiros para familias: Forest Home Conference Center, General Delivery, Forest Falls, CA 92339 ó llamen al 714-794-1127.

⁵⁰ El Preformax Personal Profile System (Preformax Systems Internacional, Minneapolis, Minnesota).

⁵¹ Para mayor información sobre la disponibilidad del autor, escriban a: Today's Family, Post Office Box 22111, Phoenix, AZ 85028.

Capítulo once

⁵² Gary Smalley: If Only He Knew y For Better or for Best (Grand Rapids: Zondervan Publishing, 1979); Gary Smalley y Dr. John Trent: The Blessing y The Gift of Honor (Nashville: Thomas Nelson Publishers, 1986 y 1987); Gary Smalley: The Key to Your Child's Heart (Waco, Texas: Word Books, 1984).

⁵³ Véase la imagen verbal de Jaime en el capítulo siete: «El Manantial de la Naturaleza» y la de Susana en el capítulo siguiente: «El Manantial de los Objetos Cotidianos».

⁵⁴The Compact Edition of the Oxford English Dictionary (New York: Oxford University Press), 485.

Capítulo doce

⁵⁵ Cantar de los Cantares 4.1 y siguientes.

⁵⁶ Cantar de los Cantares 2.1 y siguientes.

⁵⁷ William Shakespeare: Romeo and Juliet, Acto II, Primera escena, (Oxford: Clarendon Press, 1986), 388.

⁵⁸ Ibídem.

⁵⁹ Ibídem, 396.

⁶⁰ Elizabeth Barrett Browning: "Sonnets from the Portuguese".

⁶¹ Christopher Ricks: The Force of Poetry (Oxford: Cambridge University Press, 1984), y J.R. Jackson: Poetry and the Romantics (London: Rouledge & Kegan Paul Ltd., 1980).

⁶² UCLA Monthly, Alumni Association News, marzo-abril de 1981, 1.

⁶³ Para una interesante mirada a los orígenes y creación de las relaciones extramatrimoniales, véase Willard F. Harley: His Needs/Her Needs (Old Tappan, New Jersey: Fleming H. Revell Company, 1986).

⁶⁴ Marc H. Hollender: "The Wish to Be Held", Archives of General Psychiatry, volumen 22 (1970); 445.

[65] S. R. Arbetter: "Body Language: Your Body's Silent Movie", Current Health, febrero de 1987, 11-13.

[66] Véase nuestra definición de las imágenes verbales en el capítulo dos: «Las palabras que penetran el corazón».

[67] Salmo 128.1, 3.

[68] Véase Gary Smalley: Joy That Lasts (Grand Rapids: Zondervan Publishers, 1985). En este libro, Gary habla de la importancia de la vida espiritual dinámica como la clave para tener éxito en todo lo que hagamos. Mientras que El lenguaje del amor habla principalmente de la manera en que las imágenes verbales pueden ser utilizadas como una herramienta eficaz de comunicación, deseamos escribir un libro que aborde el poder increíble de las imágenes verbales en la vida espiritual de una persona.

Capítulo trece

[69] James C. Dobson: Dare to Discipline (Wheaton: Tyndale Publishers, 1970); Hide or Seek (Old Tappan, New Jersey: Fleming H. Revell, Power Books, 1974); Love Must Be Tough (Waco, Texas: Word Publishers, 1983); Paul D. Meier: Christian Child-Rearing and Personality Development (Grand Rapids: Baker Book House, 1977); Richard Allen: Common Sense Discipline (Ft. Worth: Worthy Publishers, 1986).

[70] James C. Dobson: Parenting Isn't for Cowards (Waco, Texas: Word Publishers, 1988).

Capítulo catorce

[71] Gary Smalley y John Trent, Ph. D., The Blessing (Nashville: Thomas Nelson Publishers, 1986).

[72] Robert Pandia: "Psychosocial correlates of Alcohol and Drug Use", Journal of Studies on Alcohol, volumen 44, número 6 (1983): 950; Mark Warren: "Family Background and Substance Abuse", Psychiatric Research Review, volumen 35 (1985): 25; Joanna Norell: "Parent-Adolescent Interaction: Influences on Depression and Mood Cycles", Dissertation Abstracts International, volumen 45, número 4-A (1984): 1067; Frank Minirth, Paul Meier, Bill Brewer et al., The Workaholic and His Family (Grand Rapids: Baker Book House, 1981); Frank Minirth y Paul Meier: Happiness is a Choice (Grand Rapids: Baker Book House, 1978).

[73] Brian Lucas: "Identity Status, Parent-Adolescent Relationships, and Participation en Marginal Religious Groups", Dissertation Abstracts International, volumen 43, número 12-B (1984): 4131; J. R. Heiman: "A Psychophysiological Exploration of Sexual Arousal Patterns in Females and Males", volumen 14, número 3 (1987): 2266-74; J. V. Mitchell: «Goal-Setting Behavior as a Function of Self-Acceptance, Over- and Under-Achievement and Related Personality Variables", Journal of Educational Psychology, volumen 50 (1970): 93-104.

[74] V. Cosi: Amyotrophic Lateral Sclerosis (New York: Plenum Press, 1987).

[75] E. M. Goldberg: Family Influences and Psychosomatic Illness (London: Tovistock Publishers Ltd., 1987).

[76] Véase el capítulo 6: «Cómo crear una imagen verbal efectiva», Segunda parte.»

[77] Cathy Dent: "Facilitating Children's Recall of Figurative Language in Text Using Films of Natural Objects and Events", Human Development, julio - agosto de 1986, 231-5; Robert Verbrugge: "The Role of Metaphor in Our Perception of Language", charla no publicada presentada en la Sección de Lingüística de la Academia de Ciencias de Nueva York el 14 de enero de 1980.

[78] Deena Bernstein: "Figurative Language: Assessment Strategies and Implications for Intervention", Folia Phoniat, volumen 39 (1987): 130.

[79] Proverbio 22.6.

[80] Para una excelente descripción de lo que implica la instrucción de los niños, véase Charles R. Swindoll: You and Your Child (Nashville: Thomas Nelson Publishers, 1977).

[81] Proverbio 6.6.

[82] S. J. Samuels: "Effects of Pictures on Learning to Read, Comprehension and Attitudes toward Learning", Review of Educational Research, volumen 40 (1980): 397.

[83] William Looft: "Modification of Life Concepts in Children and Adults", Developmental Psychology; volumen 1; (1969) 445.

[84] Gary Smalley: The Key to Your Child's Heart (Waco, Texas: Word Publishing, 1984).

Capítulo quince

[85] Salmo 103.19.

[86] Isaías 55.8.

[87] Salmo 23.1-2.

[88] Salmo 23.4.

[89] Salmo 51.11.

[90] Romanos 3.12-13.

[91] Romanos 12.1.

[92] Isaías 53.7.

[93] Isaías 53.6.

[94] Salmo 3.1, 3.

[95] Salmo 18.1-2.

[96] Salmo 1.1-3.

[97] Véase Lucas 18.1-8 y 11.5-13.

[98] Isaías 40.21, 23-24.

[99] Juan 14.2.

[100] Don Richardson: Peace Child (Glendale, California: Gospel Light, 1974).

Capítulo dieciséis

[101] Proverbio 18.21, RVR60.

[102] Theodore Abel: Why Hitler Came into Power (New York: Prentice Hall, 1948).

[103] Norman H. Baynes: The Speeches of Adolf Hitler, Vol. I and II (New York: Howard Fertig Publishers, 1969). Este discurso fue dado en la Ópera de Kroll en Berlín el 23 de marzo de 1933.

[104] Philip Kerns: People's Temple/People's Tomb (Plainfield, New Jersey: Logos International, 1979).

[105] Edwin Meuller: Making Sense of the Jonestown Suicides (New York: Cassel Publishing, 1981).

[106] Vincent Bugliosi: Helter Skelter (New York: Bantam Books, 1975).

[107] Walter Martin: Kingdom of the Cults (Minneapolis: Bethany House Publishers, 1985), y un libro escrito por un ex sacerdote satánico, Mike Warnke: Satan Seller (Plainfield, New Jersey: Bridge Publishing, 1987).

[108] Para una imagen escalofriante de las personas adictas a ocasionar daño verbal a los demás, véase M. Scott Peck: People of the Lie (New York: Simon & Schuster, 1983).

[109] Traducción libre de The Lion, the Witch and the Wardrobe (El león, la bruja y el ropero) de C. S. Lewis (New York: Macmillan Publishing Co., 1950), 75-76.

Guía de estudio

Las preguntas que se basan en materiales nuevos nos ayudan con frecuencia a concentrarnos en esa información, aclarando la manera en que podemos comprenderla con mayor profundidad y aplicarla de manera más directa. Las siguientes preguntas están diseñadas para estimular el debate, ya sea que las repasemos como grupo pequeño, como clase de escuela dominical, como pareja o de manera individual.

Algunas de las preguntas son un poco personales, y por lo tanto, los miembros de un grupo podrían tener una cierta dificultad en compartir sus respuestas. Pero el apoyo cariñoso y la responsabilidad que se tiene frente al grupo pueden aportar una diferencia importante a la vida de sus miembros. Estimulemos un debate honesto y abierto.

Si le parece que su grupo no está preparado para compartir de esa manera, usted podría sugerirles a los participantes que se tomen algunos minutos para pensar en las respuestas a esas preguntas personales durante la sesión.

Sesión 1 (Capítulo 1)

1. ¿EN QUÉ RELACIONES TIENEN LA MAYOR NECESIDAD DE MEJORAR LA COMUNICACIÓN?

2. En una escala de 1 a 5, si 1 es «muy mala» y 5 es «magnífi-ca», evalúen la calidad de sus comunicaciones normales de todos los días en las siguientes relaciones:

Con sus padres	1	2	3	4	5
Con su esposo o esposa	1	2	3	4	5
Con sus hijos	1	2	3	4	5
Con sus hermanos y hermanas	1	2	3	4	5
Con sus amigos	1	2	3	4	5
Con sus compañeros de trabajo	1	2	3	4	5
Con su jefe	1	2	3	4	5
Con sus vecinos	1	2	3	4	5
Con las personas de la iglesia	1	2	3	4	5

3. De acuerdo con Smalley y Trent: «No importa quiénes seamos o lo que hagamos, no podemos escaparnos de la necesidad de comunicarnos de manera significativa con los demás». ¿Hasta qué punto están de acuerdo con esto? ¿Por qué? ¿Por qué no?

4. ¿Por qué piensan que podemos conversar mucho con alguien y sin embargo no comunicarnos de manera eficaz?

5. ¿Hasta qué grado es la imposibilidad de comunicarnos de manera significativa *una de las causas* de la discordia matrimonial? ¿Hasta qué punto es un *síntoma* que indica otros problemas subyacentes?

6. Confeccionen su primera imagen verbal. Simplemente llenen los espacios en blanco en la oración siguiente:

Hasta el día de hoy, la semana me ha hecho sentir como _____, porque _____.

Ejemplo: Hasta el día de hoy, la semana me ha hecho sentir como un cachorro al que lo levantan del cuello, porque siento que las circunstancias me llevan de aquí para allá.

7. Lean el Proverbio 16.24, luego respondan lo siguiente:

   A. ¿Qué le significan al alma las «palabras amables»?

   B. ¿Cómo pueden las palabras dar salud al cuerpo?

   C. ¿Cómo describirían los demás sus conversaciones comunes y corrientes: como amables o como algo diferente?

8. Si pudieran mejorar la comunicación entre ustedes y las personas más importantes de su vida, ¿cómo piensan que les cambiaría la vida?

Sesión 2 (Capítulo 2)

1. Sin volver a leerla, resuman la imagen verbal de Kimberly.

2. ¿Por qué piensan que pueden recordar mejor la imagen verbal de Kimberly que cualquier carta sobre dolor emocional que *no* contenga una historia?

3. ¿Qué hizo que Esteban estuviera dispuesto a recibir semejante mensaje de manera positiva?

4. De lo que aprendimos sobre Esteban en los capítulos 1 y 2, ¿qué otros intereses tenía que podrían haber sido un recurso para que Kimberly o su esposa pudieran crear una imagen verbal?

5. Lean el Proverbio 15.1 y respondan a las siguientes preguntas:

   A. ¿Siguió ese consejo la imagen verbal de Kimberly?

   B. Si fue así, ¿cómo lo hizo?

   C. Si no fue así, ¿en que falló?

   D. ¿Cómo calma la respuesta amable el enojo?

   E. ¿Cómo echa leña al fuego la respuesta agresiva?

   F. Piensen en algún momento en su vida en que hayan visto la verdad de este versículo delante de sus ojos. ¿Quiénes estuvieron involucrados y qué fue lo que ocurrió?

6. Escriban nuevamente la definición de los autores de una imagen verbal utilizando sus propias palabras.

7. Lean la siguiente cita y luego respondan la pregunta que se encuentra a continuación: «La incapacidad de comunicarse en un sentido verdadero representa la realidad de nuestra época. A pesar de que tenemos más instrumentos de comunicación de lo que nos podamos imaginar, la mayoría de nosotros estamos espiritualmente aislados de nuestros vecinos e incluso de nuestros amigos. Nos pasamos más tiempo escuchando la radio y mirando la televisión y no sabemos cómo establecer o mantener relaciones satisfactorias con los miembros de nuestra propia familia». (Traducción libre de una cita tomada de *Quotable Quotations,* Lloyd Cory, comp. [Wheaton, Illinois: Victor, 1985], página 74.

A. En una escala del 1 al 10, si 10 es lo más alto, ¿a qué grado se sienten aislados o distantes de los demás?

B. ¿Por qué piensan que la comunicación no es mejor en su familia?

C. ¿Qué rol desempeña específicamente la televisión en la falta de comunicación efectiva?

D. ¿Cuáles son las consecuencias de estar aislados de nuestros vecinos?

Sesión 3 *(Capítulo 3)*

1. ¿Cuáles son algunos de los anuncios publicitarios actuales que emplean imágenes verbales eficaces, además de los enumerados en la segunda sección de este capítulo?

2. De acuerdo con Smalley y Trent: «Se ha dicho que los primeros treinta segundos de una conversación son cruciales. Desde el momento en que comienzan a hablar, los grandes comunicadores saben que las imágenes verbales pueden darles una ventaja».

Piensen en la última conversación que hayan tenido en que la que se hayan «desconectado» de la otra persona. Compartan por qué perdieron el interés en la conversación y cuánto tardaron en dejar de escuchar realmente.

3. A PARTIR DE LO QUE HAN APRENDIDO SOBRE LAS IMÁGENES VERBALES HASTA ESTE MOMENTO, ¿LES PARECE QUE SI LA OTRA PERSONA HUBIERA COMENZADO LA CONVERSACIÓN CON UNA IMAGEN VERBAL, USTEDES HABRÍAN PRESTADO MÁS ATENCIÓN A SUS PALABRAS? ¿POR QUÉ O POR QUÉ NO?

4. LOS AUTORES DEL LIBRO HABLAN SOBRE EL *EFECTO FÍSICO* DE LAS IMÁGENES VERBALES EN NOSOTROS. PIENSEN EN ALGÚN MOMENTO EN QUE UN RELATO LOS HAYA AFECTADO DE MANERA POSITIVA. ¿CÓMO LOS HIZO SENTIR? ¿CUÁLES FUERON LAS EVIDENCIAS FÍSICAS?

5. PARA ENTENDER CÓMO QUEDAN ENCERRADAS LAS HISTORIAS EN NUESTRA MEMORIA, CONSIDEREN ESTAS PREGUNTAS: ¿CUÁL ERA EL CUENTO FAVORITO DE SU NIÑEZ? ¿PUEDEN RELATAR AÚN LO FUNDAMENTAL DEL MISMO? COMO COMPARACIÓN, ¿CUÁNTO PUEDEN RECORDAR DE LA ÚLTIMA LECCIÓN QUE HAN RECIBIDO?

6. EN 2 TIMOTEO 2.3-4, EL APÓSTOL PABLO UTILIZÓ UNA IMAGEN VERBAL.

A. ¿QUÉ IMPRESIÓN LES CAUSA ESTE PASAJE SOBRE LA VIDA CRISTIANA?

B. ¿QUÉ OTROS PASAJES EXISTEN QUE DESCRIBAN LA VIDA DEL CREYENTE COMO PARTICIPACIÓN EN LA GUERRA ESPIRITUAL?

C. ¿QUÉ SABEN SOBRE LA VIDA DE UN SOLDADO QUE AÑADA A SU COMPRENSIÓN DE LA IMAGEN VERBAL?

D. ¿QUÉ OTRA IMAGEN VERBAL TRANSMITIRÍA LO QUE EL APÓSTOL PABLO ESTÁ ENSEÑANDO AQUÍ?

Sesión 4 *(Capítulo 4)*

1. SMALLEY Y TRENT DESCRIBEN ALGUNAS DIFERENCIAS QUE DIOS LE HA OTORGADO A HOMBRES Y MUJERES. ¿QUÉ OTRAS DIFERENCIAS HAN PERCIBIDO USTEDES? ¿QUÉ EFECTO TIENEN EN LA COMUNICACIÓN Y COMPRENSIÓN MUTUAS?

2. LOS AUTORES DICEN QUE NECESITAMOS CAPACITAR A LOS VARONES PARA QUE HABLEN EL «LENGUAJE DEL CORAZÓN», DE MODO QUE PUEDAN ALGÚN DÍA INGRESAR AL MATRIMONIO SIENDO EFICACES

COMUNICADORES. ¿ESTÁN DE ACUERDO O EN DESACUERDO? ¿POR QUÉ?
¿CÓMO PODRÍAMOS ENSEÑARLES A LOS VARONES DICHA LECCIÓN?

3. ¿EN QUÉ SENTIDO PUEDE BENEFICIAR A LAS MUJERES APRENDER A
PENSAR COMO HOMBRES?

4. ¿EN QUÉ RELACIÓN O SITUACIÓN QUE ESTÉN ENFRENTANDO PUEDE
ESTA IDEA DE LAS DIFERENCIAS ENTRE LOS HOMBRES Y LAS MUJERES
RESULTARLES DE UTILIDAD?

5. ¿CUÁLES SON LOS PELIGROS DE PRINCIPALMENTE INTERPRETAR LO
QUE LOS DEMÁS HAGAN O DIGAN EN BASE A SU SEXO?

6. LEAN GÉNESIS 2.18-25, QUE CUENTA LA CREACIÓN DE EVA.
  A. SEGÚN LOS VERSÍCULOS 18-20, ¿POR QUÉ CREÓ DIOS A LA
  PRIMERA MUJER? (QUIZÁS DEBAN CONSULTAR ALGÚN COMENTARIO
  BÍBLICO PARA PODER COMPRENDER MEJOR EL TÉRMINO «AYUDA».)
  B. ¿QUÉ SUGIEREN ESTOS VERSÍCULOS QUE SEA LA NATURALEZA
  BÁSICA DE LA RELACIÓN ENTRE MARIDO Y MUJER?
  C. ¿CÓMO SE RELACIONA LA COMUNICACIÓN AL CUMPLIMIENTO DE
  ESE PLAN?
  D. ¿CUÁNTO SE ASEMEJA SU MATRIMONIO A LA IMAGEN QUE DA
  ESTE PASAJE DEL MATRIMONIO?

7. LOS AUTORES DICEN QUE LOS HOMBRES Y LAS MUJERES SE NECESI-
TAN UNOS A OTROS PORQUE SUS MANERAS DE PENSAR SON TAN COMPLE-
MENTARIAS. ¿DE QUÉ MANERA HAN VISTO ESTO EN ACCIÓN?

8. ¿ACASO SIGNIFICA ESTO QUE LOS SOLTEROS TIENEN UNA DESVEN-
TAJA? ¿CÓMO PUEDEN OBTENER EL BENEFICIO DE LA PERSPECTIVA DEL
SEXO OPUESTO?

9. CUANDO GARY LE PIDIÓ A SU ESPOSA QUE ESCRIBIERA UN CAPÍTU-
LO PARA UN LIBRO, ELLA PERCIBIÓ ESA TAREA COMO UNA CARGA TERRI-
BLE. PERO CUANDO ÉL LA LIBERÓ DE ESA RESPONSABILIDAD, ELLA *DESEÓ*
LLEVARLA A CABO. ¿POR QUÉ?

10. PIENSEN EN ALGUIEN QUE CONOZCAN QUE ESTÉ SINTIENDO
AHORA UNA CARGA SIMILAR. ¿CÓMO HA RESPONDIDO ESA PERSONA A LA
PRESIÓN PARA REALIZAR LA TAREA? ¿CÓMO PODRÍA LA PERSONA UTILIZAR
UNA IMAGEN VERBAL PARA EXPRESAR SUS SENTIMIENTOS?

11. SMALLEY Y TRENT ESCRIBEN TAMBIÉN SOBRE LA NECESIDAD QUE
TIENE LA MAYORÍA DE LOS HOMBRES DE REALIZAR UNA MEJOR TAREA DE

LEER ENTRE LÍNEAS CUANDO ESCUCHAN A LOS DEMÁS. ¿CÓMO SE PUEDE DESARROLLAR ESE TALENTO?

Sesión 5 *(Capítulo 5)*

1. ¿QUÉ ASPECTOS DEL CARÁCTER Y DE LA EXPERIENCIA DE DAVID HIZO QUE LA IMAGEN VERBAL DE NATÁN FUERA TAN EFECTIVA?

2. LEAN 2 SAMUEL 12.1, 7-14 QUE RELATA UNA PORCIÓN DE CÓMO NATÁN CONFRONTÓ A DAVID.

   A. ¿QUIÉN ENVIÓ A NATÁN A CONFRONTAR A DAVID?

   B. ¿LAS PALABRAS DE QUIÉN ESTABA PRONUNCIANDO NATÁN?

   C. IMAGINEMOS QUE USTEDES SEAN TESTIGOS OCULARES DEL INCIDENTE ENTRE DAVID Y NATÁN. ¿CÓMO AFECTARÍA SU OPINIÓN DE DAVID? ¿Y SU MANERA DE PERCIBIR DE DIOS?

3. PIENSEN EN ALGÚN MOMENTO EN QUE ALGUIEN HAYA UTILIZADO UNA IMAGEN VERBAL PARA CORREGIRLOS, QUIZÁS SIN DARSE CUENTA DE LA HERRAMIENTA QUE ESTABAN UTILIZANDO. ¿QUÉ EMOCIONES LES SUSCITÓ? ¿CÓMO PODRÍAN HABER REACCIONADO SI LA PERSONA LOS HUBIERA CONFRONTADO DIRECTAMENTE?

4. ¿CUÁLES SON LOS RIESGOS POTENCIALES DE TRATAR DE UTILIZAR IMÁGENES VERBALES ANTES DE COMPRENDERLAS COMPLETAMENTE?

5. PIENSEN EN CUÁL ES LA MAYOR NECESIDAD QUE ENFRENTAN EN ESTE MOMENTO PARA UTILIZAR UNA IMAGEN VERBAL. ¿CUÁL SERÍA SU PROPÓSITO?

6. PARA VERIFICAR LA FUERZA DE SU PROPÓSITO, RESPONDAN A ESTAS PREGUNTAS:

   A. ¿ACASO CUADRAN CON EL CONSEJO DE LOS PROVERBIOS 15.1 Y 16.24?

   SÍ __   NO __

   B. ¿CALZAN CON UNA DE LAS CATEGORÍAS POSITIVAS QUE IDENTIFICAN SMALLEY Y TRENT?

   SÍ __   NO __

   C. ¿ES LO MEJOR PARA TODOS LOS INVOLUCRADOS?

   SÍ __   NO __

d. ¿Se trata de una expectativa realista?

Sí __   No __

7. De los cuatro propósitos positivos que enumeran Smalley y Trent para las imágenes verbales, ¿cuál es el más difícil para ustedes, personalmente, de lograr? ¿Por qué?

8. ¿Cuál es el más fácil de lograr? ¿Por qué?

9. «Tener un propósito claro en mente es lo mismo que confeccionar una lista de comestibles antes de ir a hacer las compras», dicen Smalley y Trent. «La lista nos ayuda a garantizar que regresaremos a casa con lo que necesitamos». ¿Qué podría ocurrir si comenzaran a «hacer las compras» sin dicha lista?

Sesión 6 (Capítulo 6)

1. ¿Cuáles son dos de los intereses de la persona más cercana a ustedes de los cuales podrían extraer una imagen verbal?

2. ¿Cuáles son los intereses de ustedes de los cuales otras personas podrían extraer imágenes verbales?

3. ¿Con quién podrían ensayar una imagen verbal para la persona más cercana a ustedes?

4. Piensen en la persona con la cual les gustaría más utilizar una imagen verbal. ¿Cuál podría ser el momento más conveniente para hacerlo la semana que viene? ¿Cuáles sería un MAL momento para hacerlo?

5. Lean Efesios 4.29 y respondan a estas preguntas:

a. ¿Qué es la conversación «obscena»?

b. ¿Cómo se aplica este versículo cuando su propósito al usar una imagen verbal es corregir a alguien?

c. ¿La imagen verbal que se haya propuesto satisface las instrucciones de Pablo?

d. Si no, ¿cómo pueden modificarla para que lo haga?

6. Para ayudarlos a solidificar su comprensión de las imágenes verbales, lean cada afirmación más abajo, y luego verifiquen

si es verdadera o falsa. Si no están seguros de alguna respuesta, regresen al texto y revísenlo.

a. Las personas en las épocas bíblicas utilizaban imágenes verbales como Natán porque las personas de aquella época eran muy primitivas en su manera de pensar.

Verdadero ____   Falso ____

b. Su presentación de una imagen verbal tendrá mejores resultados si la practican primero.

Verdadero ____   Falso ____

c. Para evitar inflar el ego de los demás, las imágenes verbales tendrían que utilizarse siempre para expresar una inquietud o queja, nunca para elogiar.

Verdadero ____   Falso ____

d. Las imágenes verbales son una manera de derribar las defensas de las personas inseguras o quizás hostiles.

Verdadero ____   Falso ____

e. Las imágenes verbales son tan poderosas que escoger el momento correcto para decirlas es un factor sin importancia para comunicarnos bien.

Verdadero ____   Falso ____

f. Para lograr que sean aún más memorables, las imágenes verbales deberían utilizar objetos e imágenes inusuales o poco familiares.

Verdadero ____   Falso ____

g. Un propósito claro es vital para una imagen verbal exitosa.

Verdadero ____   Falso ____

h. Cuando encontremos una imagen verbal eficaz, deberíamos aprovecharla al máximo.

Verdadero ____   Falso ____

i. Las imágenes verbales no funcionan bien con las personas que no sean creativas.

Verdadero ____   Falso ____

7. Hagan planes específicos para utilizar una imagen verbal esta semana: ¿Con quién la utilizarán? ¿Cuál será su propósito? ¿Cuáles de los intereses de la persona aprovecharán? ¿Cuándo

Y CÓMO LA ENSAYARÁN? ¿CÓMO LA DESARROLLARÁN PARA APROVECHAR-
LA AL MÁXIMO?

Sesión 7 *(Capítulo 7-10)*

1. PIENSEN EN ALGUNA PERSONA QUE QUERRÍAN ELOGIAR U HONRAR.
¿QUÉ IMAGEN VERBAL APROPIADA PUEDEN EXTRAER DEL MANANTIAL DE
LA NATURALEZA PARA LOGRARLO? ¿Y DEL MANANTIAL DE LOS OBJETOS
COTIDIANOS?

2. ¿CUÁL SERÍA EL MEJOR MOMENTO PARA PRESENTARLA LA SEMANA
QUE VIENE?

3. ¿QUÉ CLASE DE PERSONAS SE BENEFICIARÍAN CON IMÁGENES
VERBALES DEL MANANTIAL DE LA NATURALEZA?

4. SI PUDIERAN ENSEÑARLE A UN AMIGO CUÁL MANANTIAL SERÍA EL
MÁS EFICAZ CON USTEDES, ¿QUÉ LE DIRÍAN? ¿POR QUÉ?

5. JERRY UTILIZÓ UN OBJETO DE TODOS LOS DÍAS, LA BANDERA, EN
UNA IMAGEN VERBAL DE SU PROPIA EXPERIENCIA PARA DARLE ESPERANZA
A SUS HIJOS EN MOMENTOS DIFÍCILES. ¿QUÉ IMAGEN VERBAL PODRÍAN
USTEDES CREAR DE SU PROPIA EXPERIENCIA QUE LES DIERA ESPERANZA A
USTEDES Y A LOS DEMÁS?

6. VUELVAN A LEER LA IMAGEN VERBAL QUE LE EXPRESA JAY
CAMPBELL A SALLY, SU VENDEDORA, EN EL CAPÍTULO 9. ¿DE QUÉ
MANERA SIGUE LOS SIETE PASOS PARA LA CREACIÓN DE UNA IMAGEN
VERBAL QUE SE ENCUENTRAN EN LOS CAPÍTULOS 5-6? ¿DE QUÉ MANERA
SE DESVÍA DE ESOS SIETE PASOS?

7. ¿QUÉ OTRA IMAGEN VERBAL DEL MANANTIAL DE LAS HISTORIAS
FICTICIAS EXISTIRÍA PARA COMUNICAR ESE PUNTO A SALLY?

8. SMALLEY Y TRENT DICEN QUE LAS IMÁGENES DEL MANANTIAL DEL
«RECUERDAS CUANDO…» PUEDEN ATRAPAR EL CORAZÓN DE LAS PERSO-
NAS MÁS RÁPIDAMENTE QUE AQUELLAS DE LOS OTROS TRES MANANTIA-
LES. ¿ESTÁN DE ACUERDO O EN DESACUERDO CON ELLO? ¿POR QUÉ?

9. EN DEUTERONOMIO 29.2-9, MOISÉS EXTRAJO DEL MANANTIAL
DEL «RECUERDAS CUANDO…» AL HABLAR AL PUEBLO DE ISRAEL CERCA
DEL FINAL DE SU VIDA.

A. ¿Qué les recordó Moisés a los israelitas?

B. ¿Cuál es el cuadro general que describió sobre su relación con Dios?

C. Si hubieran sido parte del pueblo ese día y hubieran escuchado la imagen verbal de Moisés, ¿cómo se habrían sentido al considerar la campaña futura para conquistar la tierra de Canaán?

D. ¿Cuándo desafió Moisés al pueblo para que renovara su pacto con Dios? ¿Fue antes o después de darles la imagen verbal? ¿Por qué?

10. ¿Qué experiencia han compartido con la persona más cercana a ustedes que les permitiría lanzar una imagen verbal eficaz?

11. ¿Cuáles son algunos de los peligros potenciales de extraer del Manantial del «Recuerdas cuando…»?

12. Smalley y Trent dicen que muchos hombres se resisten a la consejería debido al temor de enfrentarse al flujo de emociones asociado con los recuerdos poco placenteros. ¿Cómo podría una imagen verbal positiva ayudarlos a superar esa resistencia?

Sesión 8 (*Capítulo 11-12*)

1. En una escala del 1 al 10, si el 1 equivale a una falta total de seguridad y el 10 equivale a una seguridad completa, ¿cuán segura se siente la mayoría de las personas en su matrimonio?

2. En una escala del 1 al 10, ¿cuán seguros se sienten ustedes en su matrimonio?

3. ¿Qué temores contribuyen a la inseguridad de la gente?

4. ¿Qué imagen verbal extraída de uno de los cuatro manantiales aumentaría la sensación de seguridad de su esposo o esposa?

5. ¿QUÉ OTRAS ACCIONES PODRÍAN LLEVAR A CABO EN LAS SIGUIENTES DOS SEMANAS PARA QUE ÉL O ELLA SE SIENTAN MÁS SEGUROS?

6. SMALLEY Y TRENT DICEN QUE LA SEGURIDAD EN EL MATRIMONIO INCLUYE ESTAR «TOTALMENTE ENTREGADOS A LA VERDAD» Y «DISPUESTOS A QUE NOS CORRIJAN». ¿EN QUE MEDIDA ESTÁN DE ACUERDO O EN DESACUERDO CON ESTO? ¿POR QUÉ?

7. EN UNA ESCALA DEL 1 (TOTALMENTE CERRADOS) AL 10 (TOTALMENTE ABIERTOS), ¿CUÁN ABIERTOS ESTÁN A LA CORRECCIÓN DE SU ESPOSO O ESPOSA?

8. EN LA MISMA ESCALA DEL 1 AL 10, ¿CUÁN ABIERTOS ESTÁN SU ESPOSO O ESPOSA A LA CORRECCIÓN DE USTEDES?

9. EN ROMANOS 8.28-39, PABLO ESCRIBIÓ SOBRE LA SEGURIDAD DE NUESTRA RELACIÓN CON DIOS A TRAVÉS DE CRISTO JESÚS.

A. ¿QUÉ DICEN ESTOS VERSÍCULOS SOBRE NUESTRA SEGURIDAD EN JESÚS?

B. ¿QUÉ, SI ALGO EXISTIERA, PODRÍA SEPARARNOS DEL AMOR DE DIOS?

C. DE ACUERDO CON LOS VERSÍCULOS 33-34, ¿QUÉ ESTÁ HACIENDO JESÚS, AUN EN ESTE MOMENTO?

D. ¿CUÁN SEGUROS SE *SIENTEN* USTEDES EN EL AMOR DE DIOS?

E. CUANDO NO SE SIENTEN SEGUROS CON DIOS, ¿CUÁL ES EL PROBLEMA?

F. ¿CÓMO SE PODRÍA SUPERAR ESE PROBLEMA?

10. ENUMEREN DOS O TRES RASGOS POSITIVOS DE SU ESPOSO O ESPOSA QUE USTEDES PUEDAN ELOGIAR EN UNA IMAGEN VERBAL ROMÁNTICA.

11. ESCRIBAN UNA IMAGEN VERBAL PARA HONRAR ESOS RASGOS, QUIZÁS EXTRAYENDO IDEAS DEL MANANTIAL DEL «RECUERDAS CUANDO…».

12. BASÁNDOSE EN LO QUE DICEN SMALLEY Y TRENT SOBRE LAS CARICIAS QUE NECESITAMOS TODOS LOS DÍAS, ¿LES PARECE QUE ESTÁN

SATISFACIENDO LAS NECESIDADES DE SU CÓNYUGE? ¿CÓMO PODRÍAN MEJORAR AÚN MÁS SU ACTUACIÓN?

13. ¿CÓMO PODRÍA UNA IMAGEN VERBAL FOMENTAR INTIMIDAD ESPIRITUAL ENTRE USTEDES Y SU ESPOSO O ESPOSA?

14. ESCRIBAN UNA IMAGEN VERBAL Y HAGAN PLANES SOBRE EL MOMENTO Y EL LUGAR ADECUADOS PARA PRESENTARLA.

Sesión 9 *(Capítulo 13)*

1. ¿CUÁL LES PARECE QUE SEA LA EDAD ADECUADA PARA PODER CORREGIR A NUESTROS HIJOS CON IMÁGENES VERBALES? ¿POR QUÉ?

2. ¿CUÁL FUE LA CLAVE DEL ÉXITO DE LA IMAGEN VERBAL DE GARY CON SU HIJO GREG?

3. ¿EN QUÉ ÁREA LES RESULTA MÁS DIFÍCIL EN ESTE MOMENTO CORREGIR A SUS HIJOS?

4. ¿A CUÁLES DE SUS INTERESES PODRÍAN RECURRIR?

5. UTILIZANDO ALGUNOS DE ESOS INTERESES, ESCRIBAN UNA IMAGEN VERBAL PARA COMUNICAR SUS INQUIETUDES A SUS HIJOS EN LO QUE RESPECTA A ESE ASUNTO.

6. ¿CUÁLES SERÍAN EL MEJOR MOMENTO Y LUGAR PARA PRESENTAR LA IMAGEN VERBAL?

7. SI PRESENTAN SU IMAGEN VERBAL Y NO VEN NINGÚN FRUTO INMEDIATO DE ELLO, ¿CUÁL SERÍA EL SIGUIENTE PASO?

8. LEAN EL PROVERBIO 23.13-14, Y LUEGO RESPONDAN ESTAS PREGUNTAS:

A. ¿QUÉ CLASE DE CORRECCIÓN PATERNA SE ABOGA AQUÍ?

B. ¿CÓMO CUADRA ESE CONCEPTO CON EL USO DE LAS IMÁGENES VERBALES COMO ELEMENTOS DE CORRECCIÓN?

C. ¿CUÁNDO SERÍA APROPIADA UNA CLASE DE CORRECCIÓN, Y CUANDO LA OTRA?

9. ¿EXISTE ALGUNA SITUACIÓN DIFÍCIL EN ESTE MOMENTO EN LA QUE LES CUESTE MANTENER UNA PERSPECTIVA SANA? SI ES ASÍ, ¿DE QUÉ SE TRATA?

10. ¿QUÉ IMAGEN VERBAL LOS PUEDE AYUDAR A PERSEVERAR DURANTE LOS MOMENTOS DIFÍCILES?

11. Escriban una imagen verbal que pudiera ayudar a un amigo o amiga que estén luchando por mantener una perspectiva saludable con sus hijos.

Sesión 10 (*Capítulo 14*)

1. Piensen en alguna persona que conozcan que haya crecido sin el amor de sus padres. ¿Cómo se manifiesta esa carencia?

2. En una escala del 1 (nada) al 10 (completa e incondicionalmente), ¿cuán amados piensan ustedes que se sienten sus hijos? ¿Cómo lo saben?

3. ¿Qué esfuerzo especial podrían hacer para lograr que sus hijos se sientan amados? ¿Cómo pueden encontrar el tiempo suficiente para llevar a cabo ese esfuerzo?

4. Lean 1 Juan 4.7-12, luego respondan a estas preguntas:

   A. ¿Cómo nos demostró Dios su amor?

   B. ¿Cómo debemos amar a nuestra familia?

   C. ¿Cómo les demostraría esa clase de amor a su esposo o esposa? ¿Y a sus niños?

5. En una escala del 1 (nada) al 10 (completamente), ¿cuán seguros se sienten sus hijos de que ustedes nunca los lastimarán ni abandonarán? ¿Cómo lo saben?

6. ¿Les parece que ustedes o su esposo o esposa están expresando alguna imagen verbal física en particular (como el hombre que constantemente se ponía y se sacaba el anillo de matrimonio) que podría hacer que sus hijos se sintieran inseguros? ¿Cómo lo saben?

7. ¿Qué podrían hacer para que los niños se sintieran más seguros?

8. ¿Qué rasgo del carácter o verdad espiritual les gustaría inculcar a sus hijos?

9. Escriban una imagen verbal que los ayude a lograrlo.

10. ¿En qué dirían sus hijos que ustedes se interesan más: en su *conducta*, o en su *carácter*? ¿Por qué?

11. Si eso no es lo que ustedes desean que ellos piensen, ¿cómo podrían comenzar a cambiar esa percepción?

12. En una escala del 1 al 10, ¿qué puntaje les darían sus hijos por las caricias que reciben de ustedes? ¿Les han preguntado recientemente?

13. ¿Cuáles son algunas de las experiencias que los hayan ayudado a unirse emocionalmente como familia?

14. ¿En el futuro, qué podrían hacer como familia para solidificar su relación?

Sesión 11 *(Capítulo 15)*

1. ¿Cómo le comunican los padres su amor a los bebés, cuyo entendimiento y capacidad de comunicarse son limitados?

2. ¿En qué se parece esa comunicación a la manera en que se comunica nuestro Dios infinito con nosotros? ¿En qué difiere?

3. ¿Qué imagen verbal bíblica que describa a Dios les ha ayudado a crecer espiritualmente? ¿Cómo los ha ayudado?

4. ¿Qué imagen verbal bíblica sobre Dios los desconcierta? ¿Cómo pueden descubrir mejor su significado?

5. Aparte del muro derribado de Efesios 2, citado por Smalley y Trent, ¿qué otra imagen verbal podría ilustrar la reconciliación? (Quizás algo relacionado a los enemigos, la creación de puentes, etc.)

6. Siguiendo el ejemplo de lo que realiza John Trent con el Salmo 1, formen imágenes verbales del siguiente versículo de manera que se convierta en una plegaria de significado personal: «El Señor es mi roca, mi amparo, mi libertador; es mi Dios, el peñasco en que me refugio. Es mi escudo, el poder que me salva, ¡mi más alto escondite!» (Salmo 18.2).

7. Isaías 53 dice que los pecadores son ovejas perdidas. ¿Qué otras imágenes verbales bíblicas describen a los pecadores?

8. ¿Qué elementos de su trabajo podrían utilizar para crear una imagen verbal evangelizadora para un compañero de trabajo? ¿Qué podría decir esa imagen verbal?

9. ¿CON CUÁL COMPAÑERO DE TRABAJO LA PODRÍAN UTILIZAR?

10. LA BIBLIA ESTÁ REPLETA DE HISTORIAS Y DE IMÁGENES VERBALES. COMO BIEN DICEN SMALLEY Y TRENT, EL PRINCIPAL ESTILO DE ENSEÑANZA DE NUESTRO SEÑOR ERA MEDIANTE EL USO DE PARÁBOLAS. SEGÚN ESTOS DATOS, ¿CÓMO LES PODRÍAMOS ENSEÑAR VERDADES BÍBLICAS A LOS NIÑOS? ¿Y A LOS ADULTOS?

Sesión 12 *(Capítulo 16)*

1. ¿SE UTILIZABAN IMÁGENES VERBALES NEGATIVAS EN SU HOGAR CUANDO NIÑOS? SI FUE ASÍ, ¿CUÁLES HAN SIDO LOS EFECTOS DE ELLO?

2. ¿RECONOCEN EL USO DE IMÁGENES VERBALES NEGATIVAS EN SU HOGAR HOY? SI FUERA ASÍ, ¿QUÉ PODRÍAN HACER PARA CAMBIARLO?

3. ¿CUÁNDO UTILIZA LA GENTE CON MAYOR FRECUENCIA LAS IMÁGENES VERBALES NEGATIVAS? ¿CÓMO PODRÍAN LOGRAR LOS RESULTADOS QUE DESEAN (ADVERTENCIAS, CORRECCIONES, ETC.) SIN TENER QUE RECURRIR A IMÁGENES VERBALES DESTRUCTIVAS?

4. EL SIGUIENTE TEST LES AYUDARÁ A DESCUBRIR SUS PROPIAS TENDENCIAS AL MAL USO DE PALABRAS Y DE IMÁGENES VERBALES. EN UNA ESCALA DEL 1 (NUNCA) AL 7 (SIEMPRE), TRACEN UN CÍRCULO ALREDEDOR DEL NÚMERO QUE MÁS SE ACERQUE A LA MANERA EN QUE LOS DESCRIBA CADA FRASE. CUANTO MENOR EL PUNTAJE, Y CUANTO MENOR PUNTAJE OBTENGAN, TANTO MAYOR SERÁ SU TENDENCIA AL MAL USO DE LAS IMÁGENES VERBALES.

A. DISPUESTOS A ACEPTAR CORRECCIÓN
1   2   3   4   5   6   7

B. LES CUESTA VER LA FALTA DE LOS DEMÁS
1   2   3   4   5   6   7

C. TRATEN A SU FAMILIA COMO TRATAN A LOS DEMÁS
1   2   3   4   5   6   7

D. UTILICEN LA MISMA CANTIDAD DE PALABRAS DE ELOGIO QUE DE CORRECCIÓN
1   2   3   4   5   6   7

E. Vean claramente los efectos de sus imágenes verbales y no sólo lo que querían decir

1   2   3   4   5   6   7

F. Se sienten cómodos de conocer a otras personas y permitir que ellas los conozcan a ustedes

1   2   3   4   5   6   7

G. Saben que son del agrado de al menos una persona *allega-da* a ustedes, quien los ama también

1   2   3   4   5   6   7

H. Son sensibles a las necesidades emocionales de los demás

1   2   3   4   5   6   7

I. Respetan la integridad personal de los demás

1   2   3   4   5   6   7

5. Una antigua perogrullada dice que a la amargura no le gusta estar sola. ¿Cómo aplicarían esta teoría a aquellas personas que continuamente utilizan las imágenes verbales de manera incorrecta?

6. Smalley y Trent dicen: «Las personas que están llenas de imágenes de miedo y enojo, sumidas en una profunda soledad, son los candidatos perfectos para el mal uso de las imágenes verbales». ¿Cuáles son algunas de las otras razones posibles por las cuales las personas utilicen constantemente el lado oscuro de las imágenes verbales?

7. Lean Lucas 23.1-25, que relata la historia de Jesús ante Pilato.

A. ¿Qué imagen deshonesta de Jesús pintaban los líderes judíos con sus palabras en los versículos 2 y 5?

B. ¿Cuál era su propósito?

C. ¿Cómo respondió Jesús?

D. ¿Cómo respondió Herodes?

E. ¿Cuál fue la reacción de Pilato?

F. Cuando su engaño no pudo convencer a Pilato, ¿a qué recurrió la multitud?

8. ¿Cómo podemos evitar el juzgar a aquellas personas que utilicen las imágenes verbales de manera equivocada?

9. Smalley y Trent dicen de los que constantemente utilizan las imágenes verbales de manera equivocada: «No esperen lograr mucho cuando las enfrenten». A la luz de esto, ¿qué *podemos* hacer para ayudarlos?

10. ¿Cómo podemos evitar, con amor, que estas personas nos manejen o controlen nuestra vida de manera malsana?